你的企业可以与众不同

李 勇 ○著

图书在版编目 (CIP) 数据

你的企业可以与众不同 / 李勇著 . —北京：北京大学出版社，2013.10

ISBN 978-7-301-22346-8

Ⅰ．①你… Ⅱ．①李… Ⅲ．①企业管理—研究 Ⅳ．① F270

中国版本图书馆 CIP 数据核字（2013）第 065807 号

书　　　名：	你的企业可以与众不同
著作责任者：	李　勇　著
责 任 编 辑：	刘　维
特 约 编 辑：	卢风保　江　泉
标 准 书 号：	ISBN 978-7-301-22346-8/F・3595
出 版 发 行：	北京大学出版社
地　　　址：	北京市海淀区成府路 205 号　100871
网　　　址：	http://www.pup.cn　新浪官方微博：@北京大学出版社
电 子 信 箱：	sdghbooks@163.com
电　　　话：	邮购部 62752015　　发行部 62750672
	编辑部 62376499　　出版部 62754962
印 刷 者：	北京同文印刷有限责任公司
经 销 者：	新华书店
	787 毫米 × 1092 毫米　16 开本　17.25 印张　246 千字
	2013 年 10 月第 1 版　　2013 年 10 月第 1 次印刷
定　　　价：	45.00 元

未经许可，不得以任何方式复制或抄袭本书之部分或全部内容。

版权所有，侵权必究

举报电话：010-62752024　　电子信箱：fd@pup.pku.edu.cn

PREFACE 序

任重道远　积跬前行

我们总需要一些人把我们走过的路记下来，因此，很高兴看到李勇先生的这本书出版。

就像六年前，当看到第一期《卓越管理》杂志诞生时，这一天注定就要到来。作为一家财经媒体，《卓越管理》已经陪伴中国的大小企业走过第一个"五年计划"。自2007年至今，中国的经济再次发生翻天覆地的变化，中国的企业，尤其是民营企业经历了一段不同以往的坎坷道路。

这几年间，中国经济继续保持高歌猛进的势头。2011年，中国GDP终于超过日本，成为世界第二大经济体。但与真正的强国相比，中国还有很大的差距，中国的社会保障体系并未跟上经济的发展速度，人们的生活幸福指数也未能与GDP成正比。

中国国有企业，尤其是央企，在这几年间得到更快的发展。这缘于次贷危机之后，中国政府的应对国策使中国经济率先走出世界金融危机的阴影。同时，中国的民营经济体还需要更大的发展空间，它毕竟是更多国人工作和生活的依托。在总体水平上，它与欧美等发达国家的民营企业还有很大差距，尚无能力进行平等竞争。

而且，这几年间，世界时局动荡不断。在全球性危机的影响下，无论是被动还是主动，中国的企业都必须将自身置于世界经济大环境中，这也是中

◼ 你的企业可以与众不同

国自 2001 年加入 WTO 以来首次直面国际危机。因此,更多的企业人士将目光放得宽广、长远,这也越发让大家感觉到环境的复杂与难以应对。在进行日常管理过程中,创新、变革以及商业模式的转变成为这几年经营管理的热点,尤其是在互联网等高新技术得到更为广泛的应用之后。

同时,这几年间关乎中华民族最为根本的价值观问题凸显出来,"安全"与"诚信"成为它的代名词。从生产安全到食品安全,再到交通安全,人们不禁要问:社会的道德底线是否已跌到低谷?高启的经济列车是否要降一降速?

以上所有这些问题,都是李勇和他的团队天天要面对的焦点,每一期杂志的出版,就是对当前热点问题的一次记录。而在本书中,我看到中国经济发展与变化的一个个瞬间,同时,也看到作为一位观察者、记录者与反思者,李勇所尽到的社会责任与义务。

回顾以往,是为了更好地走向未来。我们每一个人都需要借助媒体的眼光,客观公正、精准独到地去审视我们走过的路,这样,我们才能时刻怀有一颗谦卑的心,去正视我们的成绩与问题。就像沃伦·巴菲特在接受 CNBC 电视台专访时对中国未来发展做出的三大预言:第一,中国和美国一样在发展过程中会遇到社会紧张问题;第二,不能要求只有不到 40 年改革开放时间的中国一下子就能解决美国人用 200 多年才解决的社会问题;第三,中美两国有重大共同利益,肯定会长期和平相处。沃伦·巴菲特对中国未来的洞悉与他对股市的了解一样精准。这同时也说明我们尚有很多客观存在的问题需要解决,我们仍然任重道远,我们仍需积跬前行。

诚邀读者诸君以"内省、借鉴、超越"的态度去分享我们的认知,以谦卑之心去践行一条崭新的路。在此衷心地祝愿李勇先生与《卓越管理》杂志在下一个五年以及更长的时间,在与中国经济体一路同行中,发挥更为卓越的作用与贡献。

是以为序。

亚太地区著名战略管理学专家
新加坡博维管理咨询公司董事长
莫少昆

目录 CONTENTS

Part 1 五载点滴可为镜，内省借鉴图超越

- 内省 借鉴 超越 　　　　　　　　　　　　　　　　　3
- 改变的力量
  ——兼谈柔性管理 　　　　　　　　　　　　　　　5
- 愿创新与春天一同生长 　　　　　　　　　　　　　7
- 变动环境下的企业变革管理 　　　　　　　　　　　9
- 唯有个性　才能成功 　　　　　　　　　　　　　 11
- 中国世纪期待中国的世界级品牌 　　　　　　　　 13
- 你的企业可以因此与众不同 　　　　　　　　　　 15
- 北京奥运，你准备好了吗？ 　　　　　　　　　　 17
- 企业如何才能超越竞争？ 　　　　　　　　　　　 19
- 文化竞争是企业竞争的最高境界 　　　　　　　　 21
- 成长型企业如何突破发展的天花板？ 　　　　　　 23
- 黄金年代留给我们的投影
  ——重温 2007 　　　　　　　　　　　　　　　25
- 中国 30 年，缔造起经济的喜马拉雅；奥运 2008，是耸立的珠穆朗玛！　27
- 向人生与事业一样精彩的企业家致敬！ 　　　　　 29

- 你准备以何种姿势起跑？
  - ——浅谈创业管理 　　　31
- 守住本分是做企业的第一要务 　　　33
- 呼唤企业公民意识的全面觉醒 　　　35
- 企业家，你是否还有好奇心与质疑的能力？ 　　　37
- 如何让你的组织生机勃勃？ 　　　39
- 和：中国这样告诉世界…… 　　　41
- 企业的底线到底在哪里？
  - ——从三鹿婴幼儿奶粉事件谈起 　　　43
- 金融海啸漫卷全球，你的企业能否无恙？ 　　　45
- 面对危机，企业依然可以有所为！ 　　　47
- 当我们面对那么多的突然……
  - ——回望2008 　　　49
- 穿越不可预知的迷雾
  - ——2009新年寄语 　　　51
- 志不求易　事不避难 　　　53
- 赢一次不代表你可以赢第二次
  - ——创业应伴随企业生命的全过程 　　　55
- 富而好学　富而好礼 　　　57
- 智及仁守　和而不同
  - ——读《论语》体悟企业基业常青之道 　　　59
- 今天，你无所遁形！
  - ——浅谈透明化时代企业的生存法则 　　　61
- 企业再出发，能否跟上经济轮回的节拍？ 　　　63
- 像乔布斯一样思考 　　　65
- 革故鼎新迎来盛世华年 　　　67
- 突破边界　别有洞天 　　　69

- 冲动与财富绝缘　成功与理性相关　71
- 经济转型叩门声起，你将如何选择？　73
- 以变应变　重塑成长　75
- 让想象力成为企业发展的助推器　77
- 请管理好你的顾客黏性　79
- 领导是责任的代名词　81
- 将激情注入你的管理　83
- 坚持是成功的密码　85
- 向南非世界杯学管理　87
- 当中国经济成为"世界第二"　89
- 从三国人物悟企业品牌形象塑造之道　91
- 竞争对手是企业实现超越的最大动力　93
- 巴比中国行给我们留下了什么？　95
- 向所有的过往致敬　97
- 内圣外王　领袖天下
  ——写给中国企业家的新年寄语　99
- 团购网的春天已然来临　101
- 当灾难成为常态　103
- 房地产大佬远去的背影　105
- 请让慈善"质本洁来还洁去"　107
- 品牌的创建源自使命感　109
- 企业经营管理如砌墙　111
- 如何打造一支卓越的团队？　113
- 乔布斯给我们留下了什么？　115
- 从马云的道歉说起　117
- 一面是围堵　一面是逃逸　119
- 坚守　仰望　向上　121

Part 2 记录先行者足迹，探寻经营管理之道

◎ 成长是桅 健康是帆
　　——九阳小家电十年创业纪实　　125
◎ 从打工生涯中掘到事业金矿
　　——记发乐发健康食品连锁机构总经理菲利普·文　　132
◎ 医学与艺术齐飞　仁智共博爱一色
　　——记亚太地区著名心脏介入学专家林延龄教授　　138
◎ 人生如棋　落子无悔
　　——访澳丰集团华人投资业务主管王桦　　144
◎ 二次创业成就逆市英雄
　　——访江铃汽车集团公司董事长王锡高　　151
◎ 知识管理提振青啤向心力
　　——追寻 KM 系统在青啤公司优雅落地之轨迹　　159
◎ 7 年从负债 7000 万到产值 7 亿元巨变的背后
　　——访山东临沂兴元投资发展集团董事长李树斗　　167
◎ 相融相生，走出企业发展新天
　　——访红塔辽宁烟草有限公司总经理李德贤　　171
◎ 追随孔子　照亮世界
　　——访雷士照明总裁吴长江　　177
◎ 超越　分享　担当
　　——访福伊特造纸亚洲区总裁刘明明女士　　184
◎ 志做中国啤酒市场的年轻王者
　　——专访金星啤酒集团有限公司董事长张铁山　　193
◎ 有志须向极高处　风流尽数中海人
　　——访中海集装箱运输大连有限公司总经理隋军　　202

- 共创幸福的消费世界
  ——访富基融通科技有限公司总裁杨德宏　　208
- 从爱出发　康泽万家
  ——访北京爱康医疗投资控股集团董事长王东　　214
- 鹰击九天　牧海万里
  ——访中国卫浴行业领军者九牧厨卫董事长林孝发　　220
- 江河文化：雷士照明的文化DNA
  ——王者归来，再访雷士照明总裁吴长江　　229

Part 3　与国学大师畅谈，为企业文化寻根

- 儒、道、释构造中国文化的灿烂星空
  ——对话北京大学哲学系教授楼宇烈　　239
- 仁是决定人生有无意义的试金石
  ——对话台湾大学哲学系教授傅佩荣　　245
- 仁者襟怀从孝开始
  ——对话中央民族大学哲学与宗教学院教授赵士林　　249
- 儒家的真意在哪里？
  ——对话中国人民大学哲学院教授罗安宪　　260

Part 1

五载点滴可为镜，内省借鉴图超越

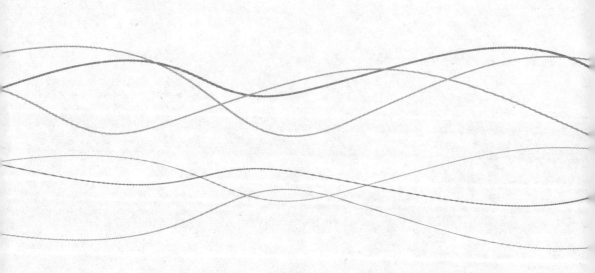

内省　借鉴　超越

常常反观自己并环顾四周，不无遗憾地发现：我们正逐渐失去质疑的能力；乐此不疲却往往是在不辨良莠地学习；长大抑或涅槃的欲望正变成一种无法搬移的重负，迫压着所有人的心胸。

由此，我们有必要重新解读以下六个字的真义：内省，借鉴，超越。以此为《卓越管理》新年的追求并诚邀读者诸君一起分享我们的认知。

内省。 曾子曰："吾日三省吾身。"先哲曾将这种能力视为修、齐、平的基础。而今身处社会转型期的我们，忽然发现时间正成为最奢侈的消费品。在感谢时代带给我们无数机遇和机会的同时，也不得不正视匆忙与焦虑正将我们应有的内省自察能力吞没这样一个事实。所幸的是，构建和谐社会正成为具有普世价值的社会目标，这是一个国家反思后的结果；企业在追求经济效益的同时越来越注重社会责任的实现，这是一批先知先觉的企业家自我反省后做出的聪慧选择；就单纯的个体而言，从一味对物质的追求过渡到获取人生全面意义上的成功已成为更多人们的共识。这无不折射出内省质朴、智慧的光泽。

借鉴。 中国28年改革开放的实践就是国人借鉴学习的历程。特别是加入世贸组织后的5年，中国与世界全面对接，我们国家以海纳百川的气度迎来了和平崛起。是超强的学习能力成就了我们的进步。但沉静下来想，我们在学习和借鉴的过程中却存在着明显的误区。仅从企业层面来探究，速成的愿望使有些企业在借鉴的借口中变异，如简单地模仿甚至抄袭蔚然成风，结果是自我创新意识的缺失和能力的钝化；再如有些企业不参照环境和文化的差异，简单照搬外来的管理思想和经验，食洋不化，换回的是无尽的苦涩。不错，我们应学会学习。识己之短，学人之长，这不仅是一个效率的问题，更是方法论的问题。

超越。世界是平的，但其上仍峙立着我们目前"可望而不可逾"的高山。正如托马斯·弗里德曼所告知的："因为互联网的出现，资本、技术和信息超越国界的结合把地球变成了一个村落，交易成为地球村民们唯一界定自身的法则。"的确，因为交易，中国已飞升为世界第四大经济体，但我们的成就是建立在大量依靠人工和大量耗费资源的基础上，未来仍有许多部分等待我们去一步步跨越。中国企业也在逐渐走向世界，他们大多遭遇了前所未有的挑战，有的甚至铩羽而归。雄关漫道难阻前行的步伐，因为我们有超越自己和超越他人的雄心在！

内省可以让我们更加清醒地认识自身，借鉴将帮助我们提升能力。这两者是我们得以实现超越的基石。为那些在商海中初战告捷的幸运者们如何继续前行出谋划策，为中小企业的决策者们如何消除成长的烦恼、突破发展的瓶颈提供先验宝典，为大企业领袖如何在庞大的组织实施变革以适应外部环境的变化和竞争的需要而未雨绸缪的《卓越管理》，在未来的日子里将以"内省，借鉴，超越"为自己的座右铭，以更好地为中国本土企业实现"从成功走向卓越"助力！愿我们共勉。

值得期待的2007让我们一起努力，祝中国企业和企业家们在新的一年里阔步前行，风生水起！

《卓越管理》2007年1月

改变的力量
——兼谈柔性管理

2007年世界达沃斯经济论坛的主题是"力量的转移",大致有两层含义:一是网络2.0时代的到来,普通民众的声音成为影响世界进步不可或缺的新力量;二是地缘政治的权利转移,最为显著的代表是亚洲的崛起。作为处于亚洲崛起领导者地位的中国,其在政治、社会以及经济领域的改变正以前所未有的力度和速度进行着。由此可见,改变正成为当今世界和今日中国的主旋律。

时下在全球企业管理领域中也在进行着一种改变,并且这种改变正成方兴未艾之势。"以人为中心"的柔性管理在传统的"以规章制度为中心"的刚性管理面前渐渐展露出优势,并被越来越多的企业奉为发展的圭臬。柔性管理本是现代管理科学中行为科学派以人为中心的思想的扩展及其在企业管理实践中的应用,相比泰勒以科学管理为核心的刚性管理只能算作"晚辈",但其思想文化渊源却是源远流长:在中国,孟子早就提出过"民为贵,社稷次之,君为轻"的思想,这与柔性管理所倡导的"以人为本"而非"以权力为先"的思想不谋而合;在西方,"以人为本"也与文艺复兴运动以来所推崇的"人本主义"和"天赋人权"的思想如出一脉。

柔性管理也可称为人性化管理。它强调企业员工内在的驱动性、影响的持久性和激励的有效性;它视员工的成功为企业成功的前提;它在适应市场变化和满足顾客需求方面也会展现出极强的灵活性。在知识经济时代的今天,

■ 你的企业可以与众不同

它较之于刚性管理那种机械的、非人性化的管理无疑是一种进步。柔性管理在海外企业具体实践运用中更是不乏成功的先例：日本丰田汽车公司率先提出柔性管理并相应改进了其生产方式，使其能够更好地适应外部环境的变化，为其在国际市场上赢得了有利的竞争地位；美国"蓝色巨人"IBM通过实施以柔性管理为特色的企业流程再造走出了巨额亏损的阴影，并很快成长为业内巨擘。

《卓越管理》本期推出的专稿——《纤丝鸟：优雅飞行的轨迹》，从其品牌成长和发展的故事中，也不难瞥见柔性管理的影子。愿与读者一起共飨。

除了改变一切都在改变。正视并率先改变，将赋予我们继续前行的力量。

《卓越管理》2007年2月

愿创新与春天一同生长

阳春布德泽,万物生光辉。3月,万物复苏,是春的季节。

正如每个春天的莅临总是伴随着欣欣向荣和桃红柳绿一样,刚刚结束的十届全国人大五次会议上《物权法》和《企业所得税法》两部法律的通过,无疑会让这个3月以更深更新的记忆点镌刻进共和国的历史。创新是一个民族进步的灵魂;创新对于企业与企业家而言,也是立身之本。

著名经济学家熊彼特曾言:"创新应当是企业家的主要特征,企业家不是投机商,也不是只知道赚钱、存钱的守财奴,而应该是一个大胆创新、敢于开拓、善于开拓的创造型人才。"本期《卓越管理》中报道的几个企业家能在各自的领域里成就领军者的地位,无不与创新紧密相关:金志国带领青啤从之前的"做大做强"过渡到"做强做大",迎来了百年品牌稳健发展,是以战略创新取胜;单祥双和中科招商基金几至成为国内私募基金的代名词,是模式创新的结果;周建良带领振邦以氟涂料称雄国内高档漆市场并一举中标奥运工程,背后仰仗的是制度创新;珍贝羊绒从默默无闻到连续数载稳居同业市场份额前列,与邱淦清刻意打造的文化创新相伴相生。综上所观,对于创新来说,最重要的不是知识,而是思维。

突破思维定式是创新得以破茧的前提。举凡我们生活中司空见惯的从众心理、经验主义、迷信权威均是造成思维定式的桎梏。固然,从众可以让我们免受诟病,经验也可以用作挡箭牌,权威或许也能成为推卸责任的理由,但结果只能是殊途同归:泯然于众人矣。日渐激烈的竞争环境已容不得企业再画地为牢、墨守成规。所以扩展思维的视角,从企业自身的实际出发去找

◙ 你的企业可以与众不同

寻创新的突破点，并经由实践不断打造企业的核心竞争能力，才是企业跃出同侪、健康发展的不二选择。上述列举到的企业或许能部分地印证这一观点。

辩证法告诉我们，世界并不是由静止的事物组成的，而是由过程组成的。单一的创新及由其带来的成果并不足以使企业一劳永逸、坐享其成，只有将创新视作一个动态的过程，让持续创新贯穿企业发展的始终，企业才会真正具备不断进步的能力。本期《卓越管理》选取的美泰公司把"芭比娃娃"打造成经久不衰畅销品的案例正是此论点的佐证。

道由白云尽，春与青溪长。

在这个阳光明媚的3月，让我们一起谛听企业拔节的声音，愿创新与春天一同生长。

《卓越管理》2007年3月

变动环境下的企业变革管理

变化之妙，存乎一心。

大千世界，除变之外，再无永恒之物。

在波谲云诡、瞬息万变的环境面前，企业是做先知先觉者，让变革先行，成为机遇的把握者？还是负压促变、迎头赶上，让变革与环境的变化同步？抑或是在环境的变化中浑然无觉，终逃不脱被环境逼到发展的窘境中的命运？

以上三种可能性发生的机会均等。对环境的适应程度不同，其结果也必定不同。本文浅议环境变迁之于企业变革的依存度，唯愿能提供给企业些许趋利避害的借鉴之处。

变革是企业适应环境变化的需要。

对于企业而言，存在着宏观环境与微观环境。

中国社会正处于转型期，三十年改革开放的成果之一是初步建立起了社会主义市场经济体制，中国经济的迅猛发展俨然已使其担负起世界经济新引擎的角色。

中国本土企业从来没有像现在这样面临如此多的机遇和挑战，宏观环境以令人瞠目的速度发生着急剧的变迁，微观环境的变化也同样目不暇接，变革已成为现今企业适应环境变化的常态。

目前经济日益全球化、一体化，贸易壁垒减少，资本更容易自由地流动，使得市场竞争日益激烈；企业要满足社会环境的各种新要求，并且随着时代的进步，社会也要求企业承担越来越多的责任；与此同时，企业还要遵守社会伦理、法规法纪，保护环境；尽管政府对企业的干预越来越少，企业面临着一个相对宽松的政治环境，但企业还必须关注新的法规政策的走向，注意与政府的意愿保持一致等。

　　顾客的品位与喜好会改变，这些改变会给企业带来相当大的不确定性。企业身处一个供过于求的时代，顾客是企业存在的所有意义。竞争者的存在，恰恰是顾客可以有其他选择的原因。现今同质化竞争已渐成趋势，企业产品与服务之间的差异已微乎其微。竞争不但不可避免而且会相当激烈，所以应对竞争对手的挑战也是促使企业变革的动因之一。企业以前那种把员工视作成本而非资源的认识在现今也必须进行改变。如果员工与企业形不成统一的价值观，那么他们就不可能获得成就感与归属感。在今天，没有建构在员工成功基础上的企业的成功是不可想象的，所以企业应针对员工多元的需求进行深刻的反省和适当的变革。

　　谈到企业变革过程，通常会涵盖战略变革、组织变革、技术变革和文化变革四个部分。战略变革往往在变革管理中起着核心的作用。组织变革、技术变革、文化变革的进行也必须与战略变革相适应，特别是文化变革，如果其能符合变革的要求，会成为公司巨大的优势，否则便成为公司的劣势，甚至有可能导致变革的失败。

　　每一次变革其实都是一次创新，而创新的源泉来自于企业内部的学习。如果一个企业不具备学习力，任何变革都缺乏了基础，更遑论成功。学习是必需的。因为一方面企业想达到目标，需要变革，而另一方面企业又必须要面对许多未知领域，所以唯有学习才能解除组织的顾虑。企业领导者也应把日常的工作视作企业变革的一部分，推动企业内部的学习，使员工不断增强创新能力，让变革在企业发展历程中无时无刻不在发生。唯有此，企业才更能抵御环境变化所带来的风险，企业才能永葆基业常青！

《卓越管理》2007 年 4 月

唯有个性　才能成功

成功都是有个性的，而失败的原因却大致相同。

虽然模仿是成功的捷径之一，但大多也只是对企业的起步阶段起作用。每一个企业的成功都有着自己独特的文化基因，而文化是不可能完全被复制的。

最近美国《商业周刊》新鲜出炉了2007年的美国企业50强排名，其评价标准基于两点：一是平均资本回报；二是销售额增长情况（皆参照过去3年的数据）。榜单中除我们所熟知的Google、甲骨文、星巴克、百事、苹果等公司外，大多数都在国人的视线之外。《商业周刊》对50强企业不吝溢美之词，称它们是"鼓动家、开拓者及革新派"，是"推出最佳公司排名11年来最为出色的一批"。《商业周刊》给出了50强企业的一个共同点，即它们都有追求卓越的坚定信心，并且均未把成功视为理所当然的结果。

不仅如此，依笔者看来，它们身上至少都带有以下共同的烙印：对一切新技术、新发明和新管理手段都高度热忱并迫不及待地拿来作为自己克敌制胜的法宝；对顾客需求的变化洞若观火并使之转变成为改变自己产品或服务的重要参照体系；对未来环境变化的警惕性如影随形，处理危机事件时泰然自若；等等。

但凡此种种，均掩盖不了因它们各自身上独具的企业气质所散发出来的引人入胜的独特魅力：Google的"野心"路人皆知，这个靠搜索引擎起家的网络巨头（市值1440亿美元）目前已将"魔掌"伸向了媒体、软件和电信领域，所及之处风声鹤唳，在不久的将来搅动起更大的风雨也未可知；星巴

◘ 你的企业可以与众不同

克从诞生之日起就标榜自己不是贩卖咖啡,而是用精心营造的氛围带给所有顾客一次美妙的体验,这是星巴克的灵魂,更是它获得持续成功的原动力;苹果绝对称得上是 IT 行业的"时尚风向标",从 iPod 到 iPhone,苹果一路创造着历史并在创造历史的进程中聚焦了越来越多艳羡者和忠实追随者的目光。

个性是成功企业的专属"胎记",从美国 50 强企业里印之凿凿,从中国企业"隐形冠军"身上更是不难找到:亚都以提供清新空气为己任,成了国内加湿器的执牛耳者;九阳以创造需求的理念发明并成就了豆浆机这一土生土长的国内小家电品牌;好孩子深谙独特性的真谛,以 2200 项专利为自己营造起牢不可破的堤坝,让有意竞争者望而却步;如家更是将快速复制成功的信条运用得淋漓尽致,当然是以其将一切细微的管理经验汇聚成的管理真经作为前提。

我们颂扬并推崇个性,不单是希望在企业的大花园里能看到更多的奇花异葩,为我们这个时代带来更多的斑斓与色彩,更希冀企业能把塑造个性作为共同挥举的旗帜,成就自己的不可替代性,在行进的道路上走得更远。

先哲"君子和而不同"的话语穿越时空而来,在今天依然鲜活、生动!

《卓越管理》2007 年 5 月

中国世纪期待中国的世界级品牌

"向东,向东,再向东:那里有工作"——奥戴德·申卡尔博士在他的《中国的世纪》一书中以此作为其中一章的标题,系统阐述了工作岗位迁移的经济学话题。他认为中国对全球各种人才的吸引力正与日俱增。的确,中国经济的持续繁荣不仅让中国成为全球资本竞相追逐的乐园,也促使全球的劳动力市场正在发生着根本性的变化。中国的魅力不可阻挡!

作为一名美国知名的中国问题专家,奥戴德·申卡尔博士对中国经济环境的研究长达 30 余年之久,他断言:"现在是必须了解一切的时候了:中国将如何影响世界;这对你意味着什么;你现在必须做些什么,才能在未来的环境中找到自己的立足点。我们应该清楚、现实地看待正在形成的新世界——在这个世界里,美国不再是领导者。"不言而喻,他认为中国才是真正的新世纪的主宰者。

据一份资料显示,中国制造了世界上 70% 的玩具、60% 的自行车、50% 的鞋以及 1/3 的皮箱;中国还制造了世界上 1/2 的微波炉、1/3 的电视机和空调、1/4 的洗衣机以及 1/5 的冰箱。仅沃尔玛每年从中国采购的商品就达数百亿美元之巨。可以这么说,离开了"Made in China"(中国制造),当今世界的商品市场将是不可想象的。

我们似乎应该为以上学者的评述和部分活生生的数据而"沾沾自喜",况且中国以 GDP 总量计算目前已是世界第四大经济体。如果再参照一下另一组数据,或许大多数人会改变自己的想法。据世界品牌实验室(World Brand Lab)最近推出的《世界品牌 500 强》显示,2007 年中国进入世界品牌 500

■ 你的企业可以与众不同

强的总数为12个，在27个品牌入选国家中仅列第八位，与前三名的国家——美国（247个）、法国（47个）、日本（43个）相比仍存在非常明显的差距。在12个上榜的中国品牌中，也仅有海尔、联想、长虹三家属制造业企业。它们距离成为通用电气那样的真正制造业大鳄还有漫长的路要走。

日本前首相中曾根康弘曾不无自豪地说："在国际交往中，索尼是我的左脸，松下是我的右脸。"显而易见，我们至少今天还没有这样的底气，中国缺少真正的世界级品牌也是一个不争的事实。许多外国人所了解的中国面孔中"世界工厂"可能是最被熟知的一个。从OEM（原始设备制造商）到ODM（原始设计制造商）再到OBM（原始品牌制造商），中国企业一路走来，其中一部分优秀企业已经开始走向了世界，如联想、海尔、华为、TCL等。尽管它们在国际舞台上的表现各有千秋，但至少是放大了中国品牌在世界上的声音。本期《卓越管理》重点报道的华为、中兴、大唐三家国内最优秀的电信设备制造商，不仅是在世界上有影响力的中国本土品牌的优秀代表，而且它们在国际市场上所取得的一系列成功经验也值得后来者参照和学习。

"像长生鸟一般从灰烬中复苏的新的中国，将在现在和未来持续影响21世纪的政治和商业前景。"李奥贝纳广告公司荣誉总裁G.James先生如是说。如果在这其中有越来越多的享誉世界的中国品牌，我们有理由相信，中国在属于自己的新世纪里影响世界的广度和深度将更加深远。中国企业，加油！

《卓越管理》2007年6月

你的企业可以因此与众不同

创新是企业的第一生存法则。一个新产品的诞生或许仅仅源于一个灵感——一个足以让你脱颖而出的想法。这一想法满足甚至是创造了一种需求，于是你的企业因此蓬勃而生。苹果是很多企业界人士顶礼膜拜的偶像，究根溯源，创新被苹果珍视为生命。从1977年的第一台计算机，到1984年的第一台有鼠标的麦金托什机，再到2001年的iPod播放器，直至2007年在美国上市的iPhone手机，苹果的30年是创新的30年。也可以毫不夸张地说，苹果一路创新的30年是改变了地球上人们生活方式的30年。

塑造企业的斯巴达精神。企业要想到达成功的彼岸，仅有好的创意与想法是不够的，必须经历一个漫长而又艰险的旅程，其中最关键的是好的执行力，而执行力的关键是纪律。斯巴达在两千多年前的希腊战争中能够成就辉煌，离不开它那支以纪律严明而著称于世的精锐军队。华为也是一个范例。军人出身的任正非凭借一部《华为基本法》把企业锻造成了一支铁军，攻城略地，所向披靡，成为让朗讯、思科这样的老牌正规军也不得不正视并尊重的对手。以重视纪律为核心的斯巴达精神无疑大大提升了华为的战斗力，也使它获得了"正在改写全球电信业的生存法则"的赞誉。

学会运用知识管理。在当今被企业界日渐推崇的知识管理指的是组织为实现自身所拥有的知识的最大效益而采取的一系列有组织、有纪律的行为。人类的知识通常被划分为内在知识（认识者所知道的东西，包括经验和见解等）和外在知识（存在于人工制品中，如文件或音像等）。知识管理的重点就在于如何实现知识从内在到外在形式的转化。当企业的员工参与到其中，每个人的知识就可以明确表述出来，达到企业实现内部知识共享的目的。千万不要轻视这种知识整合和内化的过程，它对企业资源使用的最大化和效率提升有着明显的助推作用。举施乐公司的一个例子：一位在巴西的施乐服务代表将维修中遇到的一个难题提交到内部交流平台，他远在加拿大的一位同事提供了曾遇到类似问题的解决方案，使原本一个预估需要耗资4万美元维修费用的问题仅用了90美分就彻底解决了。从这个例子中不难看出，知识管理是需要借助工具的。目前市场上这种类型的商业产品也正在大行其道，如Lotus Sametime和Microsoft NetMeeting等。

静水才可以流深。若没有足够的定力，在当今这个极度浮躁和喧嚣的年代，要做一泓静水是何其难也！但拥有宏图大志的企业追求的不应是昙花一现式的成功，要想持续赢得未来最终比拼的还是耐力。这就需要以出世的心态做入世的事情，学会"留白"和具备反省的能力。任世事沧桑变幻，始终保有一颗自信而敏感的心灵，就似那一湾剔除尽喧哗的静水。堪称智者的沃伦·巴菲特身上明显带有这一印记。他谨慎、严谨、理性，始终坚持长期投资的理念，不为外界的诱惑所动，即使是在网络股如日中天的时候他也绝不涉足。事实上，他的成功源于他发现了资本主义的真谛——冷酷而公平。而在这背后，是静水般深不可测的内心赋予了他这种超乎寻常的能力。

凡此种种，或许并不能使你的企业从激烈搏杀的商业红海里赢得多么辽阔的蔚蓝，但足以让红海泛蓝。你的企业至少可以从此变得与众不同！

《卓越管理》2007年7月

北京奥运，你准备好了吗？

40亿人，约占地球总人口的2/3，将在同一个时间段关注一项赛事，唯有奥运会有这样的魔力，她的巨大影响力无与伦比！

一年后的今天，第29届世界奥林匹克运动会将在我们的北京举办，空前的商业机会横亘于眼前，作为东道主企业，你准备好了吗？

自从1984年洛杉矶奥运会取得了极大的商业成功以来，奥运经济如火如荼，不仅成就了举办国的经济振兴与繁荣，并且让一大批企业品牌因此惊艳世界。以韩国三星为例，通过联姻1988年汉城奥运会，三星一飞冲天，渐至成长为世界级品牌。中国的企业也同样有机会取得甚至超越三星式的成功，因为奥运会确实给企业提供了一夜成名的机会。请看这样一组数据：

据公开预测数据，2008年奥运前后来北京的游客总数将在460万～480万人之间；有近4000家境外媒体来北京报道奥运盛况；全球将有超过40亿人通过电视屏幕观看奥运节目；整个奥运经济带来的商机将超过3万亿元人民币。

近水楼台先得月，中国企业无疑将当仁不让地成为2008奥运经济蛋糕上的大快朵颐者。可要紧的是我们如何下口？最终又能吃到多少？

对奥运赞助企业而言，虽然占据了奥运营销的制高点，但前有强敌，同行业国际知名品牌在借助大型国际赛事上推广自己经验老到，如中国银行之于VISA，稍不留神，被别人抢了风头也未可知；后有悍兵，同行业国内强力竞争者可不肯被对手拉开距离，如伊利之于蒙牛、搜狐之于新浪，一场遭遇战在所难免。除去外部竞争因素之外，即便是同为赞助商，也会因为各自的

◘ 你的企业可以与众不同

功夫深浅，呈现迥然不同的结果。可喜的是，我们已经看到部分企业利用自己的奥运赞助商身份在市场上频频发力：如青岛啤酒联合中央电视台推出的向世界推荐中国名城的"倾国倾城"，伊利覆盖全国660个城镇、近2000个社区的"伊利奥运健康中国行"，联想推出的"奥运联想千县行"等活动，均已取得了热身的效果，势必会为它们在即将到来的与竞争者的短兵相接中占据上风。

但奥运商机绝非赞助商能够独享，非奥运赞助企业甚至个人也依然存在着许多机会。如在翻译市场，特别是体育专业翻译市场人才奇缺：据一份报告指出，北京奥运会期间需1万名体育专业翻译，但全国擅此道者不足4000人，缺口甚巨。这就给相关培训企业闪开了空当。网络在线服务也大有可为，如在线旅游服务、在线礼品交易等。提到奥运商机，奥运特许商品绝对是蛋糕上的奶油，自然被许多人觊觎。据预测，2008年奥运会特许经营商品及赞助收入有望达到5亿美元。一个好消息是，2008年个人也可以参与奥运特许商品的经营，就看你如何抓住这个在身边的机会。另外，物流、保险以及证券市场也都有无限商机等待你去挖掘，需要的只是你是否拥有一双慧眼。

成功的大门只向那些有准备的人敞开。大门里面金光灿灿，你会是推开虚掩着的奥运商机大门的那个人吗？

《卓越管理》2007年8月

企业如何才能超越竞争？

当垄断经营已成为企业无法企及的梦想，即便是微软也难逃被拆分的命运；当创业已成为一股前所未有的时代洪流，不断增加的手伸向原本不大的这块市场蛋糕；当市场的缝隙越来越窄，每一小块地盘都需要拉锯战才能艰难获得……竞争从来没有像今天这样变得无孔不入、无处不在！竞争已然成为所有企业界人士不想却又不得不面对的一个最为严峻的现实。

是深陷竞争的泥淖而无法自拔，还是甩开对手的围追堵截而超越竞争？毋庸讳言，我们当然倾向于后者。问题的关键是我们如何才能超越竞争，争取到属于自己企业发展的那一片蔚蓝而又辽阔的天空？

以量取胜 VS 品牌制胜。我们不妨回溯一下战国七雄争霸的历史：苏秦以"合纵"之名，游说六国合纵以抗强秦，挂六国帅印，一时风光无限；张仪则施以"连横"之术，恃一强以攻众弱，游说六国亲秦，各个击破。最终以"横"破"纵"，遂成就秦一统天下的大业。苏秦显然是想以量取胜，但张仪却把强秦这个品牌发挥到极致，结果是品牌胜出。联想到当下那些动辄打价格战，靠微利多销甚至是没有利润也去死磕市场的企业，在真正遭遇品牌企业的阻击时，它们的做法还能否奏效？不禁为它们的前程捏一把汗。

同质竞争 VS 另辟蹊径。说到航空公司，我们都会自然联想到高昂的价格、超长的候机时间，等等。当美国西南航空公司以一句"飞机的速度、驾车旅行的价格——无论你何时都需要它"这样的广告语横空出世时，它就注定已从同质化竞争惨烈的"红海"中脱颖而出，找寻到了那片任它自由驰骋的"蓝海"，获得无限成功也便成为一个简单逻辑意义上的结果。当一个企业身陷同质化竞争的渊薮，疲于奔命地瞄着竞争对手的战略而亦步亦趋时，它也便彻底失去了自我。

针锋相对 VS 化敌为友。清王朝的奠基者努尔哈赤当年以十三副铠甲起兵，从统一女真各部落到颠覆大明王朝，由弱到强，由不可能到能。除了文韬武略之外，他还具备化敌为友、揽天下人才为己用的广阔胸襟。举一个极端的例子，努尔哈赤曾把先后两个刺杀自己的刺客赦免，原本的死敌受其感召变成了忠于他的死士。但在今天市场竞争的环境下，我们常见的是企业针锋相对、置对手于死地而后快的屠戮战事。"伤敌一千，自损八百"——这何尝不也是一种悲剧。如果换一个角度，可能收获的就不再是荆棘。

除了要确立自身的竞争优势、摆正与竞争者的关系之外，企业也不能以受竞争压力之名去选择竭泽而渔，而应"取物以节"，在合乎社会道德规范的前提下去从事经营活动。"子钓而不纲，弋不射宿"——先哲给了我们道德示范。只有那些审时度势，从激烈搏杀的竞争中脱颖而出，又能顺应道德规范要求的优秀企业才是竞争环境下真正的英雄，也才值得更多企业尊敬。

《卓越管理》2007 年 9 月

文化竞争是企业竞争的最高境界

经济与文化日益融为一体已是当今世界的主流趋势，我们每每发现，当一国的产品大踏步地走向海外市场时，文化往往如影随形，在输出自身价值观的同时也拉动了产品的市场需求。这样的例子不胜枚举，如一部《大长今》的热播，使得韩国料理大受国人追捧。近些年韩国产品在东南亚地区大行其道，与被称为"韩流"的影视作品的广受欢迎不无关系。

作为个体的企业而言，在经历了产品竞争、服务竞争之后，也必然走向文化竞争，而文化竞争是企业竞争的最高境界。企业如果不经历文化竞争的洗礼，要想成就基业长青的梦想也断然是不切实际的。

我国著名经济学家于光远先生说："三流企业靠生产，二流企业靠营销，一流企业靠文化。"企业要想成就强势的文化竞争力，就必须了解一个企业文化形成的几条线索并在自身的实践中加以固化，最终使其成为在市场竞争中穿在自己身上的一副"铠甲"，以达致无往而不胜。

一个被广为采用的关于文化的定义是：被一个群体的人共享的价值观念系统。笔者以为，一个企业文化的最终形成无外乎受三个方面的影响，即本土传统文化、所在地区域文化以及企业自身积累下来的文化习惯。传统文化是企业的基因。如中西文化的特点便大相径庭：西方文化的特点是征服环境，从征服中获得自身的满足；而中国文化的特点是不主动与环境进行激烈的冲突和对抗，而是转身内向，调和持中，从而获得内在的满足和生活的愉悦。区域文化是企业的"胎记"。中国传统的八大商帮虽经岁月的荡涤，但各地商人之间的差异至今也难以磨洗掉区域的烙印，便是一个最好的明证。前两者都有共通之处，也可以说是企业与生俱来的专属符号，大多是不以企业的意志为转移的。而唯有企业在自身发展过程中所形成的文化特征或习惯才是一个企业区别于另一个企业的最显著特征，是可以靠企业自身的能动性得以塑造和改变的。就狭义的企业文化而言，大致涵盖商品文化、营销文化、企业精神、经营理念、发展谋略等方面。只有在这些方面建构起具有竞争力的文化，同时再吸取传统文化和区域文化中的先进部分，企业才能真正形成强势的文化竞争力，也才能够在企业竞争的最高阶段——文化竞争中所向披靡，获取继续前行的信心和动力。

　　创造了中国第一品牌的张瑞敏这样说过："海尔的创造，主要是文化的创造；海尔的扩张，主要是文化的扩张；海尔的成功，实际上是文化的成功。"一个企业如此，一个城市如此，一个国家和民族的成功也如此，文化竞争的成功是所有成功的前提。

　　通用电气前总裁杰克·韦尔奇先生说："健康向上的企业文化是一个企业战无不胜的动力之源。"愿将这句话与更多的企业同道共勉，以塑造优秀的企业文化为己任，在企业竞争日趋激烈的环境下展现出各自的魅力！

《卓越管理》2007年10月

成长型企业如何突破发展的天花板？

正如人的一生要经历少年、青年、壮年和暮年一样，企业的发展年轮里也不可或缺创业期、成长期、辉煌期和衰落期四个阶段。在经过了创业阶段的打磨和洗礼之后，很大一部分企业就此销声匿迹，而幸存者（我们暂且称之为成长型企业）也并非可以高枕无忧，它们仍然面临着许多桎梏企业发展的"天花板"，稍有不慎，再被打回创业的老路也未可知。

一般而言，成长型企业大致具有以下特点：一是拥有比较优质的产品或比较成熟的项目；二是具备较快的发展速度且拥有很大的发展空间；三是管理系统薄弱，亟待组织创新；四是品牌意识淡漠；五是企业明显带有创业者个人或家族色彩；等等。一言以蔽之，这个阶段的企业优点和缺点同样明显，只有扬长避短，才能乘势而上。

组织创新迫在眉睫。大多数企业在创业阶段基本上是为生计而奔波，管理简单、粗放。进入成长期以后，进行组织创新便成了当务之急。具体来说，就是要把以前那种以产品为导向的组织架构转化成以客户为导向，更多地依靠团队而非个人的力量去打动客户、拓展市场。同时还应注意增加组织的弹性设计，不要单纯依赖直线制的管理模式，要适当地引入矩阵式或事业部制的管理模式，使企业更能适应市场竞争的需要。

品牌塑造刻不容缓。有这样一个形象的比喻：品牌是顾客头脑中的存款户头。对初创的企业而言这句话可能只是一种奢望，或者说在初创期即便有品牌意识，往往也是有心无力。但等到企业进入了健康快速的发展轨道，这句话就应该成为一种追求的动力。笔者理解的品牌有两层含义：首先是品质，其次是品格。品质是品牌永恒的基础,任何想在品质上偷工减料而又妄想成就品牌的想法都是不切实际的;品格是一种超乎同侪的境界,失去了品格,品牌注定也是短命的。

企业价值观的提升势在必行。追问一下企业的使命到底是什么?大多数创业者在创业之初都是本着改变命运的想法,这自在情理之中。但随着企业状况的改善,单纯物质利益的满足已经实现,这时就很有必要反躬自省了,毕竟我们"吃饭是为了活着,但活着不是为了吃饭"。一个伟大的企业必定有着强烈的使命感和社会责任感,即便你觉得这个目标离你太远,也应在企业价值观里顾及一个企业公民应尽的社会责任,否则不仅赢得不了尊重,也很难吸引到更多的人才加盟到你的企业中来。

当然,上述三种情况并不能代表企业在成长期所面临的"天花板"的全部,其他方面还有人才的短缺、资金链的紧张等等。这看似危机四伏,实则其中隐藏着更多机遇。只要未雨绸缪、方法得当,企业必能将"成长的烦恼"抛诸脑后,赢来更广阔的发展空间。

《卓越管理》2007 年 11 月

黄金年代留给我们的投影
——重温 2007

日月既往，不可复追。

当 2007 即将成为历史，站在时间长河的拐弯处，回望并细数一年来中国经济发生的点点滴滴，让成就升华为我们的自信，让隐忧厘清我们的理智。同时，和我们的读者一道搜寻并铭记中国企业家群体中这一年来那些让我们值得学习的人和事，于本刊而言，是一件很有意义的事。

被称为全球新兴市场代表的"金砖四国"（中国、俄罗斯、印度、巴西）无疑是拉动当今世界经济发展的强劲动力之源，而我们中国又是其中马力最足、贡献最大的国度。据世行的一份资料显示，中国目前对世界 GDP 的贡献率仅次于美国，位列全球第二。行将远去的 2007，无疑在中国经济全面振兴的华章中添上了最浓墨重彩的一笔。有数据为证：

一是，我国 2007 年一至三季度的经济增长分别是 11.1%、11.9% 和 11.5%，预计全年中国国民经济的增长率可以达到 11.5%。这一目标的实现标志着自 2003 年开始，中国经济连续五年增长率都在 10% 以上，比这一阶段世界经济的平均增长率 4% 高出了 6 个多百分点。这也是自 1995 年以来中国经济的最高增长速度。

二是，2007 年全国的财政收入可以突破 5 万亿元，比 2006 年同比增长 30% 以上，宏观经济运行效益良好显而易见。企业利润的增长更是振奋人心，2007 年前 8 个月，中国规模以上的工业企业利润同比增长了 37%。再看

◨ 你的企业可以与众不同

行业利润，以汽车为主要产品的运输设备制造业为例，前 8 个月利润同比增长 66.5%，2007 年中国汽车产量预计达到 860 万辆，已成为世界上名副其实的汽车生产和消费大国。

可以这么说，我们国家正处在一个经济景气时期的很好的上升阶段——黄金时期。

但在最好的时期我们也不能忽视问题的存在，经济增长由偏快转为过热，价格由过快增长逐步演变成通货膨胀的可能性在加大。在 2007 年给我们印象最深的可能是 CPI 居高不下，物价特别是农副产品价格上涨过快，给老百姓的生活带来了实际的影响。看似冰山一角，如果处理不当，中国经济持续健康发展的态势会受到抑制也未可知。

虽有经济中的隐忧，但毋庸讳言，中国当下处在经济发展中的一个黄金时期却是一个不争的事实。其中，中国企业家群体迸发出的能量和贡献出的智慧是一股不可忽视的强劲推动力量。沿着 2007 的轨迹，寻找并发现他们当中的卓越人物，以他们为代表给整个中国企业家群体立一座群像。本着这样的初衷，于是有了我们本期"2007 中国企业年度卓越管理人物"的诞生。让我们快速扫描一下这些优秀的身影，他们是：

海尔品牌的"贤内助"总裁杨绵绵女士；酿造醇香与激情的青啤总裁金志国；在 IT 领域挥舞"爱国"大旗的第一人 aigo 总裁冯军；QQ 企鹅帝国掌门人马化腾；要把"阿里巴巴"做足 102 年的首席执行官马云；被誉为汽车狂人和慈善校长的吉利集团董事长李书福；既是追逐增长的企业家，又是追求高度的登山者的万科董事长王石；"不只是一个人在战斗"的苏宁电器董事长张近东；"五十而立"的环保哲学家、皇明太阳能董事长黄鸣；一心扑在"家"上的碧桂园董事长杨国强。

掩卷 2007，我们再不必为时间的流逝而伤怀，只要记住那些刚刚发生的让人感奋的人和事，我们便有了足够的信心和力量，一起去期待并实现下一个年轮里的光荣与梦想！

《卓越管理》2007 年 12 月

中国30年，缔造起经济的喜马拉雅；
奥运2008，是耸立的珠穆朗玛！

我们应该为生活在这样一个时代感到由衷的庆幸和自豪——因为我们正见证并经历着中华民族的伟大复兴！中国经济以亘古未有的发展速度持续走过了30个年头并且后势依然强劲，我们不仅赢得了自己真正意义上的崛起，还以对世界经济越来越多的贡献成为推动全球经济发展最为卓越的动力之源！

三十而立。30年前的1978年12月，在北京召开的中共十一届三中全会做出了改革开放的战略决策，以此为标志中国这艘东方巨轮驶入了快速发展的新航道。1978年，中国人均国民生产总值只有379元人民币，对外贸易量206.4亿美元，城市化水平只有10.6%；30年后的今天，中国的国民生产总值位居世界第四，人均GDP已经达到2000美元，农村绝对贫困人口数量由2.5亿下降到目前的2000万人。凤凰涅槃——仅仅用了30年，中国已然从一个典型的落后农业社会发展成为现代商业社会。

30年的经济成就，得之不易。首先是我国成功实现了从高度集中的计划经济体制向充满活力的社会主义市场经济体制的转变，使人民成为创富的主体，思想观念的解放功不可没；其次是中国以进取的姿态很好地融入了世界经济，通过审视自己的发展阶段，在国际化分工中找准了清晰的定位，"从实际出发"又一次成为我们成功的法宝；第三是以负责任的大国的姿态响亮地提出了科学发展、构建和谐社会的发展理念，不回避我们在发展的进程中所

◼ **你的企业可以与众不同**

积聚起来的诸如对环境的破坏、对资源的过度消耗以及贫富差距过大等一系列问题和矛盾,从而为我们更加持续健康地发展经济注入了润滑剂和新动力。

新的一年我们正面临着经济增长由偏快转为过热、物价由结构性上涨演变为明显的通货膨胀的可能性在加大的风险和考验,特别是美国次贷危机对全球经济的负面影响正日益显现,中国过去近30年依赖投资和出口拉动经济快速发展的手段势必也会受到一定程度的影响和挑战,所以拉动内需、依靠消费推动经济发展已是当务之急。要想使消费的势能获得充分释放,就必须使之前我们在发展过程中所暴露出的"劳动与资本失衡"的状况得到彻底改变。所幸的是科学发展观提出的"以人为本"的理念终将落实到消费。在劳动力要素价格重估下居民收入增长的加速,无疑将会刺激消费的增长。

尤其值得大书特书的是2008是中国的奥运年,它不仅是中国向世界最好展现自己魅力的一次机会、是对30年改革开放成就的一个最美丽的注释,同时对中国经济的贡献和国民信心指数的拉动也将非常明显。据来自中国社科院的一份资料显示,主办奥运会将有16.85亿美元的预算收入,支出约为16.09亿美元,收支相抵后有7600万美元结余。

龙腾2008,点睛奥运。中国以30年之力缔造起了一座气势恢弘的经济的喜马拉雅,而北京奥运则是其中最为壮美的珠穆朗玛!

《卓越管理》2008年1月

向人生与事业一样精彩的企业家致敬！

理查德·布兰森，英国最大的私有企业、市值达70亿美元的维珍集团的创始人，有商界"老顽童"之称。他不仅一手缔造了富可敌国的维珍（Virgin）品牌，更以特立独行演绎着自己精彩的人生：曾驾驶热气球飞越大西洋和太平洋；驾驶水路两栖跑车穿越英吉利海峡，并创造了一项新的世界纪录；在伊拉克战争期间，驾驶飞机前往巴格达营救人质。或许现在他正躺在他私人拥有的位于加勒比海被称作"伊甸园"的内克岛的吊床上晒太阳，而他的商业帝国却在有条不紊地运行着……

王石，中国最大的房地产企业万科的董事长。万科不断书写着中国房地产业的神话，王石也在不断刷新着自己生命的传奇：2003年，王石在52岁的时候成功登顶珠穆朗玛峰，创造了国内登顶珠峰最年长纪录；迄今为止，他是全世界成功登顶七大洲最高峰并徒步穿越北极点和南极点的仅有的五人中的一名。

罗红，中国最大的烘烤连锁企业好利来公司总裁，绝对的摄影"发烧友"，曾经17次去非洲探险。难以想象，这个扛着相机，戴着墨镜，站在一大群火烈鸟前的摄影家在非洲享受慢生活的快乐时，他身后的好利来品牌正以每年200家新开店的速度在全国急剧扩张……

不错，他们和我们通常认为的企业家的形象不尽相同，可他们在事业取得成功的同时，收获着生命的精彩，在让我们羡慕的同时也留给我们更多思索的空间。

那么，什么才是真正的企业家？借用一下彼得·德鲁克对领导的定义：

◘ **你的企业可以与众不同**

通过他人的作用去实现目标的人。在这里，笔者并非排斥企业家亲历亲为领导企业的做法，相反，在企业的初创期我认为企业主要领导者的身体力行、率先垂范反而是企业快速健康成长的保证。但当企业进入平稳的发展阶段，企业家应当学会用制度去管理企业而不是仍抱着事必躬亲的态度，这样反而会制约企业的发展。所以，企业家的主要任务应当是"定方向、带队伍"。换言之，"做对事，找好人"才是一个真正企业家的本分。一个成功的企业家必定是一个优秀的战略制定者，但不一定是一个称职的战术执行者。我想，无论是理查德·布兰森、王石还是罗红都深谙此道，当然也值得我们去借鉴。

另外，创新与冒险也是企业家与生俱来的特质。想人所未想并通过企业这个组织将其付诸实践，这才是一个企业和企业家诞生的必然道理。简单的追随与模仿从根本上讲并不具备一个企业想要长久发展的土壤，当然在其上也产生不了真正意义上的企业家。既然是创新，就要走前人未走过的路，冒险的精神也就不可或缺并值得推崇。看看理查德·布兰森乘热气球穿越大洋、王石登顶珠锋、罗红非洲探险——敢于冒险的企业家精神在他们的生活中也被表现得如此淋漓尽致。

我们呼唤企业家精神，希望具备这种精神的群体大量涌现，并期待他们以自己的智慧为我们这个社会创造价值。但一个人的成功决不能以事业的成功为唯一考量的标准，有人生其他层面的成功才完整。所以从这个意义上讲，我们有理由向那些人生与事业表现一样精彩的企业家致敬！

《卓越管理》2008 年 2 月

你准备以何种姿势起跑？
——浅谈创业管理

阳春三月，万物萌动。创业的激情此时或许也正在许多人的心中涌动。任何开创性的事业都是值得嘉许和祝福的，因为正是源于这些创造者的激情和希望以及他们在奋进的途中所付出的努力与坚持，我们的生活才有了更多的选择。他们正是推动整个人类社会进步的非常重要的力量！

创业的过程也注定不是一帆风顺的，即便你曾经设想了1000种困难，在行进的途中你总会发现第1001种！所以，在决定起跑前，请一定要多问问自己：准备好了吗？准备以何种姿势起跑？

但既然已经选择了去创业，也不要过多地去怀疑自己的能力，重要的是聪明地去管理你的创业。笔者以为至少有三点要领可以帮助创业者校正好自己的起跑姿势，助力他们在跑向成功的道路上更加自信、优雅和从容。

合理匹配，整合好资源。创业的初衷无非是因为你发现了一个市场空隙或一个赚钱的机会，而你比其他人更有能力去把握这一机会。对这种能力的自信也无非是源于你具有资金、人才、客户或者渠道的优势。以上这四个因素或者其中的一部分因素就是你的资源。充分认清这些资源要素的权重并把它们最优化地进行匹配组合，对创业者而言是第一重要的事。

搭建好优势互补的团队。创业的目标确定之后，当务之急就是搭建团队。在这一点上尤其要着重提出的是一定要搭建互补型的团队，具体是指：团队人员要有自己擅长的领域并且能力出众；选择具有强大执行力的人担任团队的领导者；在自身团队人员能力欠缺的部分用聘请半紧密型合作的"企业外脑"的方式进行有益补充。

全力构建独特的竞争优势。突出自己的核心专长，专注于专业化发展，集合企业内部最优势的资源去打造自己独特的竞争优势是所有创业型企业在创业之初最聪明的选择。在这里不妨举一个戴尔电脑从行业巨头 IBM 虎口夺食的经典案例：20 世纪 80 年代初 IBM 开创了 PC 市场并在这一领域具有绝对的领先优势。戴尔电脑在刚起步的时候就意识到要想在 PC 机的销售领域里迅速崛起，必须打造一种全新的销售模式，那就是后来成为戴尔电脑标志性战略的直销模式。正是因为戴尔电脑的这种直销战略，使得其库存成本非常低，有效地避免了中间环节，节约了大量的销售成本，从而使得戴尔电脑具有很明显的价格优势。正是这一优势使得 IBM 无法应对，因为 IBM 公司 95% 的电脑要经过中间商或者零售商送到最终消费者的手中。倘若 IBM 放弃这些中间商，转而模仿戴尔直销的话，那么多年建立起来的强大的销售网络将会在一瞬间土崩瓦解，而且这些中间商大部分都会要求 IBM 赔偿损失。戴尔电脑正是利用了 IBM 的这一固定弱势，突出强调自己的直销专长，从而具备了强大的竞争优势，在短短几年之内便成为美国最大的 PC 直销商。

先算先胜，而后求战。愿创业者与创业型企业在追求梦想的实践中一路高歌猛进，迈向成功！

《卓越管理》2008 年 3 月

守住本分是做企业的第一要务

是做树，还是做浮萍？这是一个问题。

做树，就注定要固守一处，根要往下伸展，抓牢土壤中属于自己的水分和养分，这样才能"千磨万击还坚劲，任尔东西南北风"。但这似乎赢取不了太多的艳羡和关注。

做浮萍，就意味着一世要随波逐流，因为没有根，风向和水流就是它生命的指引。这倒也落得个怡然自得、自在逍遥，但会在浮世的虚荣里终了短促的生命历程。

这个问题也是横亘在目前中国企业面前一道普遍性的命题：是坚守主业，夯实根基，还是左右摇摆，逐利而去？

浮萍因诱惑而生，树因信念而立。笔者的观点是：企业人应学树而弃浮萍，守住本分才是做企业的第一要务。

这个命题的得来并非笔者的一时心血来潮。据已经披露的2007年上市公司年报显示，2007年是国内企业利润集中大迈进的一年。在为中国企业获得良好的收成欣喜的同时，细读年报却不难发现，有相当数量的企业利润的大幅跃升却并非来自主业，而是依赖副业，副业的收入又大多集中在对股票投资的获利上。以两面针为例，据一份公开资料显示，2007年两面针全年实现净利润与2006年同期相比增长1860%以上，增长幅度惊人。反观2007年两面针的主营业务，前三季度主营业务收入为3亿元，对比2006年前三季度的2.994亿元，大致相当。之所以两面针能取得2007年利润的大幅度攀升，全赖在资本市场上参股中信证券所得。

◘ **你的企业可以与众不同**

在市场行情好的情况下投资股票赚取利润，对以盈利为天职的企业而言从本质上来讲好像也无可厚非，但股市风云变幻莫测，对行情的把握其实是在进行一场赌博，运气好，赚个盆满钵满；赌砸了，血本无归。相信有许多企业已经从2008年以来的股市跌宕中深刻领悟到了这一点。

不仅如此，在企业一窝蜂似地在股市上豪赌时，另外一些企业也在与己本毫不相干的房地产领域上演逐鹿大战。以家电企业为例，国内几家知名的企业无不淘金其中，乐此不疲。

当炒股成风，盖楼成潮，很难设想这些沉溺其中的企业还有多少精力和气力去认真专注地做好自己赖以立世的主业，更遑论精进核心竞争能力与来自国外的业界巨头去一较高低。

说远一点，一个国家的企业如果仅仅被欲望驱使，只为了满足于一点眼前的小利而荒废了自己的专长，不思进取，久而久之，只能沦落为全球竞争的附庸物。这不仅是企业的悲哀，更是国家的不幸。

当然，亮点也有。如分别作为国内地产与啤酒行业领军企业的万科和青啤，之所以能成其贵者，我想与他们一直以来心无旁骛、专注主业不无关联。

先哲有训："君子和而不流，中立而不倚。"企业要想真正自强于世，抵住诱惑、守住本分应该被视作一门必修课。

《卓越管理》2008年4月

呼唤企业公民意识的全面觉醒

中国人在自己的记忆里将会永远铭记这一刻：公元 2008 年 5 月 12 日 14 时 28 分，四川汶川发生 8.0 级强烈地震，数万个鲜活的生命刹那间魂归天外，山河呜咽，举国为之殇！

有两个镜头深深震撼并灼痛了笔者的心：一个刚从坍塌的学校废墟里被营救出的小姑娘，眼中充满惊恐；一位年逾古稀的老人坐在自己倒塌的房屋的废墟上长久静默，眼中是极度的无助与茫然……逝者已逝，愿他们在天国得到安息；幸存者还要活下去，需要多少时间才能愈合他们心灵的创伤？血浓于水，同胞们无私温热的爱将是支撑他们坚强活下去的最大力量！

国人乃至全球华人的心在这场空前的大地震面前也得到了一次空前的震撼与洗礼，驰援、捐助、致哀、祈愿……人性的光辉普照华夏！其中，很多企业界人士慷慨解囊相助，爱心昭昭，令人起敬。

如果说是这场大劫难触动了大多数企业界人士心底深处的公民意识的萌动与觉醒，笔者以为这应该被视作如此大不幸中之一幸。以此为发端，我们应当呼唤企业公民意识的全面觉醒！

美国波士顿学院给出的企业公民的定义是：企业公民是指一个公司将社会基本价值与日常商业实践、运作和政策相结合的行为方式。通俗一点讲，企业公民是关于企业、政府和社会的新的契约关系。公民意味着法律保障下的权利和义务。将"公民观"引申到企业的社会责任范畴——建立企业公民理念，不仅意味着企业应承担更多社会责任，还包括对其参与社会环境改造的权利和义务的法律保障。从这个意义上说，企业公民超越了慈善家的个人行为，而是企业理性选择下所承担的责任。换言之，企业公民意味着企业不能只满足于做个"经济人"，还要做一个有责任感和道德感的"社会人"。

企业公民意识是一个企业社会责任的外部反映。随着社会的发展和环境的变化，社会和公众对企业社会责任的要求也越来越高，评价一个企业的成功，绝不仅仅是企业的利润和税收的贡献程度，还要看它承担了多少社会责任。一个缺乏社会责任的企业，不仅会丧失可持续发展的动力，最终也会为社会公众所抛弃。对以追求利润最大化为己任的企业而言，承担更多社会责任，往往被视作一种负担。这其实是一种极为偏颇的认知。具备企业公民意识，其本意也并不是要求企业超越自己的能力去承担社会责任，"达则兼济天下"，如果在有能力的情况下而视企业公民意识为可有可无，则无疑是不智的表现。

一份研究表明，在社会责任和企业绩效之间存在着正向的关联度，企业完全可以将社会责任转化为实实在在的竞争力。不仅如此，恪守企业公民原则的企业能够在消费者心目中树立良好的口碑，为企业的品牌赢得美誉度。因为品牌一旦进入社会，它就不再只是企业的私有财产，包含了更多心理、文化、道德等元素，其评价也更多来自于企业所承担的社会角色的具体表现。

国难当前，我们虽然无力去挽回往生者的生命，但我们可以为幸存者做更多的事。在此呼唤并期待企业公民意识的全面觉醒——为弱者施援，为国家分忧！

《卓越管理》2008 年 5 月

企业家，你是否还有好奇心与质疑的能力？

"创新是判断企业家的唯一标准。"著名经济学家熊彼特的这句话，给了企业家群体一个近乎"吝啬"甚至是"苛刻"的论断。

无独有偶。美国现代著名企业家艾柯卡更为直接地指出："不创新，毋宁死。"

创新对于企业家而言，不是一个静止的概念，它与企业家领导企业的过程始终相伴相生。

在这里，笔者也不想再赘述创新对于企业家的重要程度，至少在全球化的今天，来自企业家心灵内部对创新的渴求已经越来越强烈了。但如何才能做到像孔老夫子所提出的"苟日新，日日新，又日新"？关于创新的不竭的活力之源究竟在哪里？这是笔者想和企业家朋友们共同探讨的话题。

思想是创新的源泉——这句话应该是一个放诸四海而皆准的真理。如何建构起卓越的思想？当然更是"仁者见仁，智者见智"了。但笔者以为，深厚的积累应该是不可或缺的一环。"合抱之木，始于毫末；九层之台，始于垒土；千里之行，始于足下。"这其中，学习能力的高低和对自己以往实践经验的有效梳理、总结对自我积累的贡献程度应该是至关重要的。但仅有积累，笔者以为仅仅使创新变为一种可能，是不充分条件。最重要的是企业家应该时刻保有对周围事物的好奇心，以及对自己正在从事的事业的质疑能力。

有好奇心，证明你还没有被烦琐细碎的事物淹没，也没有被那些按部就班的条条框框拘泥，更没有被那些看似理所当然的既定程序役使。你还可以偶尔置身事外，怀着一颗近乎透明和澄澈的"赤子之心"，去好奇地打量和端

■ **你的企业可以与众不同**

详这个瞬息万变、光怪陆离的世界。在这个过程中，你可以聆听到来自内心深处最本真的声音，洞见到周围这个世界即将上演的一些改变的征兆。如果接下来，你更用心一些，将这些体悟和发现转化成实实在在的行动，创新也就应运而生。

具备质疑能力，表明你拥有独立的思考能力，你不会认为那些一成不变的现象是天生合理的，也不会拜倒在一切"宏论"之下进而迷失自己，更不会人云亦云，随波逐流。拥有了定力和自我判断，你会重新审视正在从事的一切，深刻认识到现状的缺失和不足之处，你会遽然而起，运用自己的智慧去颠覆那些旧有的逻辑与秩序。如果你这样做了，谁又能说这不是一种创新行为呢？

哈佛大学校长陆登庭在"世界著名大学校长论坛"上说："如果没有好奇心和纯粹的求知欲为动力，就不可能产生那些对人类和社会具有极大价值的发明创造。"言之殷殷，对天生具有创造价值、让这个社会变得更美好使命的企业家群体而言，亦不无参考的价值。

如果说创新是生命，那么好奇心与质疑能力就像血液与氧气，须臾不可分离。在此向企业家朋友们追问一句：你是否还有好奇心与质疑的能力？

《卓越管理》2008 年 6 月

如何让你的组织生机勃勃？

一个组织成立的理由是内部交易成本一定要低于社会交易成本。很难设想一个人浮于事、派系林立、内部交易成本极高的组织能有什么战斗力。唯有"上下同欲"才能使企业保持活力和竞争力。

那么如何才能让你的组织生机勃勃？可能做法有很多种，但笔者以为最重要的只有一条：把你的激励做对！

企业绩效＝能力 × 动力。一般而言，能力是常量，动力是变量。提升动力无疑是企业绩效提高的最有效方法，但是员工缺乏动力已成为许多企业高管目前面临的最普遍且最棘手的问题之一，具体表现为员工工作主动性缺失，等着领导布置任务，对完成任务缺乏必要的信心等等。为解决类似现象，人力资源经理们肯定也花费了不少心血，尝试过很多种解决之道，但结果却往往不遂人愿。究其原因，肯定是激励的方式方法出了问题。

如何才能把激励做对呢？笔者以为至少应做到以下几点：

首先，要创建一种有利于自我激励和表现高水平的工作环境。即把一个"得过且过"的场所变成一个"各显其能"的地方。这有助于让员工对他们的工作形成更为积极的想法和感受，进而释放出各自巨大的动力能量。这其中最关键的部分是要体现公平，真正建立起让所有员工都能享受到平等竞争机会的管理机制。

其次，要建立起有效的沟通机制。沟通是最强大的管理技术，但在所有的沟通中都存在误解和冲突的可能。摒弃所有可能导致负效果沟通的唯一方式是务必实现沟通的开放性。让员工拥有对公司的知情权，共享一切，防止员工滋生自己是公司"局外人"的情绪。试想当员工把自己视作公司不可或缺的一分子之后，来自内心的自我激励和动力是不是会油然而生？

第三，让培训成为员工的一项权利。 美国麻省理工大学资深教授彼得·圣吉说："未来真正卓越的组织，是能够从各个层面发掘人们学习能力与意愿的组织。"一个学习型组织无疑对员工具有更强的吸引力。企业给予员工的除了薪酬之外，请切记一定还有培训！培训的作用除了直接体现在员工个人能力和价值的提升上之外，也一定能体现在对公司发展的贡献上，虽然有些时候它表现得并非那么显性。

最后，要及时做出激励性评价或奖励。 每个人都希望自己被别人认可。尤其是在组织内部，一个人如果工作表现优异而没有得到认可或奖励，其结果将是灾难性的。这绝非危言耸听，因为在缺失优秀标杆和榜样的环境里，没有人愿意长久地通过努力工作获得佳绩来证明或表现自己，这对组织的伤害将是巨大的。同时，认可或奖励最好要及时，因为其正面作用与时间成反比。

玫琳凯化妆品创始人玫琳凯·艾施说："每个人都会希望对方认为自己很重要。如果你能够满足对方的这种需求，你不但能在商业上成功，在生活上也能成为佼佼者。"理解这一点其实很重要，如果你真的能走进员工的内心，激发起他们对事业的热情与欲望，完美的激励便可以实现。不仅如此，你还将收获一个生机勃勃的企业和一份可以预见的美好的未来！

《卓越管理》2008 年 7 月

和：中国这样告诉世界……

2008年8月8日，可能在时间的长河里并无二致，只是一朵平凡无奇的浪花；但对于北京，对于中国，它升华并定格，俨然一座永久的丰碑镌刻进所有中国人的记忆。

是的，伟大的奥林匹克运动会这一天在中国的心脏——北京这片炙热的土地上以最隆重的方式聚集起五大洲的宾朋，朝着人类追求"更快，更高，更强"的共同目标热烈唱响。

为了这一刻，中国等了100年。即便是在充满屈辱、积贫积弱的中国近代，华夏儿女对奥林匹克精神的追求与向往一刻也没有间断过。刚刚过去的30年，我们以无比卓越的胆识和无限宽广的胸襟进行改革开放，山河激越，人心所向，以30年之力迎来了中华民族的伟大复兴。今天我们终于可以自信地以主人的姿态向世界昭示我们有能力承办一届最成功的奥林匹克盛会，以我们独有的方式向世界奉献我们对体育的热爱。

是夜，美轮美奂、极富东方浪漫气息的开幕式在中国国家体育场盛装登场，向全世界数十亿观众诠释着华夏文明的星河璀璨。当象征中国四大发明之一的活字印刷术以活字模的形式组合出一个大大的"和"字时，观众无不为之欢呼震撼。在那个瞬间，我分明听到了中国向整个世界发出的最真诚的呼唤。

一个"和"字，其意深远……

"君子和而不流"，先哲孔子以此句来阐释刚强的真谛。我们可以谦和、彬彬有礼，但是我们拒绝随波逐流，这是一个民族能真正再次崛起的深层精神内核。任何依附与攀援，其结果注定是失去自己的风骨，沦为他人的附庸。因为一个民族真正的自立依靠的终究是源自内心的坚定。

"礼之用，和为贵"，以和谐为美，以和谐为最高追求目标，是中国一脉相承的处世原则。构建和谐社会已成为当今中国的普世价值观。不仅如此，我们还将这一理念推而广之，一起创造一个和谐的世界是中国向世界发出的最美丽的邀约。

和平崛起。短短30年，中国这条沉睡的东方巨龙完成了一次漂亮的腾空——中国正在崛起，这是一个不争的事实。但不同于以往一些大国的崛起之路，没有掠夺，更没有诉诸武力，我们选择的是一条真正的和平崛起之路。在崛起的过程之中，我们只是着眼于从自己的国情出发，来解决自己的问题，从没有给别人制造麻烦，走出了一条适合中国特色的发展之路。中国崛起的现实，对世界而言不仅不是威胁，而是将大有益于世界。因为一个13亿人口市场大国的兴起并不断扩大，对全球都是一个前所未有的机遇。

"我和你，心连心，同住地球村，为梦想，千里行，相会在北京……我和你，心连心，永远一家人"，奥运会主题歌《我和你》和谐优美的旋律在耳边久久回响。这是一个自信的民族对居住在这个美丽星球上所有民族的最真切的心灵邀约和美好期盼……

祝福奥运，祝福中国！

《卓越管理》2008年8月

企业的底线到底在哪里？

——从三鹿婴幼儿奶粉事件谈起

最近搅动全体国民神经的非三鹿婴幼儿奶粉暴露出的"毒奶粉"事件莫属。向尚在襁褓中的婴儿的食物中加入足以使他们致病甚至致死的化工产品三聚氰氨，已非用"企业无良"可以概括，简直就是丧心病狂，令人发指！

最令人难以接受又不得不面对的一个事实是：三鹿"毒奶粉"并非一个偶然事件，据有关部门阶段性调查结果显示，到9月15日，有22家婴幼儿奶粉生产企业的69批次产品检出了含量不同的三聚氰氨，这其中国内乳制品行业的巨头伊利、蒙牛也赫然在目；阶段性的后果是已经有1253名（其中2名已经死亡）儿童被诊断出患有泌尿系统结石；国际恶劣影响也逐渐蔓延开来，对我们这样一个世界生产大国国际声誉的负面影响可以说是前所未有的。

无论从哪个层面讲，三鹿"毒奶粉"事件其破坏力不亚于一次海啸。这不仅是对国内乳制品行业一次毁灭性的打击，由此引发出的我们整个企业界对企业操守重新检视的心灵风暴及其之后会做出何种的调整都将对我们整个民族企业的未来产生深远的影响。

对事件产生的具体原因和相关监管部门失职的讨论不是本文重点想要探讨的话题（据报道称，向牛奶中添加三聚氰氨已是中国乳制品行业数年以来的潜规则，相关企业坚称的"不知情"绝对是不负责任的推诿之辞）。在这样一个反面典型的面前，我们只想追问一句：企业的底线到底在哪里？

企业成立的目的是为了盈利，但许多企业却把目的变成了底线，为了盈利，放弃了良知，无所不用其极。三鹿等企业便是一个极端的事例，结果是最终只能被消费者唾弃。

　　从本源上讲，企业是以提供产品或服务而安身立命的，那么质量无疑首先就应该被视作企业的底线。如何保障产品或服务的质量，笔者以为企业从业者几乎都心知肚明，如果再有人在这个问题上逃避，那么即与掩耳盗铃无异。恰恰就有胆大妄为者在质量问题上蓄意做些见不得人的勾当，明知不可为而为之，其目的无非就是满足自己的贪欲。这些贪欲的恶果流入社会也必然会贻害无穷。将这类企业逐出市场让其永远不得超度是我们所有人的责任。

　　再延伸一点讲，诚信是企业必须恪守的第二个底线。人无信不立，企业亦然。企业与消费者之间有一个与生俱来的契约，那就是在任何时候都要对自己产品或服务的消费者兑现诚信。不讲诚信的案例在中国企业界时有发生，轻者缺斤短两，以次充优；重者假货泛滥，谋财害命。

　　在一个提倡企业要争做优秀社会公民的时代，重提企业如何能守住底线的问题似乎有些滑稽，但三鹿"毒奶粉"事件的发生和其造成的一系列恶果，让我们痛感问题的沉重和必要。希望此文能给企业真正带来一些警示。

《卓越管理》2008 年 9 月

金融海啸漫卷全球，你的企业能否无恙？

刚刚获得诺贝尔经济学奖的美国经济学家保罗·克鲁格曼面对华尔街金融风暴发出这样的预言："全球经济衰退才刚刚开始。"被称为经济学界"黑嘴"的保罗·克鲁格曼曾准确预言过1997年亚洲金融风暴，他认为当前的金融危机与20世纪30年代经济大萧条有许多的相似之处。这意味着，金融危机之后必然是经济危机的到来，并且危机将是全球性的。

世界的确是平的，在世界经济趋于一体化面前，谁也没有洪水不可逾越的堤坝。起源于华尔街的金融风暴从美洲到欧洲，再到亚洲，如海啸肆虐，漫卷到世界的每一个角落，世界经济霎时风声鹤唳，哀鸿遍野。虽然各国当局都在使出浑身解数奋力脱困，但全球面临经济衰退的命运似乎不可避免。

中国当然也不可能是"诺亚方舟"，虽然目前我们还不在受金融风暴打击最严重的经济体之列，但迎面而来的阵阵寒意也昭示着我们不可能置身事外，安然过冬。国家发改委中小企业司发布的报告显示，2008年上半年共有6.7万家规模以上的中小企业倒闭。在出口大户纺织业中，倒闭的中小企业更是超过1万家，2/3的纺织企业面临重整，超过2000万工人被解聘。因为中国经济的外贸依存度从没有像今天这样高，世界经济打喷嚏，中国经济必然感冒。更何况从2007年下半年我国政府开始实行的紧缩银根政策本来已经让中国大量中小企业融资困难、现金流绷紧，因此受金融风暴打击发达国家的消费预期悲观、进口锐减，对中国中小企业，特别是外贸导向型的企业而言，打击是灾难性的。

关键的是，面对凛凛严冬，你的企业怎么才能确保无恙，依然可以微笑着坚持看到下一个经济春天的到来？

做好过紧日子的打算。 中国经济30年的一路高歌猛进，可能会给许多顺风顺水的企业造成一些错觉，使其不经意中形成了动辄出手豪奢、铺张浪费的习惯。在经济环境变坏的情况下，如果还不能及时做出判断进而进行改变，对企业的发展必然是不利的。要把过紧日子变成公司理念，看好自己的钱袋子，毕竟"家中有粮"，才可以"心中不慌"。

决策要更加追求科学化。 由于身处行业的不同，我们未来受经济危机影响的程度也会全然不一样，但有两点是不会有差别的，即经济大环境和消费者信心。如果不能审时度势，逆势而动，盲目扩张，即便你再努力，也可能会遭受外部因素的不买账，到头来只能是追悔莫及。所以现阶段企业必须摒弃之前在决策过程中简单化、随意化的倾向，用严谨、务实、科学的决策来保障企业的健康发展。

适时调整，眼睛向内、向下。 由于金融风暴的影响，中国经济增长倚重外部资源和贸易环境的日子可能将一去不复返了，好在我们拥有全球最大的市场。利用这个机会，企业决策者是该好好考虑如何做好国内市场的时候了。将目光拉回，向内、向下，或许你会发现更多利润的绿洲。

多难兴邦，经历风雨，企业才能更加坚强。在此祝中国企业好运！

《卓越管理》2008年10月

面对危机，企业依然可以有所为！

美国金融危机引发的全球经济衰退似乎已经不可避免，危机虽然不是企业发展过程中的常态，但如何应对危机，让自己的企业从危机中走出来甚至变得更加强大，是所有企业都应该格外正视的问题。

让我们重新审视一下一个企业之所以存在和发展的三个基本要素：首先是人，既包括决策者也包括员工，而决策者的领导能力和为实现整个企业的目标所聚集起来的戮力同心的团队凝聚力是企业产生和存续的先决条件；其次是资源，包含资金、技术、市场、社会资源的整合能力等，这些要素的多寡、优劣、强弱决定了企业的健康程度；第三是品牌，主要体现为企业所独有的产品或服务的知名度和美誉度，它们是真正决定一个企业竞争力高低的最本质因素。

当前由美国金融危机引发的全球金融动荡已经深刻影响到了实体经济，称之为全球经济危机也绝非危言耸听。这场危机对企业影响最直接的是第二个要素，即资源部分，对其他两个要素的影响微乎其微。这就比较清晰地告诉我们的企业从业者：哪些是我们可以尽力避免变得更糟的地方，哪些是我们可以着力加强的部分。

先从第一个方面谈起，资金的短缺、市场的萎靡不振的确是我们必须面对的现状，但这也绝不意味着企业已经到了山穷水尽、坐以待毙的境地，学会开源节流、精打细算，快速地处理不良业务和资产，让资金尽可能地回流聚集是企业的当务之急，毕竟资金是一个企业的命脉所系，只有现金流健康和拥有一定的资金储备才能提振企业熬冬的信心。其次对原有的市场进行重

◨ 你的企业可以与众不同

  新检视，要变得现实一些，规模应让位于效益，让做强取代做大，切割掉那些不能给企业带来效益的环节，着力去开拓一些能立竿见影，哪怕是原先你认为微不足道的市场。这样即便周围的环境变得越来越恶劣，你也不会变得更糟，你至少还拥有一块自己可以腾挪辗转的空间。这或许就是你未来等待再次崛起的安身立命之本。

  那么，对于现在企业有时间、有条件去加强的部分，我们又该如何去对待呢？

  对于人力，我们在市场形势一片大好的情况下可能重视不够，因为发展的确掩盖了一些问题，但凡一个企业可以基业常青，其最核心的能力必然是企业人的素质与能力可以超越同侪。外部市场环境恶化留给企业的时间并不多，那么重视企业内部人力资源的培训显然是企业决策者当下的最为明智之举。通过系统的科学的培训让员工获得更多的知识和技能，补足企业的短板，提升个人的水平，让称职者优秀，让优秀者卓越，可以成为企业再次崛起的最值得倚仗的动力之源。对于品牌，这是不因市场环境变化就能立马飞升或退化的部分，品牌惯性的力量是显而易见的。品牌是消费者心目中的产物，所以我们不能因市场的低迷就弱化了与消费者的沟通和互动，而更应该加强与消费者的关系，查找出品牌的不足之处并尽力去解决好，使之在消费者心目中能永葆鲜活亮丽的形象，让其逆势飞扬，则功莫大焉。

  面对危机，企业绝不能徒叹悲凉，而应反身内向，积极求诸改变。若真如此，这个冬天还会冷吗？

《卓越管理》2008 年 11 月

当我们面对那么多的突然……
——回望 2008

2008 注定是不平凡的,特别是对一个中国人而言。

年初的一场旷日持久的大雪,起初肯定让生活在南方的孩子们欣喜不已,因为这或许是他们在生命中第一次真正意义上的与雪相遇。没承想,接下来的事情却又让他们如此沮丧,亲人被阻隔在回乡的途中,缺水、断电让一个憧憬中的新春佳节变得凄清、黯淡。

自然界的反常现象不得不让我们反省自己的行为,对自然一味索取,对环境肆意改变,到头来终究会被自然报复。如果意识到这一点,这场覆盖整个中国南部的冰雪灾害或许不无其正面的警示意义,虽然这对经历的人而言是一场难以磨灭的灾难记忆。

更让国人猝不及防的是"5·12汶川"大地震,山河呜咽,举国为之殇!从国家总理到普通百姓众志成城,一起抗击这场特大灾难。多难兴邦,在这场灾难面前,中华民族的向心力与凝聚力也得到了一次空前的提升。

在地震的瓦砾面前,最让我们痛心的是坍塌的校舍和其下掩埋着的那些花儿一样稚嫩的生命。我们不禁要问:在那些没有钢筋的废墟面前,作为承建者,你们的良心将何处安放?与那些动辄就捐款数千万甚至上亿元的企业相比,同作为企业,道德操守却有如此的天壤之别!

堪称完美的北京奥运会的成功举办,让所有中国人无比自豪,改革开放 30 年的中国以前所未有的自信向全世界第一次集中展现了这个东方文明古国

◪ 你的企业可以与众不同

的年轻与魅力。我们创造，我们奉献，我们分享，中国符号让百年奥运有了一次别样的生动的刻痕。

中国企业借奥运之机大范围、整建制地向世界集体亮相，中国品牌的响亮存在，其意义也绝不仅存在于当下，势必会越来越广泛地影响未来。

奥运的喜悦还没有散尽，以三鹿为肇始，发生在中国奶业企业身上的三聚氢氨"毒奶粉"事件无疑让我们在世人面前深度蒙羞。

奶制品企业是眼下国内硕果仅存的几个以本土品牌占据大半江山的行业之一，三聚氢氨让一个行业迅速被消费者打入万劫不复的深渊，其责任路人皆知。这一事件至少可以告诉我们一点：无论你从事什么，底线是不可以试图去碰的，否则的话只能被唾弃。

接近岁尾，美国金融危机的"蝴蝶效应"越过大洋衍生成了一场经济风暴，我们的制造出口企业首当其冲，深受其害，企业倒闭，工人失业，并有愈演愈烈之势。

冷不防，世界已经陷入了经济衰退期。很显然，我们的企业并没有准备好。"亡羊补牢，未为晚也！"学会如何过冬，如何让自己的企业坚持过这个似乎看不到头的冬天，成为所有企业界人士时下必须审慎面对并要努力去解决好的一个问题。

走过2008，我们在年轮里留下了浓重的一笔。反思，然后沉静、坚定地前行，和着即将敲响的新年的钟声！

《卓越管理》2008年12月

穿越不可预知的迷雾

——2009新年寄语

我想,这个世界上每个角落的人们从来没有以如此复杂的心情迎接新的一年的到来。

过去的一年的确让人难忘,金融海啸对全球经济的影响之深、之广完全超出人们的想象,许多人的生活因此而彻底改变,可在改变的同时心中对未来却又是一片迷茫。于是,在香港维多利亚港、在巴黎埃菲尔铁塔、在纽约时代广场,在世界的不同地方,人们齐聚在一起以焰火、香槟告别陈年的郁闷,带着各自的期待与憧憬迎接崭新的2009年。

而新的一年的世界经济走势却不被许多人看好。以美国学者鲁比尼(曾经准确地预言了美国金融海啸的发生)的观点为例,他认为2009年世界经济必然整体向下,经济低迷的情形远没有结束。中国的情况也不容乐观,受国际经济减速的影响,出口陷入停滞,失业率大幅上升。虽然有2008年11月9日十项扩大内需政策的出台加之放宽金融政策的举措,有理由相信中国经济在世界经济整体呈现颓势的情况下会有不错的表现,但所有的预测都是苍白的,尤其是在世人信心空前丧失的今天。

毫无疑问,我们的前路上充斥着一片不可预知的迷雾,关键是,我们如何穿越。

第一,要学会改变自己。有生活常识的人都知道,在大雾里行走,首先要做的是观察清楚周围的情形,接下来要放慢脚步,让迈出去的每一步都能

◘ 你的企业可以与众不同

脚踏实地。同理，企业也应该审时度势，在现实的情况下主动地去做出相应的调整，无论是对长期的发展战略，还是对短期的经营目标，都有必要做出一些不同程度的改变。经历了经济增长的亢奋期，虽然在短时间内难以接受放慢发展步伐的现实，但经济周期的波峰波谷却有机会让企业人真正沉静下来思考，继而做出更加理性的判断。毕竟，即便走得慢一点，也是在前进，总比急行却摔个大跟头要明智得多。

第二，汲取榜样的力量。还是在雾天里行走，如果发现前面有引路的人，我们就比较容易校定和清楚自己的方向，这实是行路人之福。从前行者的那份坚定、经验与担当中，我们可以汲取无限的力量。我们《卓越管理》杂志与 6 位专家评委一道，评选出了"2008 中国企业十大卓越管理年度人物"，相信他们的成功与成就必然为国内企业界人士带来很多智慧与启发，为中国企业界冲出迷障奉献自己的光亮！他们是：东方希望集团董事长刘永行、新华都集团总裁兼 CEO 唐峻、搜狐公司董事局主席兼首席执行官张朝阳、青岛啤酒集团有限公司董事长金志国、李宁体育用品有限公司董事长李宁、雷士照明控股有限公司总裁吴长江、江铃汽车股份有限公司董事长王锡高、山东东阿阿胶集团股份有限公司总经理秦玉峰、荣程联合钢铁集团有限公司董事长张祥青、山东九阳小家电有限公司董事长王旭宁。

在坚定与智慧、执着与梦想面前，所有的迷雾都微不足道！无论是荆棘与鲜花，很幸运在前行的路上能始终与你们一道。在此恭祝《卓越管理》全国读者朋友们新年好！

《卓越管理》2009 年 1 月

志不求易　事不避难

金融危机的影响正在全球蔓延开来，对中国经济的冲击也显而易见，最为明显的是珠三角大量中小型企业纷纷倒闭。据一份资料显示，预计2009年我国外贸进出口总额可能较2008年大幅下降达20%左右。于对外贸经济的依存度逐日加大的中国而言，2009年无疑是极具挑战且无比艰辛的一年。

困难艰险，横亘眼前，消极逃避并不能解决问题。对经历了30年改革开放和市场经济洗礼的中国企业而言，更有条件和理由去直面危机，跨越成长历程中的这道坎。战胜困难，当然需要许多因素和条件，但最不能忽视的因素是：信心。

"信心比黄金和货币更重要。"温家宝总理在谈到美国金融危机时曾说。美国的心理学家曾对150名很有成就的人的性格进行过研究，发现他们都具有优秀的品质：一是性格具有坚韧性；二是善于为实现自己的目标不断进行成果的积累；三是很自信。马太效应告诉我们：强者越来越自信，自信又使强者越来越强。不同的表述却传递出了同一个信息，即信心可以超越其他外部条件成为达成既定目标的最重要前提。

信心或自信其实就是内在地、发自内心地认为"自己行"的感觉和信念，这种感觉和信念就能够把自己的潜能充分地挖掘和发挥出来，创造更大的成绩。研究表明：做同样一件事情，有信心地去做和没有信心地去做，效果是大相径庭的。

如何树立自信？最重要的是行动！

在这里与读者诸君分享一个寓言故事：两只青蛙在觅食中，不小心掉进

■ 你的企业可以与众不同

了路边的牛奶罐，罐里的牛奶足以使青蛙遭遇灭顶之灾。一只青蛙想：完了，全完了，这么高的牛奶罐啊，我永远也爬不出去，于是它很快就沉了下去。另一只青蛙看见同伴沉没在牛奶中，并没有沮丧，而是不断地对自己说："上帝给了我坚强的意志和发达的肌肉，我一定能跳出去。"它每时每刻都鼓起勇气，一次又一次奋起、跳跃——生命的力量展现在每一次的搏击和奋斗中。不知过了多久，它突然发现脚下黏稠的牛奶变得坚实起来。原来，它反复的践踏和跳动，已经把液体的牛奶变成了奶酪！经过不懈的奋斗和抗争，它终于赢来了胜利，轻盈地跳出了牛奶罐，回到池塘。而那只沉没的青蛙却永远留在了奶酪里。其实，这个寓言故事只告诉我们这样一个最朴素的道理：行动起来可以为信心助力！

在空前的危机面前，沉沦与奋进是两个摆在企业面前的一道必答题，选择权掌握在自己手里，但选择的权利可能仅有一次并且稍纵即逝。在这个关口，对那些犹豫不决者而言，可能缺乏的就是那么一点点自信和行动力。

一位哲学家曾说："当你有了天才的感觉，你就会成为天才。当你有了英雄的感觉，你就会成为英雄。"这就是自信心的作用。在这里笔者想赘述一句："当你拥有了战胜困难的信心和勇气，并且付诸行动，你就可以将困难抛在脑后，迎来更大的发展机遇！"以此与企业界同仁共勉！

《卓越管理》2009 年 2 月

赢一次不代表你可以赢第二次
——创业应伴随企业生命的全过程

谈到创业，许多人在心目中或许认为那是一个一劳永逸的问题，但笔者以为，创业一定是与企业的生命历程伴随始终的。缺失了这一意识，企业将会处于一个极其危险的境地。

首先回顾一下创业需要的几个要件：激情、对环境的洞察力、资源整合能力等。检视一下这几个要素与企业发展过程的千丝万缕的联系，或许就不难发现本文立论的基础之所在。

激情是企业不竭的动力之源。激情是创业的首要条件，也是区别创业者与其他人群的最显著特征。"骏马扬蹄嫌路短，雄鹰振翅恨天低！"正是这种汹涌于胸中喷薄欲出的豪气可以让创业者敢为人先，敢于去冒险，从而平生了许多冲破藩篱、战胜困难的信心和勇气。企业在任何阶段都会面临各种各样的困难，设若失去激情，也就失去了勇气，困难如山，将会压垮创业者的意志。

洞察并驾驭环境的变化是企业的基本功。所谓环境，都是相对于某项中心事物而言，总是作为某项中心事物的对立面而存在的，即它是相对于中心事物而言的背景。对于企业而言，存在着宏观环境与微观环境。变化是环境的唯一特征，创业者会尤其注意自己所选择的创业项目时下身居何处，未来路在何方，以求得与环境的相容相生甚至相得益彰，否则可能连出生的机会都得不到。但随着企业的发展进入新的阶段，企业人对环境的重视程度可能会无意识地钝化。殊不知，此举极有可能把企业引入"盲人骑瞎马，夜半临深池"的境地。

有效持续整合资源的能力一刻也不可以偏废。创业之初，缺人才、缺资金、缺市场，创业者必须使出浑身解数，最大限度地将自己能够争取到的资源为我所用。上述问题可能在企业初创阶段结束以后会有不同程度的改善，但"资源匮乏"是企业的常态，如果意识不到这一点，没有在战略思维的层面上建构起资源整合的思维方式，没有将联合与协作的能力有效提高，只停留在"画地为牢，坐井观天"的阶段，那么企业永远也不可能长大。

除此之外，还有很重要的一条，赢了第一次，即第一次创业成功后，作为幸运者，你必须学会调试自己的心态，因为你所仰仗的事物已经发生了质的转变，那种单枪匹马闯天下的时代已经一去不复返了，接下来你必须仰仗你的团队，否则，你也很难赢第二次。杰克·韦尔奇对此有这样的忠告："在你成为领导之前，成功只同自己的成长有关。当你成为领导之后，成功都同别人的成长有关。"

企业是一个生命体，作为心脏和大脑的企业领导者不仅要永葆激情，还要审时度势，以变应变，驭领全局，始终以创业者的心态去关照护佑整个企业。真如此，则会给企业带来福祉。

《卓越管理》2009 年 3 月

富而好学　富而好礼

中国通过改革开放 30 年取得的经济成就举世瞩目，去贫致富的速度在世界经济发展史上也是绝无仅有的。但我们不能仅仅满足于经济单极的飞速发展，经济的崛起如果不能带来文化的崛起，就不能视为真正意义上的崛起。我们中华民族的伟大复兴不可或缺的正是中华文化的复兴与崛起。

不可否认的是，与中国经济的飞速发展相比，文化的勃兴显然滞后。辅佐齐桓公成为春秋第一霸主的大政治家管仲说过这样一句话："仓廪实则知礼节，衣食足则知荣辱。"管子当年的语境应该是促使齐桓公采纳其"强国必先富民"的政治主张。其实"仓廪实""衣食足"并不是"知礼节""知荣辱"的充分条件，最多只是个必要条件，也就是说"仓廪实""衣食足"只是个前提。所以司马迁在写《史记·货殖列传》引用管子的话时将其改为了"仓廪实而知礼节，衣食足而知荣辱"。当下的中国已经步入了小康社会，"仓廪实"且"衣食足"，但我们社会中却大量存在着心灵粗鄙、言行粗鲁、行为粗野的社会现象，不但不知礼节，更不知荣辱。由此看来，"富裕之后文明"的路的确还有许多功课要补。

如何补上这一课，让我们的社会文明程度得以大幅提升，在国际社会中收获更多的尊严与尊重？这是摆在所有国人面前一道待解的命题。

其实早在两千多年前我们的先哲孔夫子就给我们开出了一剂心灵鸡汤：富而好学，富而好礼。

由富而贵，"好学"是孔夫子给出的路径。他接着阐释："敏于事而慎于言，就有道而正焉，可谓好学也已。"干事机敏，说话谨慎，去有道之士那里校正自己，这就是好学了。前半句是讲做好自己，后半句是讲向比自己才德皆高的人士虚心学习，以正德正道为镜鉴不断地修正自己的行为。笔者以为除此以外，学习的路径还有很多，特别是我们身处这样一个资讯无限发达的时代，但关键是不能止于富，始终保持学习的心态，这样才能不断丰富、丰满自己，从而实现人之为人的真正价值。

富而好礼，是一种更高的要求。子贡曰："贫而无谄，富而无骄，何如？"子曰："可也；未若贫而乐，富而好礼者也。"孔夫子认为，贫穷而不谄媚、富有而不骄傲的人不如虽贫穷却乐观、富裕而好礼的人。中国传统文化中始终把"尚礼"作为我们中华民族的基本道德行为标签，要求我们不因贫穷富贵、地位的变化而转移，这也是中华文化一脉历经五千年而依然熠熠生辉的原因之所在。

经济的振兴令我们的硬实力显著增强，增加了在国际上的竞争力，但没有软实力，没有文化的振兴与之相匹配，总归会弱化我们在国际社会中的话语权。所以提出这个命题，希望富裕起来的国人以更高的标准要求自己，更加自信地去迎接中华民族复兴时代的到来。

《卓越管理》2009 年 4 月

智及仁守　和而不同
——读《论语》体悟企业基业常青之道

缔造一家百年老店，让自己亲手创造的品牌在未来长久的岁月里持续地熠熠发光，成为许多企业家们孜孜以求的目标。这是一种可喜的现象。正因为有了对美好愿景的无限憧憬和务实践行，才使得梦想有了实现的可能。但仔细深究起来，发现这其中也有可叹的一面，因为对百年企业的诉求有许多只是停留在企业口号层面，或者干脆仅仅是为了一时宣传的需要，根本就缺乏对企业长久发展的战略思考和深层认知。

做恒星，还是流星？这的确应该成为企业家群体应该去审慎思考并深入面对的课题之一。

最近，笔者捧读《论语》，发现孔老夫子有两个论断精微至极，如果能成为企业家们身体力行的行动参考，必将有助于企业走向可持续发展的康庄大道。在这里一起与读者诸君分享。

一曰智及仁守。语出《论语·卫灵公》，子曰："知（通'智'）及之，仁不能守之；虽得之，必失之。"大意是说，聪明才智可以得到的，如果不能用仁德保持它，就是得到也定会失去。做企业何尝不是如此？举凡企业的成功，必定缺少不了企业家超越同侪、卓越非凡的商业智慧，如远见未来的洞察力、果敢决绝的行动力、知人善任的领导力、敢于胜利的信念力等等。正是有了这些因素，才成就了一个企业创业的成功。但创业与守业毕竟不同，今天的兴盛也并不意味着永远的繁荣。小胜靠智，大胜靠德。如果企业在发展的过程中忽略了这个问题,则难逃"其兴也勃焉,衰也忽焉"的命运。唯有"仁守"才能让"智及"的不致失去,"仁守"也正是企业获得持续发展能力的根本正道。我们这里所理解的"仁"即"仁兼众德",不外乎告诫我们要秉承社会公义、倡行社会公德,"己所不欲,勿施于人",诚以立世、兼爱众生,等等。唯有此,企业才不至于因一时之利欲而偏离了社会正德正道,才有可能成为一个对社会发展有贡献的合格的企业公民,而不致因时间的变迁被社会所抛弃。

二曰和而不同。语出《论语·子路》,子曰:"君子和而不同,小人同而不和。"大意是说,君子就是能够包容,能够与别人互相尊重,和平共处;小人不是,如果跟自己想法一样,能够符合自己,他就高兴,反之,他就不高兴,很难与人相处。因为路径的选择不同,导致结果的山高水低便自见分晓。放之企业层面,可以引申为两层意思:一是如果企业没有兼容并蓄的合作共赢意识,仅依赖自己的单打独斗、逞强好胜,则难成大气候;二是如果企业不追求差异化的独特竞争能力,而只是附和随大流,结果会因同质化而被时间的洪流所吞没。

大道至简。唯愿先哲精辟入理的谆谆教诲穿越2500多年的时空能给我们现今的企业同道们以启迪!

《卓越管理》2009年5月

今天，你无所遁形！
——浅谈透明化时代企业的生存法则

时下，有一本名为《赤裸的公司》的书在企业界非常流行。这本由美国著名畅销书作家泰普斯科特和翟科尔合著的著作主要阐述了企业在透明化时代已然到来的今天，如何通过推动内部的企业变革以跟上时代的步伐，而不是被时代抛弃。

我们所处的时代为什么变得如此透明，以至于让我们的企业无处遁形，赤裸裸地置身于所有利益相关者面前，遭遇前所未有的挑战？

通讯科技，尤其是互联网技术的迅猛发展，使我们的生活和工作方式发生了根本性的改变——距离消失、屏障消弭。科技在给我们带来巨大便利的同时又要求我们的行为方式必须做出相应的改变。"沉舟侧畔千帆过，病树前头万木春"，我们被巨大的时代洪流裹挟向前，作为渺小个体的我们，只能选择顺势而为！

由于被更多关注，被股东、顾客、雇员、合作伙伴等利益相关者用放大镜和显微镜仔细端详，企业又当如何应对？

诚信为先。"不信不立，不诚不行。"企业必须确立诚信经营的律条，并且应把这一戒律置于所有企业规则之上。这并不是因为企业出于对法律法规的畏惧，也不是仅仅受纯粹道德力量的驱动，只从维护企业自身经济利益这一最底线进行考量，也应该做出这一聪明的选择。因为诚信，你就不怕在阳光底下自信地行走，可能这时企业收获最多的应该是赞许的目光。

◘ **你的企业可以与众不同**

主动开放。企业相对而言是一个自闭的系统，外人不得偷窥，但时过境迁，"春色满园关不住，一枝红杏出墙来"，互联网的触角无处不达，别人想知道的，你躲也躲不开。主动开放，向关心你的人甚至对你怀有敌意的人坦陈企业最真实的情况，不光可以为企业赢得主动，获得理解，同时也是对企业内部员工的一种鞭策，激励他们做得更好，在世人面前为企业也为自己赢得更多骄傲。

但仅有上述两条是不够的，在透明化的时代，企业还应学会更好地保护好自己。

守住核心商业机密。因为透明，就给了竞争对手以可乘之机。而企业赖以立世的具有核心竞争能力的部分就增加了被偷窥甚至被窃取的可能性，所以你必须防患于未然，建立起一套牢不可破的防范机制，以防因自己的漠然或重视不够而痛失圭臬，追悔莫及。

提升危机公关能力。由于被更多注视，企业出错被放大的可能性与日俱增，如果处理不当，可能被打入万劫不复的境地。这样的例子并不鲜见。而危机公关能力的缺失恰恰是企业面临的一个比较共性的问题。提升危机公关能力，必须成为企业尤其是企业决策者们慎重对待的问题。

因透明而变得阳光起来！与企业一起迎接透明化时代的到来。

《卓越管理》2009 年 6 月

企业再出发，能否跟上经济轮回的节拍？

失败的企业都是相似的，而成功的企业却各有各的不同。

借用一句托尔斯泰的句式，来试图廓清企业之所以拥有不同发展命运的原因所在。

商业模式和人在企业组织中的行为方式基本上决定了一个企业的命运。

商业模式的确立一定是从企业自身的特点出发的，涵盖了企业的战略以及为实现战略目的所设计出来的所有战术动作。从严格意义上讲，企业的商业模式没有对错之分。人在企业组织中的行为则导致了对既定商业模式执行结果的不同。企业人行为可以用两对词组来基本概括：主动和被动，创造与保守。企业人能动性和创造力的发挥取决于企业激励机制的好坏和对企业认同感的高低。通常情况下我们把它们列入企业文化的范畴之中，也可以表述为企业文化的优劣是导致企业到底能走多远的主要原因。

外部环境的突变是拷问企业上述两个因素优劣的最好的试金石。

而从2008年肇始蔓延至今的美国金融危机对中国企业的冲击就是眼下最有说服力的一个鲜活例证。幸运的是，中国是迄今为止受金融危机冲击最小的经济体之一，更为可喜的是，由于国内宏观经济政策的调控有力，从2009年二季度起，中国经济出现了企稳的良好迹象。毕竟金融危机对中国企业的影响余波未了，现在还难以对其给中国企业具体带来了怎样的打击和创伤下一个定论，但单从一些现象而言也可以为本文的立论提供一些佐证。

正如大潮退去，我们才发现究竟是谁在裸泳一样，金融危机截至目前对中国企业的冲击已经使相当数量的企业告别了历史舞台，让人不胜唏嘘。但

◘ 你的企业可以与众不同

　　本文立意关注的重点是那些冲而不垮却又饱受打击的企业群体。环境的突变让经济呈现出了其原本的周期性运行规律，企业能否跟上经济轮回的节拍？踩准鼓点，给企业再出发找到一个最合理的支撑，是上述历经劫难的企业群体必须审慎面对并亟待解决的问题。

　　还是要回到本文开始就提到的决定企业发展命运的两个命题。商业模式虽没有对错之分，但绝对有高明与平庸之别，高明就表现在不能抱残守缺、一成不变，而应顺势而为、适时改变。外部环境的无情改变真正暴露出了企业的短板甚至命门所在，企业虽侥幸逃过一劫，但若不正视问题并做出调整，下一次可能就很难被幸运光顾。人在企业组织中的行为方式，在危机过后也必须做出检视。那些有活力、有竞争力的企业通常表现为企业内部交易成本远低于社会交易成本；反之，一个僵化的、毫无生气的企业则一定呈现出内部交易成本远高于社会交易成本。孰优孰劣，一览无余。如何促使企业人行为方式的真正改变，是考量企业决策层智慧的关键所在。

　　经济的阴霾已过，和风又起，经艰险而不折一定会赋予我们企业更多的财富。调试好，再出发，跟上经济再次勃兴的节律，再次拥抱更加美好的经济春天，一定是企业人共同的期待！

《卓越管理》2009 年 7 月

像乔布斯一样思考

"Think Different"（不同凡"想"）是苹果电脑一句很有名的广告词，也是苹果掌门人乔布斯传奇人生的真实写照。《福布斯》甚至认为他比比尔·盖茨更杰出，"因为他最先实现了电脑个人化，改变了我们对音乐和电影、电话以及电脑的认识，他的崇拜者之多甚至可以和托马斯·爱迪生相提并论"。另类思考造就了乔布斯英雄般的人生和苹果帝国的辉煌。让我们沿着他思考的轨迹去领悟品牌缔造与一飞冲天之道吧。

把用户变成信徒。 乔布斯在他20岁那年创造了苹果品牌——那个被咬掉一口的苹果——颠覆、开始、智慧、抛弃……但诱人。自此，他创立了一个宗教，一个关于流行的宗教，这个流行的元素背后隐藏着个性、酷、时尚。拥有苹果产品，便意味着你就是见多识广、出类拔萃的精英中的一员。这种高度识别感的"身份文化"让原本是"上帝"的用户变成了苹果的"信徒"，而乔布斯则是众所拥戴的教主。乔布斯维系教徒们狂热追捧的秘诀只有一条：那就是让苹果产品小众且金贵，拥有它你将获得超乎寻常的完美体验。

把标准视为草芥。 乔布斯傲慢、孤僻、暴躁、一意孤行、唯我独尊——一切陈规旧习在他的眼里都被视作无物。他受不了各种各样的约束，包括标准。乔布斯永远坚持在为自己的苹果立法，他在用自己的方式制造自己的标准。在他酝酿推出新产品的时候，永远没有B计划。在他看来，一旦为自己的产品制定了备选方案，就意味着留下了退路，就不可能将最好的创意、技术、设计倾注到一款产品上。而事实上，iPod、iPhone等产品无不是如此产生的。恰恰是这种打破常规的做法让苹果家族的产品在市场上赢得了巨大成功。

◪ 你的企业可以与众不同

敢于放弃才能活得更好。有人曾经问乔布斯这样一个问题:"为什么苹果只有一款手机,而不像其他手机厂商一样提供众多型号?"乔布斯这样回答:"据我所知,Babe Ruth(美国职业棒球传奇球星贝比·鲁斯)只会打一种全垒打,他只是一次又一次地打而已。"无独有偶,最早设计出来的 iPod 在硬件上有支持收听广播和录音的功能,但最终没有被采用,因为乔布斯害怕 iPod 的功能会因此而复杂。敢于放弃当然源于乔布斯足够的自信,这种自信又来自于他对产品简约、纯粹信念的一贯追求,而繁复恰恰是其他厂商永远也走不出来的迷局。这无疑就给了苹果鹤立鸡群的机会。

最后,让我们倾听一下乔布斯的心声:"你的时间有限,所以不要为别人而活。不要被教条所限,不要活在别人的观念里。不要让别人的意见左右自己内心的声音。最重要的是,勇敢地去追随自己的心灵和直觉,只有自己的心灵和直觉才知道自己的真实想法,其他一切都是次要的。"

独立思考,相信直觉——这大概就是乔布斯想要告诉我们的全部,但愿这句话能直抵你们的心灵——立志于塑造卓越品牌的本土企业家们!

《卓越管理》2009 年 8 月

革故鼎新迎来盛世华年

六十年，一甲子。

新中国即将迎来六十华诞，举国同庆，盛况空前！

今天，我们自信、从容、幸福感充溢心间，同样也谦逊、崇尚和谐、与人为善，因为我们知道自己从哪里来：自十八世纪中叶以来，我们的民族经历了多少煎熬与苦难，任人宰割、积贫积弱的历史随着六十年前新中国的成立才真正变得一去不复返。

六十年一路走来，我们也曾跌跌撞撞，步履蹒跚，所幸我们能及时纠错，以史为鉴，终于走进了扬眉吐气、前途坦荡的广阔新天。抚今追昔，回顾六十年来我们的经济体制曾有过哪些变迁，对我们每个人的经济生活产生过哪些深刻的影响，在反思中接受启迪，在教益中更好发展，以此勉励企业同道珍惜现在，不断创新进取，在祖国腾飞、民族复兴的伟大进程中贡献出各自的智慧和力量。

建国伊始，不仅物质上高度匮乏、一穷二白，在对如何建设一个社会主义新国家的理解上也是一片空白，照搬苏联模式成了唯一选择。在抗美援朝和国民经济初步恢复后，通过"一化三改"，即"社会主义工业化""改造农业、改造手工业、改造资本主义工商业"，到1957年第一个国民经济五年计划完成的时候，社会主义改造基本完成，基本建立起了公有制占绝对统治地位的100%计划经济体制。此后由于左倾思想的影响，先后发动的"大跃进运动"和"文化大革命"，让中国经济陷入彻底的混乱与倒退之中。但从本质上说，这个阶段仍是一种完全的计划经济体制。

■ 你的企业可以与众不同

发轫于 1978 年底中共十一届三中全会的改革开放，让执政党开始重新认识究竟什么样的经济体制更能适合中国国情：1979 年，邓小平和陈云首次提到了计划经济和市场经济并不矛盾的概念；1984 年中共十二届三中全会通过了《中共中央关于经济体制改革的决定》，确立了在公有制基础上的"有计划的商品经济"；1993 年中共十四届三中全会通过了《关于建立社会主义市场经济体制若干问题的决定》，勾画了"社会主义市场经济体制"的基本框架。自此"计划经济体制"逐渐淡出历史舞台，"社会主义市场经济"逐渐深入人心。

与此相适应，分配制度也从单一的按劳分配发展到按劳分配为主、多种分配方式并存再到按生产要素贡献分配。特别是 2002 年召开的中共十六大在思想解放的进程中又取得了重大突破，报告提出，既要保护合法的劳动收入，也要保护合法的非劳动收入，并进而强调要完善保护私人财产的法律制度。所有这一切的改变，都使生产力得到极大释放，中国以改革开放 30 年之力一跃而成为世界上经济发展速度最快的国家之一，在世界经济的舞台上扮演着越来越举足轻重的角色。与此同时，我们每个国人的生活也发生了天翻地覆的变化，幸福指数与日俱增。

变革让国家和民族获得了新生，面向未来我们也更有了充分的信心和底气。在此，祝福伟大祖国母亲生日快乐！

《卓越管理》2009 年 9 月

突破边界　别有洞天

刚刚出炉的 2009 年度诺贝尔经济学奖授给了两个美国人：印第安纳大学女教授埃莉诺·奥斯特罗姆和加州大学伯克利分校教授奥利弗·威廉森。真正值得关注的是两个人都是制度经济学方面的研究者。而实际上把制度作为经济学的研究对象，研究其和经济发展的互相影响促进，到最后已经跨越经济学边界。

奥斯特罗姆教授的学术主要贡献在制度分析与发展框架、多中心治理、复合共和制政治理论、民主制行政理论以及公共资源的自主治理理论等领域，她的理论在国际政治学界、行政学界以及经济学界有着重要的影响；威廉森教授则被称为重新发现科斯定理的人，他使得科斯的交易费用学说成为现代经济学中异军突起的一派，并汇聚了包括组织理论、法学、经济学在内的大量学科交叉和学术创新，逐步发展成当代经济学的一个新的分支，也使得企业理论在现代经济学领域占有举足轻重的地位。

不难看出，2009 年两位经济学奖得主的获奖理由不是因为他们在传统经济学领域内的贡献，而是跨越了经济学边界，并与其他学科相结合，独辟蹊径，获得了非凡的学术成果并最终得到了诺贝尔奖项的认可。

他们的成功至少可以给我们这样一条启示：冲破惯性的思维定势，突破固有的传统意义上的领域或行业边界，尝试用一种全新的方法或途径去重新审视并开创原有的事业，或许会有出乎意料的成功。

这样的例子在企业界也层出不穷，以下三个小案例或许会更进一步廓清我们的思路，加深我们对上述观点的认识。

◘ **你的企业可以与众不同**

在20世纪20年代,汽车逐渐成为美国家庭的必备品,而当时汽车业的巨擘福特公司仍在注重功能型的理念中故步自封,其汽车颜色单一,款型单一。这时通用汽车冲破了对汽车功能型的既有认知边界,提出了"为每个钱包、每个目的而准备的汽车"的战略,从而创造了新的需求。

传统上,电脑制造商的竞争集中在提供速度更快、配备功能和软件更多的电脑,然而20世纪90年代中期戴尔却挑战了这一产业逻辑,率先改变了买方的购买和配送体验。在戴尔,从顾客订货到送货上门只需四天时间,而竞争对手则平均需要10个星期以上。通过对顾客直销,戴尔个人电脑的价格比IBM代理商的价格低40%,却仍能赚钱。这一创新模式的成功,逐渐成就了今天戴尔在全球个人电脑市场上无可撼动的霸主地位。

在航空业,美国西南航空公司以汽车旅行的价格提供了航空旅行的速度,改变了以前大家都认定的乘坐飞机一定是昂贵的这样一个思维桎梏,开创了短途航空旅行的一片新蓝海,为自己赢得了宝贵的市场机遇和发展空间。

"不越雷池半步",或许可以成为我们拒绝改变、怯懦创新的挡箭牌;但跨出一步,可能就有无限奇谲瑰丽的风光呈现在你的面前。孰优孰劣,相信我们不难判断。

《卓越管理》2009年10月

冲动与财富绝缘　成功与理性相关

惊心动魄!

我想没有比这四个字更能形容中国创业板开市前两天的情形了。

涉身其中的股民们足足过了一把过山车般的瘾,忽而狂飙突进,让人喜出望外;忽而飞流直下,让人徒叹奈何。喜忧交错,爱恨杂糅,斩获颇丰成功逃逸者有之;但大多数是深陷其中期待解套,如久涸的土地渴盼甘霖……

逢新股上市必涨,这大概是大多数中国股民对中国股市的一贯认知。更何况第一拨荣登创业板的 28 只股票是被精挑细选而出,更加深了一众股民对炒作创业板稳赚不赔的想法。不过,这"28 星宿"确实也没让股民们失望,10 月 30 日,创业板甫一鸣锣开市,所有股价便争先恐后地往上蹿,大多数股民们那时刻根本就没了思考力,逮着就买,冲动替代了理性,狂热覆盖了冷静。殊不知,被套牢的风险也在那一刻被深深埋下。

以冲动为主要特征的创业板的疯狂炒作行为绝不是发生在我们身边的一个孤例。奔着发财的欲望而去,结果落得个"竹篮打水一场空"的结局,细究其原因,无非是从众心理在作怪。在准备不足、缺失判断力的情况下轻率出手,以撞大运的心理去试水财富游戏,呛几口水是再正常不过的结局。

说到股市,就不能不提及一个人,虽然他的传奇般的创富故事已经被天下媒体无数次地报道过,但针对刚刚发生在我们身边的创业板被爆炒的案例,其反衬作用是如此显明,所以就有必要重提一下其"先进事迹",以此给股民们提个醒。言归正传,"股神"巴菲特经典的投资理念有很多,现择其要梳理如下:

■ 你的企业可以与众不同

不熟不买，不懂不做。巴菲特的所有投资活动都坚持只投资自己了解的企业和项目，这是他的一条投资铁律，即便在互联网企业一夜暴富、诱惑无限的时期，他也不为所动。理由很简单，他没有参透那些企业，所以当这些企业股价一泻千里的时刻他也毫发未伤。

独立思考，相信直觉。巴菲特认为，投资市场充满了诱惑，如果投资者缺乏独立思考的能力，其投资行动就会趋于非理性，失败就是不可避免的结局了。他同时也强调直觉的作用，只有坚持自己的独立判断，才能不受股市行情的干扰。当然正确的直觉力来自对经济运行规律的认知，这需要一定时间的锤炼才能修成正果。

集中投资，长期持有。巴菲特一直坚持将大部分资金集中投资在少数几只优秀企业的股票上，这正好与80/20原则相吻合；只要他认为一家企业具有很强的价值增值能力，就会进行长期投资。他说："我最喜欢持有一只股票的时间期限是永远。"

看股价不如看企业。巴菲特认为你在决定进入股市搏击之初，首先要做的是先决定想进入的行业，接下来的事情才是在行业内圈定企业并且在一个适当的价格时买进。在一个拥有合适价格的问题企业和拥有问题价格的合适企业之间进行选择的时候，他会选择后者。

理性，理性，还是理性！这是巴菲特股市大获成功的不二法则。俗话说"亡羊补牢，未为晚也"，唯愿通过对比，我们能借鉴一些方法，不要再次坠入那些财富光环笼罩下的陷阱。

《卓越管理》2009年11月

经济转型叩门声起，你将如何选择？

在国内，刚刚结束的中央经济工作会议确定了明年的经济工作重点，即：调结构、促消费、稳增长。

在全球，哥本哈根世界气候大会虽然最后没有达成具备法律约束力的协议，但传达的信息却是无比的清晰：低碳是全球产业转型的必然选择。

经济转型的叩门声已然彻响在耳畔，企业绝对不可以充耳不闻、置身事外。我们不妨先对经济转型为什么变得如此紧要和必需的脉络做一个简单的梳理，企业或许可以从中感悟点滴，进而在其中找准自己的定位，做出积极的应对之举。

自1978年以来，中国经济经历了一场渐进的、独特的、取得了巨大成就的宏大改革，特别是2007年10月中共十七大颁布的政策蓝图为今后中国的发展廓清了思路，强化了信心。解读报告，我们不难发现：政策转向关注民生和构建和谐社会，环境保护和节能减排也进入中央政府的议事日程。2008年的全球金融危机促使中央政府做出了"保增长调结构"的战略布署，2009年在"保八"无虞的情况下，将"调结构稳增长"锁定为2010年的目标核心。很显然，"调结构"已放到了全国经济工作更为显著的地位。调整国民收入分配格局、优化产业结构、改善城乡结构和调整地区结构是"调结构"的四大基本任务，关系到企业层面，优化产业结构最为直接相关。具体到2010年"调结构"的要求，就是指2010年经济增长将更侧重质量和持续性，重点要放在促进发展方式转变上，因此，产业重组的力度将进一步加大，产业的优化和落后产能的淘汰的力度也将进一步加大，尤其是在钢铁、水泥、玻璃等行业。

■ 你的企业可以与众不同

"低碳经济"目前已成为全球经济领域热度最高的名词,碳排放被科学界公认为全球气候变暖的罪魁祸首,降低"碳均GDP"(单位二氧化碳GDP的产出水平)也已渐成全球共识。早在2009年3月,在伦敦G20峰会前夕,联合国环境规划署发表了一份政策概要,呼吁各国领导人实施"绿色新政",将全球GDP的1%即大约7500亿美元投入可再生能源等五大关键领域。特别是在哥本哈根气候变化会议上,我们看到了全球国家高度一致的诉求:降低碳排放是我们持续走向未来的不二选择,虽然发达国家和发展中国家在碳排放幅度、资金技术支持力度上没有最终达成一致,但在可以预见的不远的未来,凝聚成共识的条件会最终成熟。中国领导人这次是带着"到2020年中国单位二氧化碳排放将比2005年下降40%~50%"的自愿性减排承诺参会的,也彰显出了中国肩负起大国责任的信心和决心。

无论是中国"调结构"的政策要求,还是全球低碳经济的发展趋势,经济转型的浪潮已经汹涌而至,你的企业是勇立潮头,还是被挟裹而去,关键在于你自己当下的选择。

《卓越管理》2009年12月

以变应变　重塑成长

刚刚过去的 2009 年在世界经济史上肯定是值得大书特书的一年，国际金融危机横扫全球，传统意义上的世界主要发达经济体纷纷步入衰退，中国经济虽然也受到了一定程度的冲击，但并未伤筋动骨，尤其可喜的是，2009 年三季度以来经济数据逐月向好，率先走出经济阴霾已然成为现实。

此消彼长，中国经济经过金融危机的洗礼借势上位，未来在世界经济格局中的地位与话语权不断增强也将成为不争的事实。

这一切是如何实现的？国家一系列刺激经济复苏的宏观经济调控政策适时出台肯定是居功至伟，但是在微观领域企业的具体表现才真正决定了中国经济复苏的节奏。

的确，我们本土的许多优秀企业家和他们领导的企业在危机四伏的 2009 年里的表现确实可圈可点，他们逆水行舟，却依然能乘风破浪；他们身上所彰显出来的可贵的企业家精神如夜空中的熠熠星光，照亮着我们穿越经济低迷的漫漫长夜。他们成功的轨迹至少可以告诉我们以下几条朴素的道理：

如果你希望获得成功，你就要有远见！以锂离子电池和镍氢电池扬名立万的"技术狂人"王传福在 2003 年就决定利用电池生产领域的核心技术优势向电动汽车领域拓展，立志打造成中国乃至世界电动汽车第一品牌。随着今天低碳经济已成为世人共识，可以期待未来的电动车时代一定有属于他的浓墨重彩的一笔。早在 2002 年，入世之初的中国企业普遍对食品安全缺乏深刻的认识，经过日本"绿色壁垒"洗礼的宫明杰就开始着手在龙大建立一套全流程的绿色食品生产机制。在食品安全越来越被当代人关注的今天，龙大作

■ 你的企业可以与众不同

为先行者也同样会收获更多的认同。

如果你希望获得成功，你就要学会以变应变！从20世纪80年代开始创业的南存辉堪称中国企业家群体里的常青树，正泰历经岁月风浪的洗礼而历久弥新，靠的是他这个操盘者始终能审时度势，顺势而为。远东在企业发展史上曾经历过四次改制，每一次改变都赋予了蒋锡培更多的信心和底气，当然这和他"每年1/4的时间肯定要用于培训学习"的平时储备有关。所以无论企业面临多少歧路关山，他都可以带领团队从容跨越。

如果你希望获得成功，你就要勇于担当！豪捐83亿、成为中国慈善第一人的陈发树虽然一度面临许多质疑，他的出发点其实就是为了"能够更多地帮到需要帮助的人"。从贫寒草根到慈善巨擘，陈发树已经书写了历史。身为全国工商联副主席的卢志强义无反顾地肩负起全联发起的"光彩事业"播火者的使命，用数以千万元计的善举，感染着后来者。

他们是《卓越管理》杂志和8名专家评委会委员评选出的"2009中国企业十大卓越管理年度人物"的部分代表，他们是中国经济方兴未艾、生生不息的动力之源，他们也正是中国从经济大国快步走向经济强国的中坚力量！

同时，我们还评选出了严旭等10名"2009中国企业十大女性卓越管理创新人物"，她们都是2009年度在各自领域，特别是在企业管理创新领域表现优异的巾帼英杰。对2009年度"成长理念超前、成长速度领先、成长步伐稳健、成长前景光明"的本土成长型企业的优秀代表，我们也一并给予"2009中国最具成长魅力企业30强"的褒奖。"与成长型企业一同成长"也是《卓越管理》杂志一贯奉行的发展信条。

新年肇始，希望在前，让我们一起为这些表现卓越的企业和企业家们祝福，为他们鼓掌！

《卓越管理》2010年1月

让想象力成为企业发展的助推器

《阿凡达》一骑绝尘，仅用六周的时间便以18亿4300万美元的总入账超越了《泰坦尼克号》保持了12年之久的票房纪录，并有望成为有史以来第一部票房超过20亿美元的电影。

美轮美奂的潘多拉星球、奇谲瑰丽的悬浮山、跌宕起伏的故事情节，传奇导演詹姆斯·卡梅隆以非凡的想象力为我们编织了一个梦境般的神奇新世界，在俘获观众眼球和情感的同时，也缔造了一个电影史上前无古人的商业奇迹。

无独有偶，我眼前浮现出了2008年北京奥运会开幕式上那29个在鸟巢上空绽放的"大脚印"烟花。张艺谋和他的导演组以这种近乎完美和惊艳的表现形式来呈现第29届奥运会走进中国、走进北京的盛况，同样也是靠惊人的想象力征服了世人，为北京奥运会的成功增添了一个华美的注脚。

创造学之父奥斯本说："想象力是人类能力的试金石，人类正是靠想象力征服世界。"

在当今的互联网时代，技术成果可以迅速传遍全世界，已经很难给企业带来太大的竞争优势。换言之，仅依靠技术并不能保证企业的成功，想象力以及由想象力导引出的创新意识完全有可能承担起企业助推成功的重担。

在商界谈及想象力，首先无法绕开一个人，他就是有"苹果教主"之称的乔布斯。正是凭借其天才的想象力，苹果先后推出iPod、iPhone、iPad等一系列堪称完美的杰出商业产品，不仅奠定了自身长久以来的市场霸主地位，同时也让苹果的消费者极端忠诚，须臾不离其左右。因为他们坚信，只要乔

■ 你的企业可以与众不同

布斯的想象力一日不枯竭，他就有可能给消费者带来下一个惊喜。最近，在美国又涌现出一个源于想象力的产品杰作，这款名为"第六感"的产品被美国《大众科学》杂志冠以2009年度创新奖的殊荣，被认为很可能会引发一次新的技术革命，甚至由此改变我们的生活。"第六感"由来自麻省理工学院媒体实验室的印度裔学生普拉纳夫·米斯特里发明，它由摄像头、微型投影仪和智能手机组成，用一根绳子挂在使用者面前，使用时由摄像头拍摄出图像，经由手机软件进行处理，然后用投影仪将结果投射到触手可及的任何物体上。这款看似简单无奇的产品最吸引人之处，就是人们可以用最舒适的方式来与虚拟世界互动。米斯特里之所以能化平凡为神奇，居功至伟的仍是非想象力莫属。

想象力绝不是空想和梦想，而应该是有依据、有目的的思考和想象的能力。国人从不匮乏想象力，尤其企业界更应该大兴想象力之风，开发员工潜在的智慧。只要想象力与创造经济价值目标相结合，就很可能成就一番新的事业梦想。

《全新思维》一书的作者丹尼尔·平克认为，未来保持经济优势，促进社会发展的要务不是科学技术，而是想象力；美国未来学家托夫勒也曾举例说明当前企业界对想象力的渴望与重视：一些世界上最大、最铁石心肠、曾经是现在主义化身的公司今天却雇佣直觉的未来学家、科幻作家和幻想家做顾问。

在寅虎新春来临之际，请展开你的想象力，让其助力你的企业在新一轮的阳光普照里向上生长！

《卓越管理》2010年2月

请管理好你的顾客黏性

什么是顾客？

狭义上的顾客仅仅是指市场上接受产品的组织或个人。

什么是顾客黏性？

是指一个公司保持并吸引顾客更多光顾的能力。

顾客黏性来自于顾客满意度。菲利普·科特勒对顾客满意的定义："是指一个人通过对一个产品的可感知效果与他的期望值相比较后，所形成的愉悦或失望的感觉状态。"

清晰了这三个定义，我们便很容易地了解顾客是一个企业或公司最重要的财富。因为顾客是使你的企业得以生存下去的关键所在，所以你必须千方百计地获得他们的青睐。而对顾客黏性管理的强弱或高低则决定了企业发展的未来。

那么如何管理好你的顾客黏性？以下几点思考或许对你会有所启发。

满足并超越顾客的期望。一个顾客购买你的产品，一定是你的产品符合他的需求，正如顾客之于麦当劳的一个汉堡、星巴克的一杯咖啡。但汉堡和咖啡仅仅是满足了顾客的期望。即便是这样，企业也不见得就能尽善尽美地做到。假如汉堡和咖啡的质量、口感不被顾客认同或喜欢，顾客也一定会离你而去。满足顾客期望的同时，假设麦当劳不能给它的儿童顾客提供一个欢乐游玩的场所，星巴克不能给它的顾客提供一个心灵放松和憩息的氛围，也就是说如果顾客超越产品本身的期望不能实现，那么麦当劳和星巴克也就很难赢得那么多的回头客。

◼ 你的企业可以与众不同

让顾客感觉到你珍惜与他们的关系。珍惜与顾客的关系，绝不是停留在嘴上说说而已，关键是你要把它做出来。比如航空公司的里程积分奖励、电信公司的话费积分奖励等。奖励表面上看来只是一种营销手段，但实质上它揭示的是这些公司对顾客的一种珍惜与重视。它们唯恐顾客落入竞争对手的怀抱，所以用这种温情脉脉的形式将其"套牢"，让他们时时感觉到它们的存在。在获得珍惜的同时，顾客也必定会投桃报李，与它们的关系也会变得更加坚固且持久。

及时并慎重处理好每一例顾客投诉。再声名显赫的公司也难免会有遭到顾客投诉的经历。首先，你要正确看待投诉，投诉并没有好坏之分，你应当把投诉视为改善自己产品或服务质量的宝贵机会；其次，不要延缓处理投诉，因为第一时间处理投诉才是你的英明选择，假如三鹿公司能对自己的第一例产品质量投诉及时处理，悬崖勒马，最后或许也不至于全面崩盘，落得个被顾客唾弃的命运；再次，一定要慎重处理投诉，最近发生的丰田车因"踏板门"事件在全球召回850万辆车以及随后丰田掌门人丰田章男在美国和中国道歉事件，足见丰田公司对这一事件的慎重处理态度，这虽然不能挽回全部负面影响，但也不至于让丰田落得个难以收场的局面。

顾客黏性管理虽然有方法，但一切方法都逊色于顾客在你心中所占的分量。其实作为企业的决策者只要记住这么一条：顾客是你最优秀的推销员。那么接下来你将怎么做，也就不言自明。

《卓越管理》2010 年 3 月

领导是责任的代名词

"责任仅止于此,不能再推卸。"

美国第三十三任总统杜鲁门如是说。笔者认为这是对领导与责任之间关系的最好诠释。

领导是指作为先行者走在群体的前面引导方向、做出榜样,鼓舞和帮助群体最大限度地发挥其全部才能、为实现目标做出贡献的个人或集体。作为领导,你有责任恪尽职守。这就意味着该做的时候你就要去做,该担当的时候你就要去担当。因为领导已经是组织层级结构的最顶端,其职责没有人可以替代,自然也就没有任何延宕或推卸的理由。

作为领导,你有责任对自己要求更高。领导工作具有战略性、导向性和统率性,偏重于运筹。试想一个领导如果只把自己等同于一个一般员工,那他制定出来的组织的方向、目标和实现途径必定是平庸的。长此以往,组织的前途必定堪忧。只有对自己要求更高,长于学习,广纳善言,才能带领组织不断向新的高度迈进。

作为领导,你有责任多付出一些。领导工作具有艺术性、非模式性和非规范性、非程序性等特征。所以领导不能拘泥于按职务描述里的条条框框去开展工作,而一定是要有所超越。这也就表明多付出一些是领导工作的题中应有之意。举一个例子,假设你在公司的年会现场发现一些东西杂乱摆放,虽无伤大雅,不关原则,普通员工可以视而不见,但作为领导,你就有责任、有义务把东西摆放整齐。这不仅是领导责任心的体现,在你关注并处理好细节的同时,也给下属传达了一个再明确不过的信号,那就是对细节的重视、

■ 你的企业可以与众不同

追求完美是公司所推崇的。相信在未来的公司实践中，这会给组织带来很多的助益。看似多付出了一些，但和未来呈现出来的结果相比则是非常值得的。

作为领导，你有责任去发现有雄心的员工。也就是说识才、辩才既是领导的分内之事，也是评判一个领导能力高下的尺度之一。有理想、有能力、有事业雄心的员工不可能甘心被长期埋没，如果作为领导不能及时发现他们的才干并提供一个适合他们发挥潜力的平台，他们的离开肯定是迟早要发生的事情，因为"良禽择木而栖"是一个再简单不过的道理。"千里马常有，而伯乐不常有"，所以让领导都成为一名合格的伯乐也绝非一件易事。"容人之短，用人之长""宁用有瑕之玉，不用无瑕之石"，遵循这些原则，再加上在工作中注意发现每一个可塑之才的实战能力表现，成为一名知人善任的合格领导也就变得现实起来。

牛顿有一句名言："未尽责任就好比没偿还债务，它会一直延续下去。所以我们迟早必须回过头来重新清算这笔没偿还的债务。"作为领导尤其应该意识到这句话的含义，自觉且圆满地尽到自己的责任。如此，则你领导的组织幸甚！

《卓越管理》2010 年 4 月

将激情注入你的管理

一个暮气沉沉的企业注定没有未来。

企业管理者经常会面对这样一种现象：员工工作流于形式，业绩下滑却又不思进取。这个时候切忌简单地责备员工，而应该扪心自问：是不是企业管理本身出现了问题？

管理是刚性的。这是管理自诞生的那一刻起便具有的天然属性之一，但管理绝不应仅仅是呆板的、冷冰冰的，而应让它时刻保有温度、充满激情！

有国内"打工皇帝"之称的唐骏先生在一次演讲中曾坦陈自己职业生涯的进步得益于充满激情地去工作；人力资源专家也指出，今后那些高高在上、板着面孔无法与员工接近的企业管理者将被社会淘汰。因为未来的管理者不但肩负着企业盈利的根本任务，同时也应该是一名称职的"远景规划者""煽情高手""内部员工的服务者"。而这多重角色的实现，靠简单的发号施令就能完成无异于天方夜谭。

将激情注入管理，让你所领导的企业时刻生机勃勃、欣欣向荣，是不是非常值得期待？接下来，我们就试图梳理一下让激情与管理水乳交融的实现路径。

学会赞美员工。 不要吝啬你的赞美，因为赞美不仅可以催人奋进、助人成功，还有一种不可思议的力量，往往比金钱更能激发人的潜能。特别是对那些有激情能创新的员工，更要大加赞美，并且要让这种被领导高度认可和欣赏的员工成为一个激情的传导者和感染者，让更多的员工从他们身上汲取营养和力量。这样一来，整个组织都将会收到因为赞美所产生的神奇功效。

■ 你的企业可以与众不同

当然，赞美不应该是无原则的，也不应该是虚伪的，而应当是有事实依据的、坦诚的、发自内心的，而且必须是即时的。

让每一个员工都觉得自己很重要。要信任你的员工，看到每一个人的长处，要让他们切实感受到他们每一个人对于企业都很重要。唯有这样，才能真正调动起每一个员工的工作热情，激发起他们潜在的原动力。如果相反，把人当作工具来使用，管理也仅仅是为了让员工完成分内的工作。那么久而久之，员工不光不能很好地完成本职工作，而且会把企业带向一个冷冰冰的死胡同，因为他们感觉不到自己的价值所在，自然也就呈现不出更好的工作状态来。

创造适宜的工作环境。环境对激情的触发是最为直接的。一些著名的IT企业，为了激发员工的创造性，甚至把工作环境变成了接近于游乐场的氛围。当然，这不值得所有的企业去模仿，但至少从中传达出这样一个信息，即适宜的良好的工作环境的确可以激发员工的工作热情。所以因地制宜，从员工的需求出发，不断地改善工作环境，让员工沉浸在一个非常惬意的工作氛围里，是非常有助于提升企业的创造力的。

管理与激情，表面上看起来实难相融，但只要运用得法，让两者相互渗透，相得益彰，作为企业管理者，必将收获良多。倘若在你的管理中注入激情，让这种令人振奋的精神感染你身边所有的员工，那么成功也就离你不远了。

《卓越管理》2010年5月

坚持是成功的密码

"善始者实繁,克终者盖寡。"

创业并不是一件容易的事情,个别人可能会凭运气成功,但对于绝大多数人来说,成功是需要努力才能获得的——并且要付出巨大的努力,因为通往成功的路上布满了荆棘。作为一名开创者,你应该直面困难和挑战,这其中只有一件事是肯定的——你不能选择放弃,一旦放弃,你肯定什么事都做不成。所以学会坚持是你走向成功的必由之路。开始易,坚持难。我们见惯了太多轰轰烈烈的开始,却鲜见真正意义上的成功,殊不知静水流深,没有笃定的坚守与坚持,遇见挫折就垂头丧气,选择放弃,那么成功只能是空中楼阁,遥不可及。

坚忍是成功的一大因素,只要在门上敲得够久,够大声,终必会把人唤醒的。

比不放弃更进一步的是学会坚忍。做到坚忍就必须具备一种品质,这也是所有企业家必须具备的,即毅力。举一个例子,在2400年前的古希腊,著名哲学家苏格拉底给学生上课,他要求学生每天必须做一个简单的动作,即每天把手往前后摆动各300下,看谁能坚持。一周下来,有90%的学生能做到;一月下来,有70%的学生能做到;一年下来,只有一个学生坚持了下来,这个学生的名字叫柏拉图。柏拉图后来成为与其老师齐名的大哲学家,但在成名之前大部分时间里,他很平淡无奇。所不同的是,在那些看似平淡、枯燥的重复中,柏拉图能认准目标、坚持不懈、执着追求。正是凭借这种超越常人的毅力他成就了自己。坚持大多时候并不是在考验执行力的问题,重点

◘ 你的企业可以与众不同

是在精神层面，属于文化范畴。在舍与不舍之间，在选择与放弃的关口，回归问题的本源，找出坚持下去的真正原动力，才是问题的关键。换言之，在企业决策层面，首先要解决员工的认识论问题，接下来才是方法论问题。只有那些师出有名的正义之师才能最终赢得胜利。在通向胜利的道路上可能要经历重重磨难，但正确的信念和神圣的信仰会给人以无穷的力量，找寻出一切战胜困难的办法并最终获得成功。

同时，坚持并不意味着一成不变，在目标锁定之后，在实现目标的途径上可以做出适时调整，而调整的源泉和动力则来自源源不断的对知识的汲取。

据一份调查资料显示，世界500强大企业CEO每个星期至少要翻阅大概30份杂志或图书资讯，一个月可以翻阅100多本杂志，一年翻阅1000本以上。一个人没有理由不谦虚。相对于人类的知识来讲，任何博学者只能是不及格。正是源于对知识的不断渴求和持之以恒的获取，才使得他们知识结构得以不断刷新，并引领各自的企业不断向新的高度迈进。

"锲而舍之，朽木不折；锲而不舍，金石可镂。"先哲的真知灼见不因时间的推移而有丝毫褪色，同时也在不断提醒我们，唯有坚持才是我们到达成功彼岸的不二法宝。

《卓越管理》2010年6月

向南非世界杯学管理

南非世界杯落下了华丽的帷幕，正如每次世界杯都没有让全世界的球迷失望一样，这次南非世界杯同样给我们留下了一个个经典之战，也留下了许许多多精彩瞬间，让我们久久回味。

足球赛被称为和平时期的战争，那么世界杯无疑就是一次"世界大战"，全世界不同地域、不同种族、不同文化的人们以足球的名义在同一个舞台上斗法，精彩绚烂，无以复加！

世界杯中有运筹帷幄的领袖之术，有快意恩仇的英雄之勇；有场外的心理战，也有场上的攻坚战。我们不妨撷取其中一些具典型意义的节点或片段，从管理的角度来审视它，或许会给企业的管理者带来一些别样的启发。

勒夫 VS 马拉多纳。作为球员，二人都有显赫的过去，这次，他们换了一个角色，作为各自国家队的主教练再次一决高下。1/4 决赛，当德国最终以 4：0 的比分完胜阿根廷的结果定格之时，相信很多人难以相信自己的眼睛。但无疑这一次，勒夫干净漂亮地战胜了老马。勒夫凭的是什么？可以从他们的管理风格上一探究竟：老马用的是温情脉脉式的管理，对队员的关照用体贴入微来形容绝不为过，他想完全通过信赖并依靠队中天才球员的表现来搞定比赛；而勒夫则采用的是不容置疑的刚性管理，教练是唯一的法则，队员只是完成任务的有机组成部分，他们只需要在场上完成教练先期制定的技战术原则即可。最后的结果表明，刚性战胜了柔性，因为这毕竟是一场战斗，没有铁的纪律和钢铁般的意志力，要想取得胜利是不可想象的。

西班牙 VS 荷兰。两支欧洲豪门，却从没有在世界杯上获得过冠军，这

■ 你的企业可以与众不同

次在南非世界杯决赛中相遇,无论对谁,都是一次千载难逢的机会。两队都有强烈的获胜欲望,在精神意志比拼方面不分伯仲;也都不乏世界级的球星,西班牙有比利亚,荷兰有斯内德,在战斗力上也难分高下。关键时刻,比什么?比控制。从一组数据可以看出端倪。控球率:西班牙62.9%,荷兰37.1%;传球成功率:西班牙84.2%,荷兰69%;总射门次数:西班牙21次,荷兰14次。显而易见,西班牙牢牢地控制住了整个比赛。最后,西班牙以1:0力克荷兰,第一次问鼎世界杯冠军也就是情理之中的事情了,相信荷兰人也会输得心服口服。可见,控制住过程,让对手在自己的节奏里失去方向是克敌制胜的竞争利器。

当然,世界杯还告诉我们更多有关管理的真谛,诸如团队中有灵魂人物胜过群龙无首、团队的力量胜过个人英雄主义、以己之长克敌之短等等,在这里就不一一赘述。

但上文提到的在大战面前,特别是在生死存亡的关键时刻,刚性的铁的纪律、追求对过程的绝对控制力肯定比怀柔主义、放弃过程只求结果的功利主义更胜一筹。

如果我们能在享受世界杯饕餮大宴之后,揣度出其中几点管理要义并运用到今后的管理实践中,岂不是收获更多?

《卓越管理》2010年7月

当中国经济成为"世界第二"

日本自1968年超越前西德成为世界第二大经济体,在这一位置上坐了42年之久,但随着日本内阁府8月16日公布其第二季度GDP数字,单季度向中国让出了其坚持了近半个世纪的世界经济第二的位置。

这一消息来得似乎有点突然,但其实又早在意料之中。有趣的是,这一新闻公布出来以后,明显的反应是"外热内冷",境外媒体高调宣扬,国内各界安之若素。其实,事实在发生的那一刻,已经注定载入了历史,关键是中国经济坐上世界经济第二把交椅之后,对世界、对亚洲、对我们自身又有哪些影响和启迪似乎更值得我们去做一番解析。

和平崛起的中国正成为世界经济发展的新引擎,也正在国际舞台上扮演好一个负责任大国的角色。在美国金融危机引发的全球经济一片凋敝的大背景下,中国经济不仅没有沉沦,反而化危为机,把以前的出口导向型经济成功转型为内需与出口共同拉动经济增长的"双驾马车",依然保持了较快的经济发展速度,成为世界经济舞台上最鲜艳的一抹亮色,带领世界其他经济体一起走出危机的泥淖,可谓居功至伟。诚然,作为世界第二大经济体,必然会对全球经济、资源、气候变化等产生重要影响,中国也将理应承担相应的国际义务。事实上,中国已经在此方面展露自己主动担当的态度,比如在2009年底哥本哈根气候峰会上,中国无条件自愿性承诺到2020年中国单位二氧化碳排放量较2005年下降40%~50%。

日益强大的中国对亚洲近邻而言不是威胁,而是福音。众所周知,中国与进入经济成熟期的日、韩两国具有很大的经济互补性,中国经济长期稳定的发展对两国经济的增长拉动是显而易见的；其次，中国是东盟10国中多数国家最大的贸易伙伴，合作双赢已成东盟各国长期以来坚定的共识；即便是同为发展中大国的印度，尽管其经济崛起的方式和模式可能不尽相同，但发展经验却可以相互借鉴。但少数西方国家却不愿看到中国在亚洲经济中越来越强的影响力，试图以非经济的手段去干扰，但东方文化价值观中"远亲不如近邻"的理念势必会让有远见的亚洲国家廓清思路，以更加务实和理性的态度接纳并乐见中国经济的崛起。

对我们自身而言，中国30年来经济发展的成就的确让我们引以为傲，极大地增强了我们的民族自信心，但我们又必须清醒地看到我们与经济发达国家真实的距离。按GDP总量，我们是世界第二；按人均GDP，我们仅位列第99位。不仅如此，我们还要学会去品评外界对中国经济崛起的不同心态，特别是当中国超越日本成为世界经济新亚军的消息一发布，境外媒体表现得远比我们兴奋。举一个例子，美联社写道："随着全球增长势头衰减和脆弱的复苏止步不前，日本的世界第二大经济体位子输给了中国。这些数字凸显中国正崛起为世界经济强国，这正在改变从全球军力、金融力量平衡到汽车设计等一切。"其中深意，不言自明。

中国已经崛起，这是不争的事实，我们有幸见证这一历史，的确是我们莫大的幸福；如果作为个体的我们能够在我们国家崛起的进程中尽自己的一份心力，当更值得欣慰。

《卓越管理》2010年8月

从三国人物悟企业品牌形象塑造之道

新拍大型电视剧《三国》最近在全国各大电视台的热播，让三国故事重新成为人们街谈巷议的话题。

对于三国故事，可以说几乎每个中国人都耳熟能详。其一，故事发生的历史背景独特，所谓乱世出英雄，剧变的时代本身就意味着打破惯性，容易让人产生无限遐想；其二，在于《三国演义》塑造了一系列极具个性的人物形象，让这些或忠或奸，或文韬武略或义薄云天的历史人物鲜活地站在了我们面前，在激起人们思想共鸣的同时又深深地铭刻在了我们的脑海里。

反观我们企业品牌形象的塑造，完全可以从三国人物成功的形象塑造上汲取营养，借鉴其真谛，想必这会给企业的掌舵者们带来一些有益的启发。笔者在这里试图截取三个三国人物加以分析，以飨读者诸君。

诸葛亮的智慧首先来自于对自身的成功包装和定位。一介布衣，躬耕南阳，为何能成为三国鼎立中定盘星似的角色？诸葛亮在出山前做足了舆论准备：一是"卧龙"的名号，高士在野，明主岂能不求？二是刘备三顾茅庐方以得见，反衬出诸葛亮的确是一个旷世难得的人才。这好比一个品牌在面世之前，就让市场充满了无限的期待和渴望，待甫一亮相，自然万众瞩目。诸葛亮生平有两次取主而代之的机会：一是刘备被困江东，二是刘备白帝城托孤。而他却安之若素，不为所动，在国之柱石和僭越大统之间做出了明智的选择，牢牢地守住了自己的本分，所以才能青史留名。一个品牌的成长与发展也莫不如此，只有准确地定位并加以恒久地坚持，才能真正在消费者心目中形成口碑。

■ 你的企业可以与众不同

赵云的完美来自于关键时刻表现出的不可替代性。赵云在三国灿若群星的英雄人物里可以说是唯一一个完美的角色,战绩赫赫,一生无过,且得善终。有两个关键时刻更能彰显其英雄本色:一是长坂坡单骑救主,沧海横流,挽狂澜于既倒,困龙酣斗,一战成名;二是诸葛亮一出祁山时,年迈的常胜将军自愿请缨,老当益壮,勇挑大梁,为国尽忠,不计得失,堪为楷模!在关键时刻充当关键先生,舍我其谁的霸气也是品牌核心竞争力塑造中不可或缺的重要组成部分。也就是说,在惨烈的竞争中不可替代性可以成就一个人的英名,更可以成就一个卓越的品牌。

陆逊的成名来自于隐忍和适时出击。陆逊虽贵为国戚,胸有万千甲兵,但在战乱频繁英雄辈出的江东,作为一介书生的他长时间得不到重用也似乎是自然而然的事情。机会来了,当刘备倾举国之力沿江而下猛攻江东,一时间势如破竹,吴军节节溃败时,陆逊临危受命。他审时度势,以哀兵之态迎敌,先期一味退让,蓄势待机,最后觅得战机,夷陵一战,让蜀军大败而去。陆逊立下奇功,名播天下,自此江东也终于可以和魏蜀两强鼎足天下。从中不难悟出,一个品牌的成功不一定要一味争锋,有时学会退让,积蓄力量,避实击虚,毕其功于一役也是成功的一个选项。

"滚滚长江东逝水,浪花淘尽英雄",但淘不尽的是天地间那股长存的英雄豪气和他们思想的光芒。若有灵犀,得悟一二,受益无尽。

《卓越管理》2010 年 9 月

竞争对手是企业实现超越的最大动力

亚运会在广州如火如荼地上演，体育作为人类最古老的竞技方式自亘古流传至今，历久弥新。竞争性是其最重要的内核之一，也正是因为竞争，才促使了体育运动永葆青春和活力。

企业作为现代社会最强有力的组织细胞，竞争须臾也不离其左右。但企业领导者一辈子要做的事情却是追求垄断，远离竞争，梦想在自己的领域内获得充分的话语权和定价权。这两者看似水火难容，但企业却永远绕不开想摆脱竞争而又时刻身处竞争之中这样一个永恒的命题。

细究起来，有竞争并不可怕；没有竞争，反而会让人如临渊薮，险象环生。因为缺乏了对手，首先会给自己一个错觉，那就是唯我独尊，目空一切，久而久之，则自然心生懈怠，丧失了进取心和创造力，就像温水中的青蛙，在不知不觉中断送了自己的前程。

那么竞争究竟意味着什么？竞争对手的存在到底会给企业带来怎样的改变？

经济学上的竞争是指经济主体在市场上为实现自身的经济利益和既定目标而不断进行的角逐过程。它首要的意义是指为了胜负而进行的一场争斗，其结果必有优劣之分；其次竞争本身具备公开化和透明化的特点，所以任何竞争主体在竞争面前必须使出浑身解数去应对。真实的较量比拼的必然是综合实力，这就要求每一个竞争的参与者都全力以赴，来不得半点虚假。

正因为竞争的以上属性，所以竞争对手的存在，首先会给企业带来真实的压力感和紧迫感，促使企业分秒必争，紧盯市场，以最快的速度去整合资源，完善内部，而不至于被对手远远地甩在身后；其次，竞争对手的存在会促使企业加快创新的步伐，因为唯有创新才能在对手面前凸显自己的竞争优势，在短兵相接的市场面前占得先机；第三，竞争对手也是促使企业内部进行组织变革的酵母，企业内部的组织体系往往是反应最迟钝的部分，因为竞争，所以企业一定要以市场和客户为导向，针对他们去重新设计自己的组织体系，进行流程再造，以更好地适应竞争的需要；最后，竞争对手的存在还是企业进行自身独特企业文化塑造的真实推手，因为产品可以模仿，技术可以通过学习和研发掌握，而企业文化千人千面，绝无雷同，是一个企业区别于竞争对手最为本质的识别基因，一个企业要想基业常青，永续发展，必须建构起足够优秀的企业文化，而这其中的功劳，笔者以为应该主要拜竞争对手所赐。

举凡我们生活中耳熟能详的品牌双雄，诸如百事可乐之于可口可乐、肯德基之于麦当劳、富士之于柯达、阿迪达斯之于耐克，正是因为如影随形般强劲对手的存在，才使得彼此能携手共进，同立于当今世界强势品牌之林。

前拳王福尔曼说："尊重对手的最好方式就是拼尽全力，尽快地击倒他。"体育竞技如此，企业竞争也何尝不是如此？所以企业家应视竞争对手为财富，感谢他们的存在，因为他们，你才拥有了持续向前的原动力，而以最为尊重他们的方式击退他们才是检验企业家高下的真正试金石。

《卓越管理》2010 年 10 月

巴比中国行给我们留下了什么？

2010年9月29日，备受瞩目的美国首富比尔·盖茨和"股神"巴菲特在北京拉斐城堡举办慈善晚宴，与数十位中国富豪一起交流慈善理念。虽然巴比二人在晚宴之前强调目的并非劝捐，但他们二人中国之行的目的早已被世人所熟知，就是要向中国富豪们布道他们的慈善理念，让更多的富豪们加入到他们正在从事的慈善事业中来。从这个意义上讲，巴比二人的中国之行，不管最终的具体成效如何，但此举已经是善莫大焉。

2010年，盖茨和巴菲特正式启动了"捐赠誓言"（giving pledge）。他们计划游说福布斯400富豪榜上的每一位富豪，希望他们在有生之年或去世之前捐出至少一半的资产给慈善机构。2009年，福布斯400富豪总资产高达1.2万亿美元，这就意味着，如果二人劝募成功，全球用于慈善的资金将增加6000万亿美元。目前，已有40位富豪发表了自己的捐赠誓言。不仅如此，巴比二人还将目光投向中国和印度这两大新兴的经济体。这次中国之行即是他们慈善全球战略中的一个组成部分。

中国企业家也给予了巴比二人一定程度的积极回应。在北京慈善晚宴举办之前，江苏新黄埔再生资源利用有限公司董事长陈光标和华旗资讯公司总裁冯军就分别宣称响应二人的提议，在离开这个世界的时候，将自己名下的财富全部捐献给社会。但更多的中国富豪选择了沉默或谨慎地回应。为什么全球最富有的两位商业偶像能率先垂范做到的事（盖茨和巴菲特之前已先后分别捐赠580亿美元和310亿美元用作慈善），在中国却应者寥寥？

"人的本性中蕴藏着两股巨大的力量，一是自利，一是关爱他人。资本主义利用了人性中自利的力量，取得了经济进步和社会发展，但这只服务于有钱人。而穷人就只能依靠政府援助和慈善。21世纪的新型资本主义需要对此进行调整，通过市场的力量以及制度创新，来服务穷人。"盖茨于2008年在达沃斯论坛上的这番话集中阐释了他之所以投身慈善的出发点。不难看出，在做好自己的同时去关爱他人，才能收获人生意义中真正的成功和幸福。

我想，目前更多的中国企业家或许还没有深刻意识到这一点，至少我们对成功的理解还是单向的一个维度的成功，没有把自己放在社会的层面去做整体考虑。但有着悲天悯人情怀的中国人向来不缺失慈善的传统，假以时日，有更多像盖茨或巴菲特一样的大慈善家在我们周围涌现是值得期待的。

帮助别人，成就自己。裸捐是慈善的一种形式，但绝不是全部。在有能力的时候，怀着一颗感恩的心力所能及地去回馈社会、帮助弱者，实现自我价值与社会价值的统一，是每一个人都能做到的慈善。如果更多的人，特别是成长起来的中国新兴的企业家群体们，能加入到这一行列中来，则是我们这个时代和社会最大的幸事！

《卓越管理》2010年11月

向所有的过往致敬

最坏的时期已经过去，最好的时刻还远没有到来。

用这句话来评价即将过去的2010年中国经济乃至世界经济的大势，我想还是比较恰如其分的。

时间之流，浩浩汤汤，不因我们的关注或忽视而有任何停留。面对过往，喜悦也好，遗憾也罢，我们唯有安之若素地面对，并投之以我们深深的致意。

2010年，援引著名学者郑新立先生的说法，是中国经济由回升向好走上平稳较快增长轨道的一年。作为"十一五"的收官之年，中国经济2010年的总体表现大致还是让各界满意，与2009年的一派凋敝，2008年的喜忧参半，2006年、2007年的满目繁荣、高歌猛进相比，2010年不管最终收获什么结果，其实我们都可以做到心态平和，处之泰然。"十一五"期间是世界经济形势风云变幻、最为跌宕起伏的五年，因为有之前二十多年改革开放的成功实践经验和经济快速发展的成果作为基础，中国经济可以自信地去应对一切大风大浪的考验。

但同时，我们也应该清醒地意识到，过去的五年，中国经济依然有许多未解之困局横亘在我们面前，诸如投资和消费比例失衡的状况一直没有得到缓解，基尼系数趋高、贫富差距逐渐拉大，高耗能高污染企业的整治尚没有完成，环境治理的形势依然严峻，还有切实关系民生的房价问题虽屡遭打压但始终居高不下，等等。诚然，这都是发展中的问题，也应该在发展中去逐渐逐一解决。

面对即将到来的2011，也是"十二五"开局之年，中国企业界应该

◨ **你的企业可以与众不同**

充分领会国家层面未来五年的中国经济发展的整体思考和战略布局,并做出正确研判,从中找出适合企业自身发展的合理路径,顺势而为,获得发展。"十二五"是中国经济社会发展重要的战略机遇期与矛盾凸显期,中国一方面要应对国际经济格局调整的挑战,一方面要保持经济社会平稳发展,实现全面建设小康社会的挑战。

先说机遇。中国经济城市化的进程正在快速推进,居民消费结构也在快速升级,经济增长势必从原先依靠外贸拉动转变到扩大内需来实现,这就要求企业也必须做出适时的调整,改变自身的经营策略,做出方方面面的调整,以强化竞争优势,确保在新一轮的经济竞赛中立于不败之地。

再说挑战。来自国内外的系统性风险将始终萦绕不去,但由于国内企业参与国际竞争的经验不足,加之竞争力不强,当外部的风险袭来时会面临很大的考验;国内企业间的竞争态势也日趋严峻,如果平时练不好内功,夯实基础,当竞争环境恶化,企业能否涉险过关也得打上一个大大的问号。

顾后是为了瞻前,以便我们能清醒地认知自己,拨开前行路上的迷雾。新年来临之际,在此向所有的过往致敬!因为只有正视历史,我们才能在反思和沉淀中持续向前。

《卓越管理》2010 年 12 月

内圣外王　领袖天下

——写给中国企业家的新年寄语

我们生活在一个生机勃勃的时代，新事物层出不穷，让我们每个人的世界充满新奇与期待；我们同样生活在一个光怪陆离的时代，物欲横流，信仰脆弱，稍有不慎，我们就会被欲望牵引到歧路抑或泥潭。

而我们还是要庆幸生活在这个时代，至少它赋予了我们更多种诠释生命的可能；同时我们还要感谢这个时代，它让我们每个人的生活变得如此丰富多彩！

当新年的钟声再一次激越地敲响，我们照例满怀欣喜地去拥抱簇新的第一缕阳光，愿它热情如昨，普照我们每一个人的心田。

"内圣外王，领袖天下"，在这个辞旧迎新的时刻，脑海中忽然闪现出这样一行字眼，在这里愿与企业家朋友们一起分享。

"内圣外王"作为中国传统人格理论的精粹，已经深刻影响了我们几千年。按照冯友兰先生在《中国哲学简史》中的解释：内圣，是指人修养的成就；外王，是指人在社会上的功用。道德高尚，事功卓著，如果二者兼备，就可以成就一个"大写的人"，成为我们所有人的表率与楷模。

内圣之于企业家，自身修养的高低不仅是一己之事，更关乎企业品格的高下，作为掌舵者，于己于企，唯有不断学习，把提升自己的修养水平当作一生的追求，才能带领企业持续向更高的境界迈进；外王可以视作企业家的本分，在社会这个大舞台上追求成功是企业家的终极梦想，在成就自己、带

◘ 你的企业可以与众不同

领企业发展的同时，也为社会创造了价值。内圣是外王的基底，是源头活水，我们很难想象一个道德水平低下的领导者会带出一个表现卓越的团队；反过来讲，外王也可以促进内圣的升华，一个事业斐然、功成名就的人，除了对自身的要求会潜移默化地强化外，社会对他的要求自然也会高于常人。二者互为依存，共同缀合起一个至高的境界。

"领袖天下"，一个企业家如果能达致"内圣外王"的境地，我觉得，此时他的企图心应该可以放大，去实现更大的抱负。但要真正成长为一个行业、一个领域内的王者或领袖，绝非易事，首先从意识领域就要解决好一些认知问题。我们不妨先从字面上拆解一下"领袖"二字：领子和袖子是一件衣服中最容易暴露在众人的目光之下、接受最多注目礼的显赫之处，但同时又是最容易被污损的部位。同理，一个企业家在接受鲜花和掌声、被人追捧的同时，也要做好随时被泼污水、被不公正对待的准备。如果不能承受这一份担当，成为领袖也就仅仅是一个永远不可能实现的梦。

在当下的中国，企业家群体已经卓然形成，并且成快速扩大之势。他们通过自己的聪明才智为我们这个社会创造并积累了越来越多的财富，是值得社会尊敬的一个群体。但随着中国综合国力的快速提升和在世界经济舞台上扮演着越来越重要的角色，中国企业家未来势必要承担更重要的使命。在新年来临之际，作为与他们相伴同行的媒体，与他们分享"内圣外王，领袖天下"这八个字的含义；既是一种勉励，更是一份期冀！

《卓越管理》2011 年 1 月

团购网的春天已然来临

一曲《春天里》，由农民工兄弟旭日阳刚组合在 2011 央视春晚彻然唱响，他们迎来了属于自己的春天。

最近，有"史上成长最快公司"之称的 Groupon 以最激越的形式进入中国，拉开阵仗誓与国内方兴未艾的团购网公司群体在庞大的中国市场一决高下，其结果现在虽难下断语，但种种迹象表明，属于团购网的春天也已经赫然来临！

拜互联网所赐，我们当代人的生活方式已经发生了质的改变，同时也给了像 Groupon 这样的公司以巨大的发展机遇。我们不妨看一下 Groupon 公司的飞速成长史：2008 年 11 月，安德里·梅森在美国芝加哥创建 www.groupon.com 网站，至 2009 年网站用户总数即达 200 万，业务覆盖美国本土，收入达 8500 万美元，至 6 月实现盈亏平衡，利润率高达 30%，同年 12 月首次融资 3000 万美元；到 2010 年用户总数突破 5000 万，业务覆盖 35 个国家，收入达 6 亿美元，当年 4 月二度融资 1.35 亿美元，公司市场估值已达 13.5 亿美元；2011 年 1 月，Groupon 第三度融资 9.5 亿美元，市场估值已高达 47.5 亿美元，同时宣布与中国互联网企业大鳄腾讯公司合作，高调进入中国市场。

团购这一消费模式，经由 Groupon 带动，也迅速普及中国，同时团购网站注册上线在国内也已成"千树万树梨花开"之势，以惊人的速度蔓延开来。据一份资料显示，2010 年国内共有 1726 家团购网站上线，平均每天有 4.7 家团购网站成立。统计显示，2010 年国内团购销售额总计约 20 亿元，其中娱

■ 你的企业可以与众不同

乐和餐饮是团购中的绝对主力，单是餐饮行业在 2010 年就贡献了 5.7 亿元的销售额。在 2010 年 9—10 月间北京餐饮行业爆发的"烤鸭团购大战"尤其值得一提，两个月内可观测到的团购共发生了 142 次，一共售出 111428 只烤鸭，销售额约 1000 万元。

　　从上面的这则案例不难看出，消费者强烈的刚性需求是带动团购网站如雨后春笋般大量涌现的真正原因，但同时也暴露出因进入门槛低而造成的国内团购网站良莠不齐的现实生态。有互联网资深人士分析指出："团购网大致有三条路可以走，一是融资做大做强，二是做到一定程度被收购，三是经营不善直接倒闭。"无疑第一条路是所有新生的团购网站努力追求的方向，而真正能获得资本青睐的国内团购网站却是屈指可数，拉手网、酷团网、5151 团购网、24 券等已经搭上了资本的快车，但同时也有众多网站因经营不善而自生自灭。综合起来看，网站流量的多寡、消费者和厂家信任度的高低以及技术支持力度的大小是决定一家团购网站是否真正能从初创走向持续发展的最根本的要素。不仅如此，外部竞争环境的突变也可能让生存局面变得更为复杂。就譬如当下，Groupon 像一条极具侵略性的大鲨鱼游进了原本相对平静欢快的国内团购网的鱼塘。Groupon 中国区的负责人 Oliver Samwer 对国内团购网负责人也放下狠话："如果你不跟着我们干，那就等着被活埋吧。"一场血雨腥风看来在所难免。但从另一个角度看，团购网群落的变革或重新洗牌对消费者来讲又何尝不是一件好事呢？

　　所有因势而生的新生事物都是应该得到赞美和祝福的，在此祝福生机勃勃的团购网们沐浴着和煦的春风茁壮成长！

《卓越管理》2011 年 2 月

当灾难成为常态

2011年注定是个多事之秋，从2010年12月17日突尼斯开始的颜色革命蔓延至今，埃及、叙利亚、沙特、巴林、利比亚等中东和北非国家相继发生了激烈的社会动荡；3月10日我国云南盈江县发生5.8级地震，造成了较大的人民生命财产损失；紧接着，3月11日日本东北部近海发生9级大地震，地震伴随着巨大的海啸，还重创日本福岛核电站，造成了核泄露，使灾难升级，不仅给日本带来了巨大的伤痛，并且在相当长一段时间内难以愈合，实为日本之殇！

天灾人祸接踵而至，当灾难逐渐成为常态，我们应该怎样去审视我们所处的环境？以何种心态去关照自己的心灵？这应当是我们共同思考的问题。以下是笔者的几点思考，希望给读者诸君带来些许启发。

首先，我们每一个人都应该有敬畏之心。古人云："举头三尺有神明。"而在现实生活中另外一番景象却是俯拾皆是：道德沦丧，无原则、无底线，为了一己私利，有些不良企业甚至连入口的食品都敢造假掺毒；竭泽而渔、暴殄天物、乱砍滥伐、私采乱挖现象屡禁不绝，以牺牲下几代人幸福为代价去满足一小部分人的贪婪，结果换回的是大自然的报复——大地失色，气候恶化，水源污染。是到了应该有敬畏之心的时候了，对生命，对自然！不断发生的灾害已经为我们敲响了警钟。

其次，要学会带着爱去工作和生活。在这个物质至上的时代，我们生命中最美好和朴素的情感正在逐渐褪色，换之的却是：抱怨和仇视的情绪甚嚣尘上，以为自己都是对的，而不去正视自身的缺点和不足；在生活和工作的

◼ **你的企业可以与众不同**

压力面前打退堂鼓,甚至失去了梦想和渴望,甘于随波逐流,自愿扮演起生活中弱者和失败者的角色。带着爱去工作和生活吧!重燃起生命的激情,至少在灾难来临的时刻,我们还有力量去给自己和他人一些光亮与温热。

最后,在灾难面前,要重拾我们的勇气和尊严。在日本大地震中,各种报道充斥耳目,给笔者留下深刻印象的是福岛核电站留守的那50名勇士,他们抱着必死的决心,与核辐射这个恶魔做着殊死的搏斗,以自己无所畏惧的勇气甚至是牺牲自己的生命去换回更多人的平安。他们用自己的行动书写着人之所以为人的尊严!

美国盲人女作家海伦·凯勒的名篇《假如给我三天光明》曾经给了无数人以生活的勇气和信心。在灾难频频的当下,她的那种对于生活的无比乐观和对于生命的无限热爱,激励我们去珍惜一切,直面并战胜那些已经发生的或者将来我们必然要面对的一切困难!

《卓越管理》2011年3月

房地产大佬远去的背影

王石去美国游学，任志强退休当教授，这两件事情几乎同时发生，让公众一时间惊诧莫名。但不管诧异也好，惊奇也罢，事情已然发生，我们不妨一起去品评一下两位房地产大佬远去的背影……

在国内可能没有任何一个行业能像房地产业这样可以持久吸引公众的目光，一是因为房地产业的每一丝风吹草动都和普通老百姓的生活幸福指数密切相关，二是房地产业的大佬们个个个性独特，他们的每一次出场几乎都能演绎出活色生香的故事，这对过惯了平凡且平庸生活的普通百姓而言，无疑平添了许多看点和乐趣。他们当中曝光率最高的"四大天王"，更是让人耳熟能详：特立独行的万科董事长王石，有地产"大炮"之称的华远地产董事长任志强，善于作秀的SOHO中国董事长潘石屹，有地产"神机军师"之称的万通董事局主席冯仑。如今"四大天王"顿去其二，房地产江湖必将黯然失色，一下子冷清许多，也让我等看客不胜唏嘘。

但针对王石、任志强两位地产大佬的淡出，坊间有很多传言和揣测，急流勇退之说有之，识实务抽身而退之说有之，暂时退隐择机再出山之说有之，众说纷纭，不一而足。碰巧的是，笔者和王、任二位先生之前有机缘相识，在这里不妨谈一下自己的拙见。2006年4月，王石先生的大作《道路与梦想》问世，笔者作为主持人参与了王石先生在深圳、上海、北京三站的演讲及签售活动，并且在现场和他有良好的互动。王石先生当时给我留下的最深刻印象是，率真、执着，对生活和生命充满热爱，有永不停歇的学习和探索精神。所以，针对他去哈佛充电进修之说，笔者深信不疑。在路上，是王石的宿命，

◘ 你的企业可以与众不同

    哈佛无疑只是王石精彩生命历程中的又一个注脚，仅此而已。2010 年 9 月，笔者获邀参加在万通天竺新新家园举办的"楼市新论与绿领投资"论坛，与任志强先生有一面之缘，他与冯仑、叶檀一起坐而论道，其博闻强识、思维缜密、对大势精辟入理的判断与分析给我留下了深刻印象，当然，还有他真性情的自然流露。他绝对是一个可爱而非可憎之人。这次，他从一线退下，是体制内的制度使然，是一件再自然不过的事情。

    淡出江湖，但离江湖不远；远离喧嚣，其实只是让自己的内心更能兼容并蓄。这是智者的选择，我想王、任二位先生的选择也当此列。

    推而广之，看世间万象，滚滚红尘，几乎无一净土；看碌碌众人，内心焦灼，疲于奔命，再无恬静和淡然。我们很不幸地集体被"人为物役"，再也没有了精神的愉悦和富足，看似锦衣华服、风光无限，实则精神苍白、让人可怜。

    不妨学学王石、任志强二位先生的选择，游学、教书，不甚快哉！即便我们现在还不具备像他们那样可以自由选择自己生活方式的条件，也不妨在我们看似忙忙碌碌的生活中抽出点时间，去放松一下心境，在书海与静思中徜徉，就像那春天的山谷，吐纳天地之灵气——这必是一件极幸福的事……

《卓越管理》2011 年 4 月

请让慈善"质本洁来还洁去"

《中国经营报》一篇质疑陈光标先生捐款"掺水"的报道一经发表,便引起了轩然大波:为陈光标鸣不平者有之,力挺媒体者有之,一时间,各种评论充斥网络,好不热闹。

慈善之于改革开放后的中国,也就是近十年才逐渐成为一个社会现象。我们欣喜地看到,一大批富裕起来的中国企业和企业家开始主动承担起一个企业公民的社会责任,扶危济困,捐资助学,每当社会有需要的时候,总有他们争先恐后的身影,这确实值得我们钦佩。但其中也不乏一些不和谐的声音,假借着慈善的名义,沽名钓誉者有之,别有用心者有之,这也不禁让我们出离愤怒!

泱泱中华,古往今来,从来就有乐善好施的慈善基因和优良传统。在民间,修路架桥从来就被认为是积德行善的义举;在庙堂之上,每当灾难降临,赈灾济困向来被当局者视为天下一等一的事情来做。即便是近代以来,国势日下,积贫积弱,但慈善的薪火一直没有在中华大地上泯灭,尤其随着近三十年来国力日盛,日渐富裕起来的中国各个阶层开始高举慈善的大旗,在神州大地推波助澜着一项又一项慈善的事业,如希望工程、光彩事业等,不胜枚举。但在这些崇高的光环下从来也不缺乏一些不良用心者假借慈善之名,行不善甚至不义之举。

反观这次陈光标先生被质疑事件,其实是为我们众多行善举、义举之士上了活生生的一课。首先,笔者非常认同并极其推崇陈先生的一系列善举,虽然他做慈善极其高调,但那颗执着做慈善的拳拳之心我们是有目共睹的。

◘ 你的企业可以与众不同

其次，笔者也不得不对媒体经过慎重调查得出来的陈先生部分捐献项目名不副实的现象深表遗憾和痛惜，毕竟是白玉有瑕，但也不能因此就对陈光标先生大肆挞伐。第三，由此现象，我们也会很自然地得出另一点启示，即一个热点涌现出来之后，我们要真正学会辩证地看问题，而不仅仅是伸个脑袋、凑份热闹，人云亦云，随波逐流。

作为一名媒体人，我由衷地欣赏媒体同行敢于对陈光标这样一位高居中国慈善"神坛"的人士发出自己的质疑声音，因为长久以来，大多数人只有在光环下顶礼膜拜的份，而从未有任何深究光环底下掩盖着的事实真相。在聚光灯下照一照公众人物，至少让我们崇拜得更加心安理得或者让我们得出自己较为真实的判断，这何尝不是一件好事？笔者以为，类似的报道应该越来越多才好！

再进一步来讲，慈善是一个再神圣不过的字眼，不容任何人对其有一丝的污损甚至亵渎，即便是那些做过很多善事的人士，也不应该被网开一面，他们反而更应该检点自己的一言一行，在道德的高度上经得起所有人的质疑甚至拷问。如果连"闻过则喜"也做不到，那就空负了很多人的期许和崇拜了。

慈善如出淤泥而不染的莲花，但愿每一个人都用真心去呵护！

《卓越管理》2011年5月

品牌的创建源自使命感

拥有一个成功的品牌应该是所有企业人共同的梦想。一个人的财富是有时间性的,也是可以度量的,而一个品牌却可以穿越时间的长河,其价值是无法用数字准确计算的。

正如管理学大师彼得·德鲁克所言,伟大的人物无不天生具有使命感。一个卓越品牌的诞生也一定源于品牌缔造者先天的使命感。我们首先得承认这样一个事实,卓越的品牌可以改变并推动我们这个世界的发展,而这些品牌背后一定隐藏着这样一群人:他们目光深邃、洞察先机;雄心万丈,行动果敢;坚韧无比,志存高远。不错,正是具备这些特质的人一手缔造了属于自己独特符号的卓越品牌族群,让我们这个平凡的世界因为他们和它们的存在而熠熠生辉!如比尔·盖茨之于微软,霍华德·舒尔茨之于星巴克,乔布斯之于苹果,马云之于阿里巴巴,等等。而使命感不是后天赋予的,它完全依赖于个体的自觉,所以也并非人人皆备。在当今的经济社会中,恰恰企业的创建者是最应该拥有强烈使命感的这样一群人,缺此,企业注定不会拥有太值得期待的明天。因为,我所理解的使命感的个中真意应该是凭一己之力,让这个世界,或者因为自己,或因为自己所领导的企业的存在,变得更加美好!没有这样宏图大志的企业家,应该算不上真正的企业家,其所领导的企业也无非是在众多长相一样的砖头中间徒增了一块而已,可能对我们的生活无碍,但至少益处也不多。

有了强烈的使命感,品牌的缔造才变得现实起来。而一个品牌的成长注定不会是一帆风顺的,更不可能是一蹴而就的,所以一定要用心血去浇灌:

■ 你的企业可以与众不同

第一，真正做到抓大放小，"大"就是品牌，"小"就是企业眼前的或局部的利益；第二，真心要把企业或产品品质的基底夯实，真实付出，不掺假、不妄言——这一看似对企业最基本的要求，现实中很多企业都难以真正做到；第三，一定要有品格的追求，要超乎众人的头顶之上，去追随生命中最本真、最美好的价值观，顶礼膜拜、诚惶诚恐地去笃行之。唯有这样，一个企业才真正拥有了成长为卓越品牌的可能。

举凡企业界的现实，沉浸在复制、模仿甚至抄袭氛围中的企业大有人在，而当事者不以为耻反而暗自窃喜；泯灭了追求、自甘平庸的企业更是俯拾皆是；我们已经从前人的贡献和智慧中饕餮太久，并乐此不疲。如若此，则正是我们这个物欲横流、价值观几近迷失时代的最大不幸，因为这样我们不仅失去了现在，更彻底失去了未来。试想，一个整体没有创造欲和使命感的企业族群会给我们的后代留下些什么真正有价值的资产？

在此呼吁那些充满神圣使命感的企业家们集体浮出水面，拿出你们的远见和智慧，创造出属于我们民族、无愧于这个生机盎然时代的卓越品牌！

《卓越管理》2011 年 6 月

企业经营管理如砌墙

企业的成长是一个企业中所有成员共同用心血浇灌的过程,其中经营管理是伴随企业始终的工作,不可须臾放松。就如建筑一所房屋,墙体是房屋中最为核心的构成,而砌墙的过程就如同企业中的日常经营管理工作一样重要。

夯实地基。这是决定一堵墙能建多高的最基础工作。放诸企业,就是企业的基本定位和战略目标,这个部分如果不固定、不坚持,势必基础不稳。俗话说"基础不牢,地动山摇",这就要求企业的决策者在企业经营的初始就要锁定企业未来的走向,唯有如此,企业的根基才能夯实。

组合好材料。石头、沙子、水泥和水,是砌一堵墙最基本的原材料。首先,石头是墙里面最重要的材料,但石头形态各异,体积也有大有小,大石头就如同企业中的高管层,小石头就如同企业中的中层。把石头按形状、大小组合好,是砌墙者头等重要的工作。企业的决策者也一样,如果对企业内的骨干使用不当、组合不好,很难想象这个企业能有多少明媚的未来。正如一个硬币有两面一样,石头很坚硬,但大多有棱有角,如果不去打磨,砌出来的墙一定不美观,甚至有碍观瞻,这就要求砌墙者对每一块石头都要仔细研究,然后认真打磨,争取物尽其用。如果企业决策者能做到这一点,那就是做到了人尽其才。其次,沙子也是一堵墙里不可或缺的材料,在企业中就如同基层员工。他们默默无闻,做着最基础甚至最繁重最辛苦的工作,但是他们像沙子一样不可或缺,也应当引起企业决策者的足够重视,让每一粒沙子都能镶嵌在最合适的位置并让他们以此为荣。第三,水泥是让石头和沙子各归其位、不再动摇的决定物质,在企业中就如同企业的规章制度。制度是用来塑性的，是刚性的。离开了制度的约束，再自觉的人也容易懈怠；有了制度的强制性，再没有经验的人也容易变得职业化起来。最后，水的作用不可替代。在一定意义上讲，它甚至超越石头、沙子和水泥的作用。在企业中水就是企业文化，没有企业文化的黏性，所有员工就没有了可以形成向心力的理由，所以重视企业文化建设是企业决策者的核心任务。只有这样，所有人在企业中才能找准自己的位置，用共同的精神和价值观同心协力去面对挑战。

修补必不可少。一堵墙砌成之后，会时刻遭受外部风雨的侵蚀，时间一久，势必斑驳陆离，如果听之任之，不及时修补，假以时日，甚至有倒塌的可能。企业经营管理工作也一样，从来没有一劳永逸的事情，只有做到纠偏纠错如影随形，企业才能永葆光鲜。

砌墙乍看上去，好像没有多少技术含量，但细究起来，其实大有玄妙。愿读者有心，能从中品咂出经营管理之道。

《卓越管理》2011 年 7 月

如何打造一支卓越的团队？

在企业家所有大大小小的梦想中，有一个最为现实且最急迫的梦想就是：如何能打造出一支属于自己的卓越的团队。

现代企业中，那种靠单枪匹马闯天下的时代已经一去不复返了，稍微有点个人英雄主义色彩遗存的企业，我能念起的也就是苹果公司了。硕果仅存的乔布斯严格意义上讲也不是纯粹的个人英雄，他已经飞升为"教父"一样的角色，背后有一个强大的研发团队在做支撑，上下同心，众志成城。这才成就了今天关于苹果的神话。

毕竟乔布斯是企业家族群中的异数，可望而不可及，而打造出一支卓越的、能征善战的团队才是众多企业家实现企业长治久安的最现实考量。那么，这个梦想如何才能实现呢？笔者觉得以下三点至少是必要条件。

首先，企业一定要坚守住公平的原则。这其实是对企业家提出的一个最为基本的要求。要做到公平，第一，不能任人唯亲，要想办法让尽可能多的贤能之士聚集在自己周围；第二，要做到论功行赏，不因其他任何因素而发生动摇；第三，重视企业中每一个成员的作用，切不可忽视甚至漠视基础员工的贡献，只有阳光普照，才留不下阴影，否则，积小怨为大不满，绝对会影响企业的和谐。核心的一句忠告，其实就是企业家一定要做到"一碗水端平"，唯有如此，企业中的每一个成员才能各安其心，各对其位。

其次，要让企业所有成员、每一个岗位都有机地联系在一起，环环相扣，利益相关。现在掣肘企业前进的最大的敌人其实就是企业内部无谓的内耗：推诿、扯皮，遇到责任想推托掉；事不关己，高高挂起；过分注重小圈子利益，以邻为壑等。之所以产生上述现象，笔者以为，有一个逃脱不掉的原因是先天的设计不足。想象一下，每一个企业中的成员都是一个可以开合的圆环，管理者的首要工作其实就是要使每一个环相连，不能撇下任何一个环，更不能允许几个环杂乱无章地叠加在一起。要把环相连，对员工而言，就是要做到放弃小我，拥抱组织；对企业而言，就是让员工互相依存，协同作战。当你的右肩成为别人的依靠，你的左肩也注定找到了休憩的港湾。情同此理，当每一个员工都成为对方完成任务的支撑，管理就变得相对简单。

最后，提倡大张旗鼓的表扬，把正向激励变成一个企业管理的常态。表扬、表彰绝对是管理者手中性价比最高的管理利器，可惜很多企业管理者没有意识到这一点，动辄横眉冷对，让手下噤若寒蝉。犯错是不可避免的事情，但绝对不是主流，对当事人晓之以理，按规章制度去妥善处置其实已经足够。而表现好、要求进步的员工才是企业中的大多数，要及时发现并大张旗鼓地去表彰他们的优秀事迹，一则让优者更优，在光环的笼罩下干得更加起劲；二则给后进者不断地树立起标杆和榜样。其结果一定是士气振奋，群情激昂。

虽然管理无定法，可团队建设的好坏确是考验一个管理者是否合格的第一块试金石。唯愿企业管理者能从中聊受启发，则此文幸甚。

《卓越管理》2011年8月

乔布斯给我们留下了什么？

"只有爱你所做的，你才能成就伟大的事情。如果你没有找到你所爱的，继续找，别停下来。就像所有与你内心有关的事情，当你找到时你会知道的。"——乔布斯

是他让苹果成为水果中真正的皇族，崇高而又神秘；是他让我们这些成年人重返童真，去发现平庸的生活中还有如此多的神奇与美好；也是他让迷失了的人看见星光，让混沌的人找到方向，让世界上各个角落的人因为执着与爱而凝聚在一起。

而今，他却选择离开苹果，就在2011年8月24日这一天，让我等全球的苹果忠实拥趸们唏嘘不已。而走出聚光灯中心的他却并没有走出所有爱他的人的心灵，他给我们留下的不仅仅是苹果这样一个金子一样的品牌，更有无尽的关于爱、关于执着、关于创造等一大堆的精神财富。

爱是指引我们走向成功的第一块基石。乔布斯2008年接受《财富》杂志采访时说过这么一段话："如果要招一个真正的资深人士，那么此人是否胜任就像是在赌博。但我最大的疑问是：他们会爱上苹果公司吗？如果他们爱上了苹果公司，那么其他事情就会迎刃而解。"爱，源自内心，只有谛听清楚自己心跳的声音，我们才能找到自己的方向并为之矢志不渝地去付出，成功才有了可能。苹果对于乔布斯，几乎是他生命的全部，是用爱浇灌出来的丰沛的果实。

"人这一辈子没法做太多事情，所以每一件都要做到精彩绝伦。人生苦短，你明白吗？我们本可以在日本的寺庙里打坐，也可以扬帆远航，而我们

◪ 你的企业可以与众不同

全都选择了用我们的一辈子来做这样一件事情,所以这件事情最好能够做到完美无缺。"这同样是乔布斯在面对媒体时讲的一番话。诚如斯言,自从1976年21岁的乔布斯和好友沃兹用1000美金在自己家的车库里创建苹果公司开始,他的生命中再也容纳不下其他东西,即便是中间他被迫离开自己心爱品牌的那几年时间里,他的心也在和苹果一起跳动。正是这种近乎着魔般的执着,成就了苹果的神话,当然也成就了他本人。

不走寻常路是苹果出类拔萃的唯一理由。我们且听一下乔布斯对创新的独到见解:创新来自于那些有了新创意,或者找到问题解决之道,无论多晚都要给合作伙伴打电话的人,来自于那些对自己的想法充满自信,并且敢于在会议上据理力争,并且不断吸收他人想法的人;佛教中有个说法叫"初心",保持初学者之心是非常好的事;能否产生创意,取决于你能否将不同的事物联系起来。如果你去问那些富有创意的人他们是如何办到的,那么,他们会觉得无法回答,因为他们并未有意识地去做这些事。他们能够不断创新,因为他们拥有比别人更丰富的经历,或者他们比别人更清楚地思考过自己的经历。毋庸赘言,乔布斯正是这样一个永怀一颗赤子之心、人生历练丰富、随时又愿意将自己的新想法和盘托出再加以丰富后立即付诸行动的人。正因为如此,他才一步步将苹果带领到了伟大公司的行列。

暂别乔布斯,我们不应只有遗憾;咀嚼他的精神,我们将会受益更多!

《卓越管理》2011年9月

从马云的道歉说起

与大洋彼岸如火如荼进行的"占领华尔街"运动所表达的对金融制度偏袒权贵和富人的不满有点戏剧性的呼应的是,在国内互联网领域也在上演由相对弱势的数万名淘宝店主针对淘宝出台的淘宝新规所进行的"抵制平台霸权"的活剧。

2011年10月18日,面对"新规"风波愈演愈烈之势,紧急从美国赶回的马云面对媒体如是说:"来闹事的人,也不是毫无道理。我仔细听了很多,我们政策制定的想法是好的,但方法需要完善、需要沟通。我们不是没有错,我们向大家道歉。"旋即淘宝商城出台了收费调整的五项举措,对九天前出台的"新规"进行了很大的修正。与马云几天前的一番言论——生中总有那么一些时刻,我们需要鼓起勇气去做选择。而这些选择不仅不符常理、违背理性,甚至离经叛道得罪亲友。即便如此,我们可能还会一意孤行!因为我们相信自己的决定,我们做了该做的事——相比,马云显然是做了相当程度的让步和妥协。他的道歉似乎无奈的成分占得多了一些。

事情至此,好像已经暂告一段落。但对刚刚过去的短短几天的沸沸扬扬的事件,显然已经让马云心力交瘁,他在微博上发出了这样的感慨:"心悴了,真累了,真想放弃。"有委屈、有让步,甚至还有道歉,但此次事件对马云而言,要体会和总结的应该远不止这么多。

首先,马云是国内互联网领域内的标杆性人物之一,传奇的创业经历加上如今的江湖地位让他成为很多创业者心目中的英雄形象,我想,即便在当下抵制淘宝"新规"中的人群中也不乏他的倾慕者。所以,谨言慎行应是他如今行事的基本要着。而反观此次淘宝"新规"的出笼,事发突然且变革幅度之烈前所未有,遭到抵制也是情理之中的事。犯了此戒,他只能强咽下苦果。

其次,淘宝曾几何时是很多资金匮乏、创业无门者的兴业天堂,平心而论马云也为社会就业做出了积极的贡献,当然这也一定程度上成就了他。但惯性已然形成,想紧急刹车甩掉一部分乘客的做法也甚为不妥,毕竟是同行者,也要考虑他们的切身感受。

第三,选择的时间点不对。当下内外部环境对中小创业者极为不利,对内竞争加剧,对外融资无门,如果此时连手中仅有的一根稻草又被生生夺走,发生一切激烈的后果应该都是预料之中的事。此时变革,实为不智。

在商言商,淘宝的做法如果从自身的商业角度出发似乎也无可厚非,在对手贴身的竞争中想寻求自己的独特利器,从而笑傲江湖的雄心也让人不难接受。

聪明如马云,也有出"昏招"的时候,但从中至少可以告诉企业同道们这样一个再浅显不过的道理:任何时候都不要去做那些让"亲者痛,仇者快"的事情。

《卓越管理》2011 年 10 月

一面是围堵 一面是逃逸

时至岁末,本应该是静下来梳理盘点的日子,但世界依旧不太平。

中东局势依然混乱,埃及纷争又起,叙利亚内乱陷入泥潭,伊朗核危机又被旧事重提,以色列摩拳擦掌、虎视眈眈;欧债危机多米诺骨牌已然倒下,欧元区走向分裂的可能性进一步加大;南海危机错综复杂,各方利益欲在此博弈,特别是美国欲借此重返亚洲,挽回一下其外强中干世界老大哥的颜面,一方面高调参与东盟峰会,拉拢菲律宾、越南甚至缅甸联合阻遏中国,另一方面又撺掇澳大利亚、日本等传统盟友对中国形成围堵之势,同时又在东盟峰会上忙不迭地推出所谓的"泛太平洋战略经济伙伴协议"(TPP),希望在军事之外的经济层面对亚太地区施加影响,并显而易见地想把中国排除在外。不管我们承认与否,中国事实上已被美国为首的外部势力形成围堵之实,且有继续恶化的趋势。究其原因,中国经济增长一枝独秀,遭传统的经济强国羡慕、嫉妒甚至愤恨,特别是世界政治经济形势动荡,很多国家内部矛盾凸显,只能把注意力向外转移,很不幸中国又成为最明显的一个靶子。当下,破解此困局确实需要很高的政治智慧,但处乱不惊,坚守原则和底线,以不变应万变或许不失为一个正解。

那边厢,中国的外部环境渐遭围堵已成不争的事实,让人添堵;这边厢,中国高速经济增长的既得利益者,即富人阶层的移民潮却成愈演愈烈之势。通过一组数字可能更容易说明这一问题:最近4年,中国人移民美国的人数激增了11倍;另据中国银行旗下的私人银行和胡润研究院联合发布的《2011年中国私人财富管理白皮书》显示,目前中国拥有千万元以上可投资资产的富人中，已经移民或准备移民的占 60%，在拥有亿元以上可投资资产的富人中，这个比例高达 74%。简单地把移民的富人归于不爱国一族，似乎显得苛刻了一些，毕竟在法律许可的范围内，每个人都有选择自己生活方式的权利和自由，但毋庸置疑的是，富人移民潮必定会对中国经济社会带来负面的影响。生逢盛世，国人有了更多富裕起来的机会，虽中国当下问题多多，贫富差距、发展不均衡的问题比比皆是，但假使每一个先行富裕起来的人都离母体而去，不知反哺，中国经济势必会失去很多源头活水，内部经济活力必然会受到波及，国家竞争力也将很难持续。试问，已经移民或准备逃逸的富人们，届时，你们情何以堪？心何以安？生于斯，长于斯，理应回报于斯。

攘外必先安内。中国企业家群体理应在此错综复杂的形势下，积极奋进，耕耘好自己的事业，奉献更多优质的产品和服务，在自身逐渐壮大的同时为国分忧；特别是那些准备逃逸、一走了之的富人们更应该在此刻反省自己，在祖国最需要你的时候离她而去，绝对是一件不智之举。

《卓越管理》2011 年 11 月

坚守　仰望　向上

五年前，《卓越管理》刚刚创刊之际，清晰记得我写的第一篇卷首语的标题是"内省　借鉴　超越"，意在告诉我们的读者以及像我们一样的创业者应遵循上述六个字的意涵，以谦卑之心去践行一条崭新的路。时间如白驹过隙，五年60期杂志见证了我们的成长，我更是从中感悟良多，于是有了下面这样一些文字：

坚守。"地势坤，君子以厚德载物。"我们立足于这片坚实的土地，耕耘着自己的事业，肩负着或少或多人的期盼，责任自不待言。企业，是当今时代最有活力的社会细胞；企业家群体，也不仅仅是社会财富的创造者，更是整体社会道德价值水准最有力的体现者。所以，一个企业抑或一个企业家，一定要有宽厚仁德、兼爱终生之心，方可能成其大，这也是反哺社会的应尽之责。反之，如果只顾及一己之私，虽一时风光，而最终势必被社会所丢弃。正如无言的土地，辛勤地浇灌和一味地攫取带来的结果一定分别是肥沃和贫瘠。

仰望。我们不仅要脚踏实地，守住自己的操守和原则，更要仰望星空，以敬畏之心去面对未知与挑战。哲学家康德有言："有两种东西，我们愈是反复地思索，它们就愈是给人的心灵新的浇灌：那就是头顶的星空和心中的道德律。"未来虽不可知，但企业家一定不能只沉浸于现在，在万丈红尘中迷失掉自己，而要始终清醒地意识到，只有保持对世界的敏感甚至警觉，才能认识事物的本质和规律，也才能对未来事物的走向有更深刻的洞见和预判，企业也才能趋利避害，走得更长远。

向上。"天行健，君子以自强不息。"经营企业，毋庸讳言，是一件极为

◼ 你的企业可以与众不同

艰辛的事。经营大师稻盛和夫奉献了一个"垂直攀登"法则：可能你会说从来没有攀登过悬崖，不行，悬崖就在这里，你必须攀登！可能你会说没有做好练习，回去练练再来，不行，你必须现在攀登！可能你会说没有带足器具，回去拿器具再说，不行，你必须现在、立刻、垂直攀登！困难会永远存在，并且会越来越大，有时甚至感觉不可逾越，但只要在做企业的道路上没有停下来，你就要咬紧牙关，不能放弃，因为这是一项使命。既然你勇敢地开始了，就要坚强地支撑下去。听一听顽石下小草执拗的拔节的声音吧：挣脱重负，阳光就在上面！

每一个轮回的结束，都意味着一个全新的开始，尤其生活在这样一个急剧变革的年代，我们没有任何理由懈怠，即便我们取得了那么一点小小的成绩。"坚守、仰望、向上"，应是我们面对下一个开始的态度。在此，愿与企业家朋友们一起共勉，并祝所有读者2012新年快乐！

《卓越管理》2011年12月

Part 2

记录先行者足迹,探寻经营管理之道

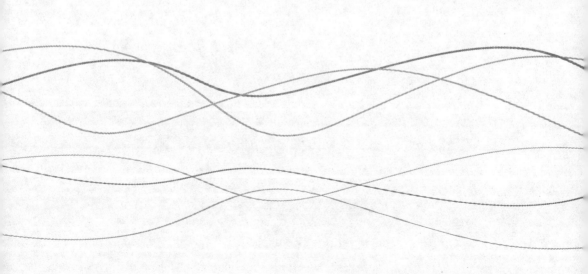

> 一个好的企业战略的第一衡量标准同样是简单，但仅有简单是不够的，还必须正确。九阳现时的战略目标是：做小家电第一品牌。廖廖数字，简单至极。但它是否正确呢，九阳十年的成长经历已给出了答案。

成长是桅　健康是帆
——九阳小家电十年创业纪实

上篇　从草创到优秀再到卓越的激情创业

创造市场

本着朴素改变命运的冲动，25岁的王旭宁毅然放弃了舒适的工作环境，选择了下海创业，追随他的是和他一样年轻的北方交通大学[①]的师兄弟们。这一年是公元1994年，也被九阳人自豪地称之为"九阳元年"。

不起眼的九阳公司最初选择的同样是一个不起眼的产品——豆浆机。齐鲁大地这块沃土是豆浆机的诞生地，它的出现是豆浆制作方法的一次革命，结束了中国人过去一直用石磨做豆浆的时代。可是，刚问世的豆浆机的缺点

---

① 编者注：即现在的"北京交通大学"。

一点儿也不比优点少：一煮就糊，粘机且清洗困难，电机工作不稳，返修率非常高，等等。但王旭宁他们选择做豆浆机的一个最能说服自己的理由是：它是新生事物！并且直觉告诉他们，豆浆机绝对是一个有生命力的产品。

在日渐成熟的市场经济的今天，这点直觉与选项靠市场调研、靠数据说话的惯例似乎有着太多的距离，无疑也存在着巨大的风险。但九阳人认定了，就做了，凭借的是一股初生牛犊不怕虎的创业的激情。

可创业仅凭激情是不够的，还需要智慧。看着第一批生产出来的2000台豆浆机堆在库里无人问津，九阳人心急如焚。随后便发生了九阳的创业者们口中常常说到的，九阳公司第一个标志性事件：1994年11月，《齐鲁晚报》通栏广告上方出现了一条1厘米高的反白长条广告。这是一则宣传九阳豆浆机的补缝广告，花钱不多，效果却出奇地好。几次补缝下来，到1995年春节前，九阳的2000台豆浆机便销售一空。宣传的重要性自此植入了九阳人的心中。

灵光一闪的广告选择齐聚了九阳人的信心，也坚定了依靠宣传推产品的信念。九阳人同时也意识到，要想让消费者真正认同豆浆机，必须从宣传大豆及豆浆对人体的益处做起。自那以后，九阳宣传大豆与豆浆营养知识的软文广告开始席卷全国媒体，前后与其合作的媒体有500家之多。以此为先声，九阳不但创造了一个崭新的市场，带动并发展起了一个新兴的豆浆机行业，更是用软文广告宣传的形式为企业发展找到了一条很好的路径。到1997年年底，九阳在山东省内外的办事处已达10家。由于采取总经销制，加之总部的有效软文支持，各地的豆浆机销售均做得风生水起，公司年销售收入逾千万元，完成了最初的原始积累。

技术突围傲视群雄

进入1998年，九阳可以说度过了最艰难的创业开拓期，羽翼渐丰。但此时摆在九阳决策者面前的仍有两个亟待解决的问题：一是豆浆机生产厂家群雄并起，稍有不慎，自己辛苦开拓的市场极有可能被蚕食甚至吞没掉；二是随着消费者的增多，对豆浆机清洗困难的反馈不绝于耳，如若不能及时解决，势必成为九阳大发展最大的瓶颈。

逐利是企业的天性。九阳豆浆机一机风行，诱发了投资者效仿的热潮。一时间全国各地如雨后春笋般新生了100余家豆浆机生产企业，有规模、成气候的如福建的迪康，广东的科顺、雄风，河南的田山等。作为行业的先行者，九阳无疑成为后起之秀们争相超越的对象。

处危局而不乱。九阳在诸强忙着以低价攻城掠地的时候，果断地祭出了一定要比同类产品其他品牌定价高10~15元的价格策略。其理由是不能以牺牲产品品质去换取市场份额。

与此同时，九阳对全国的销售体系重新进行了梳理和整合，按区域划分成五个大区，规范价格体系，重视售后服务。在增加抗风险能力的同时也加强了对代理商的服务力度，夯实了网络基础。在这一阶段，九阳尤其重视终端导购工作，与消费者的零距离接触，进一步确立了九阳豆浆机在消费者心目中不可撼动的优势品牌地位。

营销体系的再造并不足以让九阳从群雄逐鹿的迷局中抽身而出，豆浆机本身技术的改进才是出类拔萃的根本。通过加大研发投入，加强科研力度，1999年，九阳发明了豆浆机智能不粘技术，并获得了国家发明专利。此举解决了消费者最头疼的清洗困难的问题，在豆浆机发展历程中具有里程碑式的意义。这也让九阳一下子甩开了众多的追赶者，一路高歌猛进，逐步确立了行业领导者的角色。即使是在之后业内大鳄广东美的斥资10亿元进入豆浆机市场时，也并未对九阳的领导地位造成真正的冲击。

处顺境而不喜。至2000年，九阳已稳占全国豆浆机销售总量的八成左右，按理说可以过一段安稳日子，但对全国分销体系的变化还是如临大敌，慎重处之。针对传统百货业小家电销售比重迅速下降，新兴大卖场、超市、电器专营店风起云涌的现实，九阳适时地对自己的销售体系进行了紧追潮流的同步改进，从而确立了自己在豆浆机行业中的一枝独秀的江湖霸主地位。

二度发力渐近卓越

在完成了从千万级企业向亿元级企业跨越的同时，九阳开始重新审视自己。经过了七年的发展，豆浆机从无到有，以至到2001年全国年销售量在

◼ 你的企业可以与众不同

100万台以上，确切地说形成了一个崭新的小家电门类和行业。这期间，豆浆机技术在九阳手中实现了三次突破：外部加豆技术；智能不粘技术；浓香技术。客观地说，九阳创造了豆浆机市场，反过来，豆浆机也成就了九阳。特别是九阳拥有的30多项豆浆机专利技术，构成了较高的技术壁垒，提高了行业的进入门槛。在豆浆机和九阳都进入平稳发展期的时候，九阳把目光放在了更远处。

从2002年开始，九阳决定全面进军小家电领域，实施同一品牌下的多产品运营策略。

在产品选项上，经过缜密的市场调研和分析，他们选择了电磁炉。据当时的预估，这是未来五年内小家电行业又一个新的销售明星。这可以说是一个与世界同步的产品，欧洲其时也正在兴起电磁炉。

与豆浆机这个新生产品不同，九阳从选择做电磁炉的那一天起，就一脚踏入了完全竞争行业的门槛，这对九阳无疑是一个挑战。经过七年多的市场洗礼，九阳人已经谙熟了产品运作的规律，那就是找薄弱环节，寻求突破，进而先发制人。技术研发是九阳的强项，而此时的电磁炉存在着两大弱点：一是功能单一；二是加热慢，大多用于涮火锅，无法炒菜。

针对其弱点，九阳推出了"电磁炉一键通"技术，实现了煲汤、煲粥、炒菜等多项自动化功能，解决了电磁炉的第一个缺陷，推动了电磁炉行业的发展，也使九阳在进入电磁炉行业不久即确立了主导品牌之一的地位。

"霹雳火"技术是指在短时间内让电磁炉达到强功率，实现国人在自家厨房使用电磁炉"爆炒"的需求。这项技术在2003年经九阳甫一推出，即赢得了市场的强烈追捧，九阳也瞬即成为电磁炉高端产品的代名词。

两项技术的成功运用，使得九阳在进入电磁炉行业不久便大有斩获。2003年，九阳电磁炉销量突飞猛进，成功位列全国电磁炉品牌销售前三甲。相比豆浆机的成功，九阳电磁炉仅用了不到前者三分之一的时间。

二度发力，无惊无险地取得成功，这标志着九阳的成熟，更昭示着九阳在各个方面积淀和储备的丰厚，完全可以向更新的领域拓进。如果说以七年之力造就了豆浆机可以为九阳冠之以"优秀"的话，那么以两年的时间即在电磁炉行业显露峥嵘，足可以冠之以"卓越"二字。

下篇　破译九阳成功密码：简单且正确的战略

深刻思想的本质是简单

一个好的企业战略的第一衡量标准同样是简单，但仅有简单是不够的，还必须正确。九阳现时的战略目标是：做小家电第一品牌。廖廖数字，简单至极。但它是否正确呢，九阳十年的成长经历已给出了答案。

但九阳战略目标的确定并非是与生俱来的，大致经历了两个时期四个阶段：第一是豆浆机时期，1994—1997年的战略目标是做好豆浆机；1997—2001年的战略目标是做豆浆机第一品牌。第二是小家电时期：2002年至今的战略目标是做好厨房小家电（含豆浆机、电磁炉等）；未来的长远目标是做小家电第一品牌。

可见九阳最终战略目标的确立是随着时间推移，在实践中逐渐清晰的过程，决非我们经常看到的企业决策者一时心血来潮、好高骛远的产物。实践出真知，从今天九阳的成功来看，其战略选择无疑是正确的。

分析了九阳战略形成的四个时期，我们发现，无论是做豆浆机还是电磁炉，九阳始终不离的是小家电。正是这一简单的战略让九阳在十年的发展历程中眼睛向下，心无旁骛，成就了今天的辉煌。

唯有简单才能专注，这是一个再简单不过的道理，但许多企业在执行起来却走了样，终不得善果。王旭宁坦言，跨行业经营的诱惑也曾让企业跃跃欲试，但最终还是选择了放弃。因为你只能在某一方面成为世界上最优秀的，九阳已是世界上最大的豆浆机生产厂家，未来的目标是让九阳小家电蜚声世界，有许多事情等着我们去做，所以九阳无暇他顾。再者，从事小家电事业能激发起九阳人无比的热情，从而生发出无限的敬业精神和强大的执行能力，这无疑是九阳未来持续成功的保障。

现任盛大网络总裁唐骏[①]先生对成功的认识有这样一个观点：简单加勤

[①] 编者注：2008年4月3日，盛大宣布唐骏辞去盛大总裁一职。

奋。简单指战略，勤奋指执行力。这句话也可以作为九阳之所以成功的另一个佐证。

以健康为核的发展观

　　成长是九阳永不变的主旋律，健康是九阳最不可动摇的理念。成长决不以牺牲健康为代价，这即是九阳的发展观。

　　九阳理解的健康包含以下几个层面的内容：健康的企业肌体、健康的产品、健康的人际关系、健康的合作关系、健康的企业文化、唤起全民健康意识等。

　　对企业而言，利润和现金流就像一个健康肌体中的血和水，缺一不可。谨慎甚至偏于保守的财务策略是九阳得以持续健康发展的基本点。

　　在选择产品上，豆浆机是为人们提供营养丰富的豆浆，电磁炉属无烟厨房小家电范畴。九阳新推出的紫砂煲系列无论从材质品质上讲无疑都是健康产品。不管是现在还是未来，只要是九阳涉足的小家电产品，前提必须是健康产品，这已成为九阳的铁律。

　　为避免陷入民营企业成也家族、败也家族的老路，从九阳公司成立的第一天起，决策者就做出了三条硬性规定：领导家属不准干政；夫妻双方不能同时在公司工作；核心员工直系家属不准进公司。

　　九阳十年，无一逾距，保证了九阳公司内部始终有一个健康和谐的人际关系。九阳在发展过程中，一直坚守与供应商、经销商合作共赢的策略，并努力遵守对消费者质量、服务的承诺，致力于营造与多方健康的合作关系，九阳十年没有当过一次被告即是明证。

　　九阳一直致力于建设健康的企业文化，不仅要求员工要有健康的心理、强烈的事业心和责任感，还要求他们要有健康的生活方式。因为九阳笃信人的思想和行为是紧密相连的。

　　九阳为社会提供的是健康的产品，他们同时也认为唤起全民健康意识更是九阳的责任。鉴于九阳公司坚持不懈地对宣传大豆营养保健知识的贡献，2000年，"国家大豆行动计划"小组授予九阳家电企业中唯一的示范企业称号。

九阳非常在意自己要成为一个有责任感的企业，这也是九阳最基本的价值观。对员工负责，对消费者负责，对合作者负责，更要对社会负责。正是这种强烈的责任心成为九阳十年健康成长的原动力。

若无谦卑　一切皆伪

在不久前的一次企业竞争力高峰论坛上，作为嘉宾的王旭宁在被问及九阳时，反复称九阳仍然是一家小企业。现实是：九阳已经成为世界上最大的豆浆机生产厂家，电磁炉在国内销售量稳居前三，年销售额数亿元。无论从哪个方面去划分，九阳显然已不在小企业之列。王旭宁的这句话也决非哗众取宠故弄玄虚之语。这是和九阳一贯低调、谦逊的行事风格一脉相承的。

回顾九阳的十年发展历程，它一直维持了高速发展的强劲势头，年平均增长率始终在60%以上，这在中国的家电行业绝对可以称作一个奇迹。但九阳对外却一直不显山，不露水，从来都是扮演着行业内"隐藏的冠军"的角色。

企业的风格几乎就是企业家风格的翻版。我所了解的王旭宁正是一个谦逊、平和而又执着的人。

谦逊可以解读为九阳人对学习的看重，对人才的器重；平和使得九阳人拥有了一颗"卒然临之而不惊，无故加之而不怒"的平常心，能正确地看待挫折与成绩；而执着则成就了九阳人对做小家电第一品牌的激情与梦想，不达目的誓不放弃的坚定信念。

谦逊、谦虚则必定做事慎重。九阳顺风顺水运作了十年，鲜见重大决策失误的情况出现，这何尝不是他们与生俱来的谦虚而生发的决策慎重的结果。

在破解九阳十年成功之谜的探求过程中，我们固然可以总结出诸如上文提到的：简单且正确的战略，以健康为核的发展观，还有如：强大的执行力，敏锐的洞察力等。但九阳之所以成功有一点是绝不可或缺的：谦虚。这也正应了那句古训：若无谦卑，一切皆伪。

《中国经营报》2004年9月

◘ 你的企业可以与众不同

从打工生涯中掘到事业金矿
——记发乐发健康食品连锁机构总经理菲利普·文

打工，几乎是所有中国留学生都绕不开的一个字眼。而多数人第一次打工的经历又都是从餐馆开始的，因为餐馆的工作大多以厨房中的体力活为主，这对那些刚刚踏上澳大利亚土地，语言尚未完全过关的中国留学生而言无疑是最现实的选择。

菲利普·文第一步到餐馆给别人打工的经历与众人并没有什么不同。

不同的是，大多数打工者把打工仅视作暂且谋生的手段，而菲利普·文还把打工的经历当作一次难得的学习过程，走出了给别人打工、为自己打工、请别人为自己打工这样一个完整的"三步曲"，从打工生涯中掘到了自己事业的金矿。

正所谓："有心人，天不负。"从16年前一个一文不名的打工者到现在一家实力超群的食品连锁机构的拥有者之一，菲利普·文演绎了一段精彩的人生传奇。

近日，记者来到位于墨尔本西郊Bay Street 171号的一处发乐发食品连锁店，期待菲利普·文接受采访。在等待菲利普·文的时候，记者与刚从香港移民澳大利亚的一位姚先生不期而遇。姚先生最近正在与菲利普·文商谈成为发乐发连锁店的加盟者事宜。他认为发乐发食品店连锁加盟事业能做到很大，跟菲利普·文合作，觉得心里很踏实。

能给一个数面之交的商业合作者留下如此好的口碑，我想，菲利普·文和他的发乐发应自有其过人之处。

给别人打工——有心人学得满腹生意经

1989年,对于从中国上海来到墨尔本的菲利普·文而言,面对的是一个完全陌生的世界。因语言不通,他在国内做工程师的经历在澳大利亚派不上任何用场。为生计,他必须放下尊严,从最简单的体力活干起。

菲利普·文选择了到一家犹太人开的洋快餐店做洗碗工,这家快餐店的名字叫Falafel Kitchen(以下简称FK)。菲利普·文感慨地对记者说:"我做梦也未想到,我有朝一日会成为这个名字的拥有者。"

敬业是菲利普·文一贯的做事准则,他暗暗告诫自己:洗碗也一定要比别人洗得干净。因为他从心底非常看重这个新的开始,并没有觉得这份整日在厨房里与油污打交道、高度重复机械的工作有多么卑微和不可忍受。

一段日子以后,犹太老板渐渐发现了菲利普·文的特点:做事一丝不苟。于是给他调换了工作,让他送外卖。这份工作不仅要求责任心强,而且一定要按客户的要求准时送达。在菲利普·文的印象中自己从未出现过一次差错,自然顾客对他也是好评如潮,为FK赢得了许多回头客。

菲利普·文在看似极其低微的工作中为自己赢得了肯定和尊重,不久他又被调至餐馆前厅负责顾客接待工作。这给了他全面了解顾客需求的机会。他提出的一些诸如食品口味调整等方面的改进建议也及时被老板采纳,FK经营得红红火火,这其中也有他的贡献。这让他觉得无限欣慰。

1991年,FK在墨尔本市中心Shopping Centre(购物中心)开了第一家分店。菲利普·文因表现优异,被委任为这家新店的经理。其实在这家新店筹建的过程中,菲利普·文也参与了前期大量的市场调研工作,诸如商圈、客流量等一些他从未接触过的专业名词开始被他熟悉和掌握。他像一名谦逊的学生,如饥似渴地吸收着来自商业领域各方面的新知识。

从一名打工者被擢升为一名经营管理者,与其说是对他以往工作的肯定,毋宁说是对他一次全新的考验。信任恰恰意味着责任,菲利普·文一方面把从总店学到的经营管理知识进行充分施展,另一方面他还利用一切机会向其他做得出色的同行业者学习。

FK 新店在菲利普·文的用心经营下,生意越来越兴旺,而这时的 FK 总店却因老板忙于其他生意无暇兼顾而每况愈下。

此时的菲利普·文已尝试过快餐店几乎所有的工种,又正在经历着独自担纲经营管理者的历练,一次绝佳的人生际遇正悄然向他走来。

为自己打工——用意志和血汗铸就事业基座

犹太老板有意将 FK 生意售出,消息传出后,虽有前来接洽的人,但他均不为所动。其实他心中早已有接管自己生意的合适人选,那便是菲利普·文。两年多的观察,他已充分相信菲利普·文的人品和经营能力,相信自己创下的这块牌子在菲利普·文的手中能做大做强。

菲利普·文了解到老板属意让自己接手 FK,先是兴奋但随即又表示自己付不出这份钱。老板告诉他:"这不成问题,钱只当是先借给你,等以后挣够了再还给我。"就这样,1992 年,FK 新店作价近 10 万元过户到菲利普·文名下,菲利普·文一开始也仅向老板交了自己仅有的 5000 元钱,剩下的款项他用了不到一年的时间即全部还清。接着到了 1994 年,FK 的总店也以同样的方式作价 20 余万元转给菲利普·文,协议两年付清全部款项。至 1996 年底,菲利普·文如约还清了全部欠款,他成了 FK 名副其实的老板。

在这看似极其平常的商业交易背后,菲利普·文付出了巨大的努力,毕竟这 20 多万元对并无经济基础的他而言无疑是一个天文数字。回首从 1994 年至 1996 年两年多的经历,菲利普·文说:"我完全是靠意志和血汗一步步硬挺过来的。"

与先前给别人打工有时间规定不同,当时为自己打工的菲利普·文只能靠超长时间和超负荷的工作去积攒偿债的钱。因为他雇不起太多的帮手,几乎所有的事情都需要自己亲历亲为。菲利普·文对记者说,两年多来他没有休息过一天,每周工作时间都平均在 90 个小时以上,有时人累到几乎虚脱,只是靠意志维持着。那种对不久的未来真正拥有自己事业的憧憬激励着他熬过了一次次生理上所能承受的极限。

菲利普·文回忆说,有好几次他在打理完店里的生意深夜回家时,开着车就能睡着,有一回险些酿成车祸,现在想起来都有些后怕。但有一次因过度疲劳而导致的事故却给他留下了血的记忆。1994年的一天夜里,紧张忙碌了一天的菲利普·文为给第二天的生意做准备,咬紧牙关继续留在厨房帮工,体力的严重透支让他极度疲惫,一分神将右手无名指伸进了绞肉机,当时血流如注。虽经及时救治手指没有落下残疾,但留下了一道明显的疤痕。

菲利普·文的艰辛创业史也正应了中国那句古话:"要想人前显贵,须得背后受罪。"但他那段拼命三郎式的打拼经历至今听起来仍让人唏嘘不已。

菲利普·文极其珍视用血汗拼来的这份基业,虽成了FK名至实归的老板,也偿清了巨额的债务,但他仍不敢有半点懈怠。当然餐饮行业竞争的激烈性也容不得他有丝毫闪失。从1996年起,FK一步步走向了成熟,成了墨尔本餐饮业中的一个响当当的品牌。

在构筑自己事业基础的同时,菲利普·文也并未落下学业。1996年他获得了蒙纳士大学(Monash University)工程学硕士学位。后又取得斯文本科技大学(Swinbourne University of Technology) MBA学位。

1998年,随着上海同乡、多年好友刘亦先生加盟FK,菲利普·文更觉如虎添翼,开始向事业更高的阶段迈进。

请别人为自己打工——让FK遍布全澳乃至华夏

随着时间的推移,FK在菲利普·文手中已经历了脱胎换骨式的改变,这主要体现在经营食品种类上,将原先以炭烧鸡为代表的肉食类产品转变为以沙拉、甜品、鲜榨果汁为主的果蔬类产品,以迎合顾客对绿色健康食品越来越广泛的需求。

在经营模式上,逐步放弃了自营,转向以加盟连锁为主。这一模式得以成功改变,始自于Kevin Bugeja先生的加盟。Kevin原为澳大利亚最大包装

◼ 你的企业可以与众不同

连锁集团 Franclvise Developments 总经理。2004 年，为使 FK 获得更快发展，菲利普·文与合伙人刘亦先生商量后，决定高薪聘请高水准职业经理人加盟，随后 Kevin 被聘为 FK 常务总经理。

2004 年，FK 获得了长足的发展，一年内新增 5 家连锁加盟店，使 FK 在墨尔本市的数量增至 10 家。他们对加盟者提供近乎保姆式的管理服务，针对店面设计、装修、设备、产品提供、促销推广、员工训练、执行制度的完善、财务报表的审核等各个方面提供规范、统一化的服务。即使加盟者以前没有做生意的经验，在他们的帮助下也能完成创业的梦想。菲利普·文说，FK 虽属于小生意，但他们对自己的要求却是向一流的国际大型餐饮连锁机构看齐。其运营模式和普通的餐饮小店有本质的区别，主要有三个特点：一是集中供货，每家加盟店卖出的产品是一样的，这样质量就得到了完全控制；二是统一做市场推广工作，包括媒体宣传组合均是一个口径面对消费者；三是通过和其他公司的联营，充分分享社会网络带来的促销宣传放大效应。

随着加盟店的激增，FK 以前那种小厨房式的供货经营方式已成为制约发展的瓶颈。2005 年初菲利普·文与一家大型食品加工企业签订合作协议，由他们为 FK 专门进行前期食品加工制作服务，同时增加了产品的种类。工业化供货方式的形成使 FK 的服务系统一下子可以扩展到全澳。按照公司新的发展规划，2005 年内 FK 计划在全澳新增 40 家加盟连锁店，其中准备在昆士兰省设立 20 家，在西澳和南澳各设 10 家。到年底 FK 将被打造成为澳大利亚餐饮行业的航母。

不仅如此，FK 还着手进军中国市场，他们已与上海某大型集团达成了合作意向，计划在 2006 年率先在中国经济中心城市上海建成 FK 旗舰店，之后，将 FK 加盟连锁业务推向全中国市场。

菲利普·文深知，要实现这些宏伟的愿景最不能或缺的是人才。虽然在高层管理团队中引进了像 Kevin 先生这样的专业人士加盟，但作为公司支撑的中层团队仍急待扩充。下一步网罗更多的专业人才加盟 FK 也便成了他案头的首要之选。

虽说英雄不问出处，可但凡英雄之所以成为英雄，是因为他付出了比普通人更多的努力。从打工者一步一个台阶做起来的菲利普·文与16年前的境况已有了天壤之别，但他克勤克俭、严谨务实的做事风格却一以贯之地保留了下来。正是基于这一点，面对未来，他和他旗下的FK有足够的理由可以走得更远！

《大洋时报》2005年2月

医学与艺术齐飞　仁智共博爱一色
——记亚太地区著名心脏介入学专家林延龄教授

空灵，唯美。

残荷、暮鸦、流云、雨人……这些纯粹简约且意味隽永的意象纷至沓来，直至你的视觉与灵魂。

《东西看》(Eastern Eye Western Light)——一本美轮美奂的艺术摄影集，让记者陶醉其中，不忍释手。它的作者是蜚声亚太地区的著名心脏介入学专家，澳大利亚墨尔本大学西区医院心血管治疗中心主任、医学博士林延龄教授。他同时也是声名赫赫的英国皇家摄影学会的院士。

这本摄影集里的每一帧作品均配有传神的题记，或录自中国古诗，或源自《圣经》。中文题记一律是飘逸、娟美的小楷，皆是林先生的手书，足见其在中国书法艺术领域里的功底与造诣。

作品如其人，无意间传递出了林延龄教授兼容东西方文化的思想传承。

艺术是林先生的第二生命，他在摄影、绘画、书法、音乐等诸多领域均达到了相当的高度。作为其毕生从事的医学领域，他也取得了令人瞩目的成就，特别是为推动亚太地区心脏介入学的发展做出了杰出的贡献。艺术与医学同时在一个人身上完美地呈现，足令人叹服。不仅如此，他在医学教育和医疗实践中所秉承的东方医学中的仁智思想与西方基督教义中的博爱精神更是贯穿始终，更凸显其高尚的人格魅力。

南艺13岁的毕业生

林延龄1948年1月出生于新加坡,他在家中6个孩子中排行老三,父母均是福建人。

林延龄自幼聪慧过人,却不幸患有先天性小儿麻痹症。他从小就表现出了极高的艺术天分,学琴、练习书法与绘画,他都表现出了比同龄孩子更高的悟性。他幼小的心灵开始在艺术的王国里自由驰骋,心灵的无限自由完全替代了他因身体缺憾带来的行动上的不自由。

林延龄6岁时参加一次在印度举办的国际儿童绘画比赛并获奖,于是长大后成为一名大画家成为他儿时的梦想。父母发现他在绘画方面独特的天分,便为他报读南洋艺术学院的前身南洋美术专科学校。当时林延龄只有11岁,正在公立小学读书。因他年纪太小,校方一开始只收他做学徒,6个月后他被破格录取。于是林延龄上午学习正课,下午专修美术。两年后,13岁的林延龄获得了南艺的美术专业文凭,成为这所学校历史上迄今为止最年轻的毕业生。

弃艺学医——因为父亲的缘故

天有不测风云。1965年,在银行工作的林延龄的父亲林琨耀突然发病住院。当时他正在新加坡公教中学就读,恰逢高中毕业前夕。由于当时林延龄的两个哥哥均在国外读书,他是家中最大的孩子。整整三个月,他每天陪着母亲去医院照顾父亲。他目睹着无助的父亲被病痛无情地折磨。当时医院的医疗设备非常简陋,医生的医术和医德水准也不敢让人恭维。

三个月后,43岁的父亲撒手人寰。悲痛之余,林延龄暗下决心,要当一名比医治父亲的医生们更好的医生,去解除那些像父亲一样饱受病痛折磨的病人们的痛苦。他把未来当一名艺术家的梦想放在了一个次要的位置。

林延龄的母亲是一位坚强的女性,为了纪念英年早逝的丈夫,给孩子们一个对父亲永远的怀念,她把亲友们吊唁送来的礼金加上从本来就拮据的家中拿出来的一部分钱凑足 3000 元，在林延龄就读的公教中学设立了"林琨耀奖学金"，以奖励每年学习最优异的毕业生。1967 年，也即第二届"林琨耀奖学金"的得主是现任新加坡总理李显龙。母亲为李显龙颁发奖章的照片，林延龄一直珍藏在身边。父辈间那种真挚纯朴的爱和母亲对社会无私奉献的精神在他的心灵深处打下了深深的烙印。

从蒙纳士到哈佛

1966 年，林延龄因成绩优异获得哥伦坡奖学金，负笈澳大利亚，在澳大利亚著名学府蒙纳士大学学习医学专业。1969 年和 1972 年他均以第一名的成绩分别获得外科和内科学士学位，之后他又在蒙纳士大学继续深造，并获得医学博士学位。

1981 年，林延龄飞赴美国，在哈佛大学医学院做博士后，研究核子心脏学，其研究成果"定量铊"方法受到全世界心脏学专家的公认和广泛使用。

1982 年，林延龄自哈佛学成回澳，开始组建墨尔本博士山医院（BoxHill Hospital）心血管部。其间，他率先将世界上治疗冠心病的经皮冠脉成形术的最新技术成果应用到医疗实践中，成为澳大利亚心脏介入学领域最权威的专家之一，声誉鹊起。

1997 年，基于他对心脏病医学和教育的卓越贡献，林延龄获得了澳大利亚政府颁发的澳大利亚国家勋章，成为为数不多的获此殊荣的华人之一。

反哺新加坡

虽身在澳大利亚，但林延龄对自己出生地——新加坡的医疗事业的发展也非常关注。1998 年，新加坡政府力邀他回国组建心脏中心时，他毅然辞去了在博士山医院的职务，欣然接受了邀请。

林延龄将核子心脏学的开创性研究成果带回新加坡，并出任由他筹建的新加坡国家心脏中心总监。看着许多心脏病患者经他的治疗走向了新生，林延龄觉得无限宽慰，若是九泉之下的父亲有知，一定也会对他的选择感到自豪。

林延龄精湛的医术和高尚的医德赢得了新加坡社会各界的信任与尊崇，他先后被任命为全国医疗研究会主席、生命科学委员会委员、中医研究会委员、新加坡国立大学内科教授等。他还多次成为新加坡两任政府总理李光耀和吴作栋先生的座上宾，以他在澳大利亚和美国的丰富医学阅历，为新加坡医学事业的发展积极建言献策。

在紧张的医学研究和实践之余，他还不忘为自己母校的发展尽一份力量。他先后出任了南洋艺术学院董事长及新校舍建筑委员会主席。

至2002年林延龄返澳时，他已使新加坡心脏介入学从无到有，将其引领到了一个崭新的领域。

桃李遍华夏

林延龄希望自己是个超越国界的国际人士，他说："我在澳大利亚住了30年，有朋友，有感情，已获得了当地的认同；新加坡是我的出生地，我一直把它视作我的祖国；我的父母是福建人，我的根在中国。持哪一本护照并不重要，最重要的是什么时候哪里需要我去做贡献，我就选择去哪里。"这番话反映了他作为一个基督徒那种不计回报、助人、博爱的思想。

诚如林先生所言，澳、新、中三地在不同时间都留下了他奉献的足迹。

1986年，林延龄从北京阜外医院院长郭加强教授那里了解到中国心脏治疗领域落后的状况，遂决定以自己的所学为推动心脏介入学在中国的发展尽一份力。他首先在北京、杭州、广州建立了培训中心，以此辐射周边区域。他在中国的示范手术是不收费的，义务带学生。不仅如此，他甚至还为来澳大利亚跟他学习的中国学员筹措学习和生活费用。目前在中国可以独立工作的心脏介入学专家不到100位，其中经林延龄直接培训的就有30多人。他已经协助北京、上海、沈阳、杭州、广州、大连、西安、海南和厦门等地医院建立了"心脏介入与搭桥治疗中心"，现在正着手与中国西部省份医院合作筹建类似机构。他还在中国超过 13 所顶尖大学和医学院担任名誉院长、教授、顾问等职务,不计回报,无私传道。2000 年,他在北京长城心脏介入国际会议上荣获首届杰出师范奖,可谓实至名归。

2004 年,中国心脏病治疗病例为 5 万例,是 1986 年的 100 倍。这一巨大的变化与林延龄先生历经 19 年不辍、致力于推动中国心脏介入学的发展有着必然的联系,他也无愧于"中国冠心病学先驱"的称号。

了却陈嘉庚的夙愿

陈嘉庚先生在 1921 年创办厦门大学时就希望办个医学院,因当时条件所限,他的这一愿望终未能实现。

1996 年 10 月,厦门大学医学院成立。林延龄教授被聘为第一任院长,他也是新中国成立以来出任重点大学院长的第一位外国人。2001 年,由印尼富商李文正先生捐资 1200 万元兴建的医学院试验楼正式落成,至此,陈嘉庚先生的夙愿在新一代华裔的手中得以实现。

林延龄的目标是在厦门大学创办一个能与国际接轨的医学院,要把学生培养成仁智的医生。他解释说,中国早已有"智者仁也"的说法,仁与智可以说是一位医生追求的概括。一位医生不仅要有充足的医学知识、丰富的临床经验,更要有仁爱的心、怜悯病人的精神。只有智没有仁,就似只有医术没有医德,不可能成为一名合格的医生。

厦门是林延龄的祖籍地,更加之传承了先贤陈嘉庚先生的薪火,他对这一份新工作倾注了极大的热情与心血。厦门大学医学院也成为他为中国医学事业尽心力的另一块阵地。

"文艺复兴人"

1993 年,林延龄获得蒙纳士大学颁予的第一届杰出校友奖,对他在心脏病学领域的卓越成就给予肯定的同时,也对他在艺术领域的成绩做出了较高评价,并称他为"文艺复兴人"。

众所周知,在文艺复兴时期涌现出了一大批在各个领域均集大成者的巨人。以达·芬奇为例,他既是一名出色的艺术家,又是一名杰出的医学家,开创了人体解剖学、心脏冠状动脉研究等新兴学科。林延龄也坦陈达·芬奇对自己的影响最深,他认为医学与艺术虽属子然不同的两个领域,但若实现二者的完美结合,可以相得益彰。

艺术虽未成为林延龄一生的事业,但他对艺术的热衷与追求随着时间的推移却与日俱增,他在绘画、摄影、书法、音乐方面的艺术造诣也不断加深。一颗艺术家敏感的心也给了在心脏介入学驰骋的他许多助益。

林延龄先生现在最大的愿望是亚太地区心脏介入学的水平能尽早追上欧美。其实,自他于1990年出任新加坡成立亚太心脏基金会总干事以来,这一组织在他的推动下,成员国已发展至16个,并取得了诸多建树,在某些领域已居于世界领先水平。

《大洋时报》2005年4月

■ 你的企业可以与众不同

人生如棋 落子无悔

——访澳丰集团华人投资业务主管王桦

王桦先生是一个健谈的人。

或者说他有着很好的语言表达能力和语言感染力更为妥切。设若我是他的客户,我想我会赞成并欣赏他的房地产投资理念。难怪他说有几次和客户长谈至凌晨而依然相谈甚欢,这与他曾经是大学讲师并具备良好的职业素养有关。当然,他对房地产投资领域谈锋甚健还离不开他自身成功的投资实践和对这一领域的研判。

他也符合众人心目中对成功人士的一些基本认定条件,譬如一帆风顺的事业、稳定且较高的收入来源、良好的教育背景以及和睦的家庭等等。但殊不如,他也曾经是一个挣扎在生存边缘的人,一个怕失去工作而整日惶恐不安的人,一个读了数年自己不擅长的专业最终又选择了放弃的人,一个经受过婚姻失败打击的人。

人生紧要处,总有那么最关键的几步。回首走过的路,审视自己做出的选择,早已无所谓对错。但对已经做出的选择,每个人的态度却不尽相同,有的隐于自责,有的默然无视,有的无怨无悔。王桦自然属于后者,在看似困顿的人生棋局里,落子无悔,以洞若观火的大局观和咬紧牙关的忍耐力走出了"仙着",从而一步步扭转了人生的颓势,逐渐走向成功。

投资房地产最重要的是有大局观

1. 从市场周期看现时低迷

王桦现在供职于澳丰集团(Waterfront Group),主管华人投资业务。他认为房地产业由房地产开发、房地产买卖和房地产投资策划三个部分组成,而澳丰集团把房地产投资策划作为自己的主管业务,其特点是架构起发展商与顾客之间的桥梁。对发展商而言,澳丰承担其市场部的功能;对于顾客而言,澳丰则扮演其投资策划顾问的角色,使顾客借助自己的服务通过投资房地产达到理财的目的。

针对澳大利亚房地产低迷的现状,王桦认为不足为虑,是房地产固有的周期规律使然,应当对房地产市场的复苏抱有信心。他接着分析说,从澳大利亚房地产以往50年的历史来看,平均7～10年为一个发展周期,而房地产年平均增值率稳定在10%～12%之间。他拿一套中价位的房子举例,在20世纪60年代初为6000元/m²,至60年代末为12 000元/m²,到70年代初则为24 000元/m²,现在这样一套房子的价格大致又翻了一番。房地产在澳大利亚属于一个稳健增值的行业,是顾客长线投资的理想专案。

据王桦判断,目前澳大利亚房地产的现状处于一个周期的结束阶段,其市场表现特点为市场交易不旺,房地产价格处于停滞甚至出现一定程度下滑的状态。这个周期的起始时间自1997年开始。从宏观经济政策的角度分析,由于利率的下调,90年代中期引发了房地产投资热,随后几年带动起了整个澳大利亚经济的上升,房地产及与房地产相关的行业一度占到了澳大利亚GDP的30%。客观地说,澳大利亚房地产业产生了泡沫,表现为业内大量炒买炒卖投机现象的存在。为了抑制房地产过热,澳大利亚联邦储备银行于2003年11月和12月间连续两次提高利率,使房地产重归良性发展的道路。

特别是随着2005年3月联储再一次提高利率,房地产业已趋于平静,那种靠短期投机获利的现象已经一去不复返了。据王桦预测,2005年8月和2006年二季度间,联储还有可能再进行两次利率调整,房地产业还将持续一年的平缓发展期。到2006年七八月,澳大利亚房地产业将迎来一个新的发展周期。即便在这未来一年不被看好的房地产低迷期，王桦认为针对房地产的投资仍大有文章可作。

2. 投资与投机有天壤之别

对于在房地产热时，一些市场投机者大获其利的现象，王桦甚不以为然。他说，房地产投机者大多停留在房地产买卖表面，其基本特点是资金快进快出，利用心价上升的前后时间差挣取房价差额，是一种目光短浅的炒买炒卖行为。如果判断出现偏差，非但不能获利，还有可能自陷危局。

王桦认为，房地产投机并不足取，在澳大利亚房地产投资如果方法运用得当，同样一笔资金，投资者比投机者更能获得稳定且丰厚的回报，二者之间有着天壤之别。他举例称，设若一套房子初买时的价格是30万元，一年之后，市场价格升值到50万元。投机者在此时售出，扣除市场交易费获利不足20万元。而澳丰集团引导投资者的做法是，将一套市值50万元的房子进行银行抵押贷款。根据澳大利亚相关贷款政策规定，可获得房价市值80%的贷款即40万元，然后将这40万元再购买一套房产。在避免了房地产交易税费的同时，又实现了房产由一变二的数量增加。按照澳大利亚房地产年平均增值10%～12%的既有规律，可实现长远稳妥获利。

澳丰投资房地产业务的最终理念是让顾客即投资者在退休以后都能过上比较富裕的生活。因为从目前看，澳大利亚退休养老金有逐渐减少的趋势，居民仅靠退休金在晚年享有富足的生活在未来是不现实的，所以及早做出个人财务计划是非常必要的，而选择有稳定获利的房地产业进行投资更是当然之选。置身这一领域，王桦和他领导的团队均坚信拥有了一个极好的事业发展平台。在谈及处于市场低迷期的市场操作手法时，王桦说通过专题说明会的形式来引导顾客对市场建立信心是他们目前采取的比较有效的手段之一。他分析说，澳大利亚是一个移民国家，每年新增移民稳定在15万人左右。按一个家庭有3名成员计算，每年新增住房需求量即为5万套左右。同时澳大利亚又是一个教育出口大国，海外留学生对住房的需求量也非常可观。虽然澳大利亚房地产处于暂时的低迷期，但大可不必对市场感到悲观。他还举例称，目前澳大利亚房地产的空置率仅为 4% 左右，离 6% 空置率的市场临界点还有一定的距离，何况机会往往孕育在大家普遍不看好的时期。针对这一阶段的房地产投资，王桦称澳丰有让投资者立于不败之地的"独门绝技"。

3. 时间差、空间差和位置差

王桦和他的团队针对目前房地产市场的现状并没有徘徊观望，而是从中发现了独特的商机，引导顾客善于利用时间差、空间差和位置差，在看似停滞的房地产领域未雨绸缪，抢占先机。

时间差。即采取交付少量定金购买"楼花"的形式，率先拥有 1～2 年后开发完成的房产权利，期待下一步房地产复苏周期来临后获利。

空间差。针对澳大利亚城市并不同步的房地产市场行情，选择有投资价值的城市进行房地产投资，利用空间的差异获得较好回报。

位置差。同一个城市因所处的区域位置不同而对市场价格的反应有先后之别，通常是以城市 CBD 作为浮点形成"水波效应"，相隔 5 千米向外扩散，这其中也蕴含着许多机会，只要跟对节拍，照样有投资的价值。

记者非常赞赏王桦及其团队在市场困难时期能及时做出应对的权宜之计，但从中也不难窥见市场低迷给他们带来的工作压力。王桦也坦陈目前的房地产大势给他带来了更多的挑战，唯有为客户提供更加优良的服务和更为科学的投资组合才能唤回顾客的信心。毕竟在市场不利的形势下生存是头等大事，唯有韧性、毅力和加倍的工作才能帮助他们走出低谷。

但这种生存的考验对王桦而言并不陌生，他在澳大利亚近 16 年的经历有相当长一段日子是与生存做搏击，但每一次他都坚持下来了。"既然选择了，就没有俯首服输的道理。"这是他一贯的信条，当然，这一次也不例外。

没有哭过长夜的人不足以言人生

1. 从大学讲师到打工者

1989 年的最后一天，王桦乘坐的飞机降落在澳大利亚西海岸城市珀斯机场。顾不上欣赏异国风光，王桦放下行李便来到朋友事先给他联系好的一家餐馆当上了一名洗碗工。"我可能创下了一个留学生到异国后最快时间打工的记录。"王桦不无自嘲地对记者说。

王桦毕业于福建农业大学生物系，出国前他已在该大学毕业留校做大学讲师近两年。从一名大学教师到一个靠出卖简单体力劳动的洗碗工，其间的巨大落差可想而知。王桦来澳持的是学生签证，他在珀斯边打工边学习语言，八个月后从珀斯来到了墨尔本。

为了节省开支，王桦选择到墨尔本大学学习西文化史专业，因为这个专业90%的学费由澳大利亚政府提供。另外一个原因是，他选择入学是为了能保住自己的学生身份，不至于"黑"下来。

来澳伊始，王桦经历了自己人生中最痛苦难熬的一段岁月。"凡是能让人生存下来的行当我几乎都做过，也有过做清洁工清洗厕所的经历。即便是再苦再脏再累的工作也唯恐失去，因为那样你就断了经济来源。"王桦如是说。

在他平静的对往事的叙述中，记者了解到王桦打工时还有一个最大的担忧就是怕自己打工超时被发现。澳大利亚规定打工者一周的工作时间上限为20小时，而那时他通常同时打几份工。一周打工时间加起来近40小时，可当时报酬却少得可怜，他甚至做过时薪4元/小时的工作。

两年后，随着妻女从国内来与他团聚，他肩上的担子无形中更重了，独自默默承受着体力上的消耗和精神上的压力双重煎熬。他用这样一句话概括当时自己的打工经历：流过汗，流过泪，也流过血。

当1995年终于获得了永久居留身份，王桦有一种如释重负的感觉。至少他不必再为保留学生身份而去敷衍一个他并不擅长的专业，他选择了从墨尔本大学中途退学。

2. 为前途重返大学校园

1997年底，王桦来澳大利亚8年后第一次重返中国，这次回国的经历给他带来了不小的震动。由于中国经济持续稳定地增长，人们的生活方式和精神面貌都有了极大的改观。虽然他来自发达国家澳大利亚，但是看到原来的同学和同事们各有建树，他发觉自己已经落伍了，8年来一直为生计奔波的他产生了一种一事无成的悲凉感。

返澳后，王桦开始重新审视自己的人生定位，遂决定重返大学校园，通过再一次的系统学习为自己的前途加分。

1998年初，王桦进入维多利亚大学商务法系攻读经济学专业硕士学位。这时的王桦依然是边工作边学习，所不同的是他这时已有了一定的经济基础，陆续与人合伙开过鱼干店、奶吧、外卖店，开始为自己打工。虽然与初来澳大利亚时的工作不可同日而语，但从事的都是一些需要自己亲历亲为的小生意，其中甘苦自知。

王桦非常珍惜这次得之不易的学习机会，除学习好本专业的课程外，他还选修了MBA、会计学的相关课程，全方位地为自己充电。2000年，王桦顺利获得了经济学硕士学位。

2001年，王桦帮助他的一位朋友，也即他现在的妻子（之前他的第一次婚姻以失败告终）筹建诊所，因为当医生是他儿时的梦想，他对这份新的工作投入了巨大的热情。诊所筹建成后他承担了许多管理方面的工作，他的人生似乎朝着这个方向走下去。但一次偶然的机会使他转向了房地产领域，未来于是变得豁然开朗，命运女神终向已近不惑之年的他第一次绽开了迷人的微笑。

3. "我的房地产财富裂变"

2001年底，王桦投资20万元购置的一套房产在市场持续走高的形势下，猛然增值到35万元，投资不足一年即意外获利15万元，这着实让他顿生喜出望外之感。

欣喜之余，王桦并未采取卖房直接获利的办法，他利用自己的所学，仔细分析了房地产的走势，同时对澳大利亚的贷款政策进行了细致研究，决定用这套价值35万元的房产做抵押进行贷款重新购置一套房子，然后再将新房子出租，用租金偿还他在银行的月供。两年多下来，经过他的精心运作，他原本的一套房子已变成了现在的8套。照他的说法是："我的房地产财富在我

■ 你的企业可以与众不同

手中成功实现了裂变。"王桦算过一笔账，房地产收益的增加值现在每小时为他带来 10 元的净收益。

通过自己成功的操作实践，王桦对房地产行业产生了浓厚的兴趣，加上他本身的所学也着实派上了用场，于是决定进入房地产界好好大干一番。

一年前王桦正式进入澳丰集团，负责华人房地产投资业务，这更让他如鱼得水，业务做得风生水起，深得股东的青睐。

他所从事的房地产投资策划，实际上是要架构起发展商与顾客之间的桥梁，因此在目前市场萎靡的状况下，为顾客推荐什么类型的发展商便显得尤为重要。除通常要考虑发展商所开发楼盘的位置、承建单位品牌知名度的高低和所使用材料的优劣外，王桦选择推荐发展商的一个不可或缺的条件是，要看其所开发楼盘有可能带来的变化因素的多寡，因为这种变化因素的增多，譬如人口的增加，往往会为顾客带来意想不到的地产增值。这一因素恰恰被许多同行忽略。

王桦俨然已从以前那个靠出卖简单体力劳动的打工者转变成了如今凭借专业知识与智慧谋生的专业人士，但完成这一转变他整整用了 15 年。

15 年的沧桑给他带来了太多的改变，但不变的是他眼中流露出来的自信——那种属于男人的坚毅、自信的目光。

《大洋时报》2005 年 5 月

二次创业成就逆市英雄

——访江铃汽车集团公司董事长王锡高

王锡高的"空降"曾令江铃的许多员工感到困惑。虽然他毕业于名校,也曾在大型企业领导岗位上有过不菲的过去,但他毕竟是汽车行当里的生手。对于他能否将江铃这艘快速行进的船带向一个更加宽广的航道,许多人在内心深处打上了一个大大的问号。

在王锡高赴任之初的两个月里,人们很难在办公室里发现他的身影。他利用那段时间走遍了江铃所有的分厂和子公司,走访了国内外数十家汽车制造厂和零件厂。产品线过于狭窄、规模太小、总体单薄、抗风险能力不强,是他调研后最深刻的体会。随后他给江铃廓清了进行第二次创业的总体思路:外联内拓,做大做强。时至今日,江铃外与德国格特拉克、印度马亨德联姻,内与长安合作,已经实现了第一步目标。

他坦言,这一策略的制定绝非心血来潮,江铃三大明显区别于同行的优势积淀才是他放胆决策的关键。首先是二十年前江铃即开始向日本同行学习,有非常好的技术和人才积淀;其次是江铃人整体协作意识强,在具体的工作实践中释放出了无穷的创造力和能动性;第三,江铃在新品研发领域和人才培训方面一直舍得投入,给企业储备了无穷的后劲。

王锡高自谦地称他只是扮演了一个火柴的角色,用二次创业的理念点燃了埋藏在江铃人心中无尽的创业能量和激情,引领企业走向了一个更为宽广的舞台。王锡高本人也获得了社会的广泛认同,2006年4月,他被中国企业家协会评选为中国优秀创业企业家。

作为后来者的王锡高没有让江铃人失望，同样作为后起之秀的江铃更是为中国商用车的迅速崛起吹进了一股强劲之风。"后来者居上"在他们身上得到了最完美的诠释。

从一峰独秀到群峰并起

◇主持人：中国汽车创业正在经历着入世后从高关税壁垒到无高关税保护转变的严峻挑战，特别是2005年中国汽车市场整体利润出现了大幅下滑的局面。但江铃股份却是一个异数：不仅汽车销售增长幅度远高于行业平均水平，成为行业中仅有的几家业绩正向增长的企业之一，而且公司延续了净利润持续增长的纪录。原因何在？

◆王锡高：概括地说，应该是江铃的二次创业收到了预期的效果。而二次创业的成功推进首先归功于江铃老一代领导集体为企业奠定了一个全方位的坚实的基础。但我们不能总停留在过去的成绩上停滞不前，如何从成功走向卓越是江铃进行二次创业的根本动因。

基于江铃过去产品线过于狭窄、规模不大的现状，我们提出了"放宽眼界，扩大胸怀，提升水平，站高平台"的全新发展思路。围绕这一总体思路，江铃致力于在三个"点"上做足文章：抓重点，聚焦做大做强的发展战略，致力于提升企业核心竞争力；攻难点，在开放开拓中发展强强联合，拓宽对话渠道，拓展合作桥梁，谋求双赢成果；扩亮点，在新车型、新基地、新增量上实现突破，夯实江铃持续发展的后劲。

◇主持人：江铃股份是江铃集团的"当家花旦"，全顺商用车也是外界耳熟能详的知名品牌，但江铃人自己津津乐道的却是江铃大家族中喜添的"新丁"，这是否就是你所指的亮点？

◆王锡高：既是亮点也是难点。江铃作为中国商用汽车行业最大的企业之一，过去完全倚重并且广为人知的是我们与福特公司成功合作并开发出的一系列车型。在二次创业中,江铃除将与福特的合作向更纵深处推进作为重中之重外,同时也在积极拓宽新的发展合作模式,在江铃股份一峰独秀的周围我们要再培育和矗立起几座新的山峰,以使江铃最终形成群峰并峙的格局,增强抗击市场风浪的能力。

我们经过与长安集团的多轮谈判,签署了战略合作协议,成立了江西江铃控股有限公司,实现了国内汽车优势企业间的强强联合。江铃控股初试啼声,即收获了很多喝彩:其自主开发的陆风多功能越野车成为国内销量增长速度最快的SUV(运动型多用途汽车),并成为首辆出口欧洲的中国造汽车;自主研发的陆风风尚入围2005年CCTV创新盛典最佳创新设计奖。

江铃同时还进行了零部件战略重组的工作。江铃先后与国际最大的齿轮变速箱制造企业之一——德国克格特拉克公司、世界拖拉机最大厂商——印度马享德公司成立了零部件、整机合资企业。目前中国车用柴油发动机领域具有国际先进水平的重要战略项目——江铃VM发动机也已正式开工研发兴建。

◇主持人:我注意到,江铃的这一系列动作都是在企业高速前进的过程中完成的,稍有不慎或许带来的是另一个局面。

◆王锡高:任何改革都是需要承担风险的。江铃是幸运的,我们在延续高速发展的同时实现了企业的成功跃进。

营销管一时,长久靠品质

◇主持人:营销可能在短期内对一个产品的市场有帮助。要长期占领市场,最终还是靠产品过硬的品质。你是否同意这一说法?

◆王锡高:是的。过分强调市场或营销的作用,极有可能使一个生产型企业偏离其正确的航道。如果只重视营销的作用而忽视了技术研发上的投入,导致产品本身的停滞不前甚至落伍,其后果是不可想象的。俭朴是江铃的优良传统,但我们对待新产品开发投入却毫不吝啬。我们每年用于新产品开发的费用占公司销售收入的比例已高达 7%，已接近于发达国家同类企业研发投入水平。

高投入保证了江铃在技术创新和新产品开发领域持续领先的能力。我们已逐步建立起了融数字化平台、发动机设计、整车设计、造型设计、试验开发五位一体的核心能力。而这也成为江铃近几年快速发展的源头保证。由江铃股份完全自主开发的 JMC 品牌系列车成为国内中高档轻型商用车市场的领导品牌；凯运轻卡成为国产中高档轻卡第一品牌；宝典皮卡在中国柴油皮卡市场连续多年市场占有率达 50% 以上；满足欧 II、欧 III 法规要求的发动机新机型不仅在国内处于绝对领先地位，并且成本大大低于同类进口产品。

虽然我们在保证产品品质上有较高的投入和较好的制度保证，但面对日益激烈的市场竞争态势，江铃在营销和渠道建设方面也从未敢有丝毫懈怠。

◇**主持人**：营销是催化剂，渠道是保障。离开它们的策应，尤其是在国内目前商用车这样一个群雄逐鹿的时代，再好的产品也不见得被消费者追捧。我们想知道的是，江铃在这方面有无过人之处。

◆**王锡高**：如果说有什么特点的话，江铃是国内第一家以销售轿车的专业服务模式来销售商用车的企业。

我们按照渠道建设纵深化的要求，重点抓好空白地级市、县的营销网络建设，以全顺 4S 店为代表的江铃品牌专营店在全国遍地开花。同时我们倡导并推动营销方式的多元化，如销售升级计划和流程数据化客源管理，将销售人员及售后服务人员合并考核，辅之以有创意的促销及新品发布活动，牢牢树立起了江铃汽车在细分市场的良好品牌形象，有力地拉动了销售增长。

关怀顾客等于关心自己

◇**主持人**：江铃有这样一句话让人印象深刻：第一辆车是销售人员卖出去的，第二辆车就是服务人员卖出去的。这把对顾客的服务提到了一个相当的高度。这句话是否能真正落实到实处，而不是仅仅作为一句口号存在？

◆王锡高：顾客是企业外在生存环境中最不确定的因素，一个产品能建立起口碑效应并被再次购买的关键是千人千面的顾客体验。较好的顾客体验不仅包含过硬的产品品质、适当的价格和被顾客认同的产品品相，最重要的是围绕产品针对客户所做的售前、售中和售后服务。服务的精要又存在于细节之中。江铃致力于在服务的各个细节做足功课，以最终赢得顾客的信赖感和忠诚度。为此我们参照福特的顾客服务经验推出了JMC Care（江铃顾客关怀）服务体系。

◇主持人：顾客关怀说到底是属于客户关系管理的范畴，那么你们又是如何针对顾客进行点对点的沟通并与顾客建立起持久关系的？

◆王锡高：JMC Care的目标是提供超出顾客期望的服务。这一体系如一个闭合的环，包含顾客预约制度、个人化的接待流程、完美提供产品以及用户跟踪等12个环节，环环相扣，完全站在顾客的角度，一切以顾客的要求为依归，争取在江铃服务人员与顾客的每一个接触点上都给顾客留下深刻且完美的印象。

◇主持人：这一做法是否收到了明显的成效？

◆王锡高：关怀顾客，做足服务文章，江铃人收获的是顾客对江铃系列产品的极高的忠诚度，这也是企业在逆境中仍能获得长足发展的最关键因素。不仅仅在国内，在外销的每一个国际市场上，顾客也能享受到相同的JMC Care待遇。

"无人驾驶"与单一首长负责制

◇主持人：无论是你，还是江铃的大股东福特的高管都曾在很多场合称赞你们的管理团队执行力非常强。执行力是不是已成为江铃核心竞争力的一部分？

◆王锡高：的确如此。一个明显的例证是，江铃持续多年的快速增长并没有以牺牲利润为代价。特别是2005年在汽车行业整体利润大幅下滑的情况下,江铃实现净利润高达 4.95 亿元,同比增长 28%。这首先要归功于公司上下良好的执行力。江铃有一个强大的管理系统,从企业的成本控制、产品开发的效率到回报股东的理念,都有高效的执行机制。这方面,福特作为世界领先汽车企业,给了我们很多启发。

◇**主持人**:据我了解,江铃股份总裁陈远清先生曾在福特全球多个企业担任过重要的技术及管理职务。他的到来是不是也为江铃带来了许多新的管理思维?

◆**王锡高**:陈总是汽车界不可多得的管理人才,他到江铃履新后提出了"创新、速度、执行、俭朴"的八字经营方针,带领江铃的管理团队向执行力要绩效,使我们的整体管理水平有了很大的提升。同时,江铃还经陈总引荐,到他曾经任职过的台湾福特六合公司去学习先进的管理经验。在台湾我们发现福特六合的员工在沟通上特别频繁,所有的管理层人员都经常自发地相互沟通。将一项任务告诉一个部门负责人以后,他会在第一时间传达并很快落实下去,同时这个部门也会得到其他部门有力的支持与援助。这样就保障了工作的高效率。如今江铃的中层管理人员,已经熟谙这种沟通协作方式,工作效率得到了质的改变。我和陈总在多个公开场合曾不无自豪地称:江铃的管理团队就像是一架无人驾驶的飞机,只要指令下达下去,我们只说"好"就够了。

◇**主持人**:你所提到的中层管理人员之间非正式的自发的沟通管道在管理学上被称作"葡萄藤"。这种沟通管道如果是建立在企业员工之间共同价值观的基础上,其效果会明显优于命令式的直线沟通机制,但反之也会消解来自上层的任务指令,给任务的执行带来不利的影响。

◆**王锡高**:我可以自信地说,在江铃中层管理人员之间这种自发的沟通都是正向的,内部交易成本几乎趋近于零。所以我们将外来的先进管理经验移植到江铃身上才不至于变形。这应该得益于我们在企业一直推行的单一首长负责制,可谓是制度保证先行。

具体地讲,我们在江铃股份二十余个中层管理部门只设正职,不设副职,给予中层干部清晰任务指标的同时也赋予他在本部门组阁的权力。以公共关系部为例，公司委任丁朝阳先生为该部的部长，下面不设副部长。丁部长接受任命后，他的第一反应必定是责任。为了完成工作指标，他会量才选聘部长助理和各科室负责人。如果班子搭建不合适导致结果不理想，只有他一个人承担责任。这势必会调动他各方面的潜质和积极性。为了达成目标，他也会主动地去与其他兄弟部门协调沟通。当然，公司在选择各部门一把手的问题上慎之又慎，确保能选对人。目前江铃中层干部团队普遍具有年富力强、素质高、学历高、忠诚度高这样一些共同特征。正是由于他们特点相近，使命相同，各种沟通与协调才能顺畅进行，整体的执行力才能得到保障。

用心做事，将心注入

◇**主持人**：如你所讲，我在江铃深切地感受江铃员工之间存在着一种自信和互信交织的氛围。这是不是江铃企业文化的一部分？

◆**王锡高**：我们从没有刻板地去总结过江铃的企业文化，它是自然而然形成的，就像一条小溪自然流动，自然才具有最强的活力。我们觉得没有必要人为地去筑造一道堤坝。它呈现出的许多构面却是显而易见的，如较高的忠诚度、强烈的自信心、融洽的人际氛围、渴望学习提升的愿望，等等。如果一定要总结，我可以用八个字来概括：用心做事，将心注入。

◇**主持人**：江铃的员工把你称作激情董事长，这八个字在你身上是否也得到了具体的体现？

◆**王锡高**：我只是在尽心竭力去胜任这个角色，在我的任上把江铃带向一个更加美好的未来是我的目标，但是这仅凭决策者个人的热情是远远不够的。庆幸的是，江铃所有的员工同心协力组成了一个充满激情的团队，他们的主动性与创造力才是企业最大的财富。

◇**主持人**：文化最明显的特征是润物细无声。在现实的工作中，是否也能看到企业文化无处不在的身影？

◘ 你的企业可以与众不同

◆**王锡高**：这样的例子可以说不胜枚举。我印象最深刻的一次是 2005 年上半年，当时正值销售旺季，市场订单需求骤增而用电供应不上。江铃生产车间许多员工主动申请在深夜加班加点，以错开高峰期用电。此举不仅缓解了用电压力，还大大降低了能耗成本。正是因为有了这样一支队伍，我们即使身处逆流，也能快速前行，江铃的二次创业也才能收获最终的成功。

《中国经营报》2006 年 4 月

（本文与翟仕军合作）

知识管理提振青啤向心力

——追寻 KM 系统在青啤公司优雅落地之轨迹

2009年5月5日—6日，青啤公司"KM、信息化与QC"年度盛典隆重召开，本次会议讨论了"如何搭建支撑一体化集团运营模式的KM系统"这一主题，与会的专家、嘉宾共同举行了一次跨行业KM高峰论坛。至此，青啤的知识管理之路已经走过近3个年头。在青啤人孜孜不倦的探索和创新中，知识管理助力青啤的一体化管理体系从构建到完善，厚积薄发，成为提振青啤全体员工向心力，进而提高整个企业竞争力的一柄管理利器。

16年前，管理大师彼得·杜拉克曾经说过："我们正进入一个知识社会，在这个社会当中，基本的经济资源将不再是资本、自然资源或劳力，而将是知识，知识员工将成为其中的主角。"时至今日，这个观点不但并未过时反而更受企业追捧。如何管理好知识，已经成为现代企业必须面对的挑战！

知识管理在全球企业界方兴未艾

当下，知识管理的浪潮正在全球企业界涌动，企业领导者都希望借助知识管理的真正落地来提高企业的智力资本，包括企业的人力资本、关系资本和组织资本，进而提高企业的核心竞争力，推动企业的可持续增长。

作为一种新型管理模式在国内企业中率先的尝试者，青啤公司的实践以及成果势必会给更多的企业以积极的影响和启迪。

◘ 你的企业可以与众不同

在经济不景气的当下,知识管理更有助于成为企业摆脱困境、实现利润增长的砝码,但细究知识管理为什么现在被全球越来越多的企业所推崇,自有其内在的现实原因。

首先,企业间的竞争日益加剧,市场竞争越来越激烈,创新的速度加快,所以企业必须不断获得新知识,并利用知识为企业和社会创造价值。

其次,随着经济水平的提高,企业员工流动性增强,并倾向于提前退休,如果企业不能很好地管理其所获得的知识,企业有失去其知识基础的风险。假如企业培养的人才投入别人的"怀抱",这对于企业来说损失的不仅仅是人才,同时又可能增加了一个竞争对手。

再次,企业环境存在变数。在动态的不确定环境下,技术更新速度加快,学习已成为企业得以生存的根本保证。组织成员获取知识和使用知识的能力成为组织的核心技能,知识已成为企业获取竞争优势的基础,成为企业重要的稀缺资产。

最后,对于全球化经营的企业,更有必要提高员工的交流沟通能力以及知识获取、知识创造与知识转换的能力。知识创造、知识获取和知识转换依赖于企业的学习能力,学习是企业加强竞争优势和核心竞争力的关键。

在知识管理以及整合方面,摩托罗拉的做法很值得我们回味。为了提升持续竞争力,摩托罗拉在公司实务上开刀,以系统的方式,整合所有的知识资源,增进使用者的方便性,并缩短员工一半以上的学习时间,大大提升了工作效率。知识具有连续性,必须代代相传加以累积,才能让后人站在前人的肩膀上,看得更高、更远。比尔·盖茨这样描述知识管理:"知识管理的目的就是要提高企业的智能,也就是企业智商。"

在企业的成功越来越依赖于企业所拥有知识的质量的今天,利用企业所拥有的知识为企业创造竞争优势对企业来说始终是一个挑战。谁走在了潮流的前列并用于迎接挑战,谁就会在残酷的经济泥淖中提前突围,最终成为行业的领跑者。

青啤率先祭出知识管理的法宝

早在 2005 年，青啤公司董事长金志国就提出了"打造组织智慧，推进知识经营"的知识管理理念，此时的青啤虽说已历经百年，拥有深厚的文化底蕴，但青啤在知识管理方面还很欠缺，并没有形成完整的体系。在 2006 年 11 月，具有青啤特色的知识管理项目正式立项，通过联合国内著名的知识管理咨询公司，经过半年多的试点、摸索与实践，2007 年 9 月 14 日青啤公司 20 个一期频道搭建完成。就当时来说，知识管理在科研机构运用较多，制造业中成功应用的很少，但青啤的选择无疑为企业管理系统的完善与创新注入了新鲜血液。

2008 年下半年，基于公司"一体化管理"的变革目标，青岛啤酒知识管理确立了"聚焦业务与职能，打造公司一体化管理平台"的工作重点，着力推进了 KM 系统平台在日常工作中的应用和一体化职能管理模块的搭建。青啤公司副总裁姜宏介绍说："知识管理是运用集体的智慧提高组织的应变和创新能力。在知识管理推行的阶段，团队的努力，集体的智慧，凝聚成知识管理的丰硕成果；有效的激励机制，强化了员工创造知识和共享知识的热情；同时建构充分的 IT 平台促进了知识创造的过程具体化、结果公开化。基于 IT 的知识管理，将使组织拥有更多有助于知识流通的通道，在知识流动过程中这必将带来知识的不断增值。"

在过去的两年里，青岛啤酒知识管理围绕"知识经营"的主线，逐步搭建了覆盖总部和大部分生产单位的 KM 系统平台，实现了预期的阶段目标，并得到越来越多员工的认可和支持。更为重要的是，KM 系统的建立，改变了广大员工的工作习惯和理念，有利于知识流通和创新的知识型组织文化日渐浓厚。如今的知识管理不仅成为公司和广大员工的关注点，而且成为公司发展战略的一个重要环节。据悉，目前青啤公司 KM 系统已经有 30 多家工厂的频道和 14 个总部频道，共 50 多个知识频道在 KM 平台上建立和运行，有 3 万多条知识成果在这个网络平台上共享……

从开始关注知识管理，到建立起一整套知识管理体系，善于创新的青啤

■ 你的企业可以与众不同

人发现企业的每一项业务工作都与知识管理有关系。在不断的思考和创新中，青啤的知识管理体系也应运而生了。如今，建立完整的知识管理体系已成为青啤获得持续竞争优势不可或缺的重要目标。

1. 让公司全体成员都参加进来

之所以坚持全员参与，是因为青啤人注意到，公司所有员工都需要在不同层面上参与知识管理：公司领导需要了解项目的进展，分析公司的经营情况，分析客户的需求；部门经理需要了解部门项目的运行情况，安排资源，维护知识仓库的内容，制订发展计划，协调内部员工，与客户沟通，维护优秀员工的贡献、成果；一线员工需要了解领导会谈纪要，以及上级下发的最新公告等。在公司领导的大力支持下，全员参与的原则使公司上下对知识管理有了一致的期望和目标，为进一步开展知识管理奠定了基础。

"有了KM知识平台，我们的工作效率大大提高，以往我们很多工厂可能都遇到一样的问题，但由于各工厂不能随时交流经验，所以大家都是闷着头在各自的生产中不断琢磨、不断改进，这样就浪费了很多不必要的时间。现在，公司推广了KM知识共享平台后，大家都把生产中遇到的问题进行总结，形成经验案例、知识文档，上传到公司统一的KM平台。对我们来说，这不仅提高了生产效率，也从一定程度上降低了生产成本。"青啤公司员工小张如是说。

2. 完善体系，设立知识管理监督专员

随着知识管理体系建设的逐步推进，知识管理平台也得到了进一步的完善。目前，青啤知识管理平台的频道已经发展到50多个，在平台上发布和运行的管理标准500余条，技术标准达到1500多条，极大地规范了企业员工的行为。

另外，为了调动所有员工的积极性，系统有效地开展知识管理，青啤意识到专人负责的必要性，唯如此，知识管理才能持续地进行下去。于是，青啤设立了知识管理专员，负责设计规划企业的知识管理体系，监督知识管理各个环节的执行情况，管理业务过程中产生的知识，维护知识库。在知识管

理监督专员的带领和悉心努力下，一系列知识管理活动有条不紊地展开了。

3. 建立知识共享的企业文化

青碑将知识管理指标纳入企业绩效评价、激励体系当中，每位员工都负有收集、共享知识的职责。因此，公司把独立的部门作为知识共享的基本单元来开展知识管理，使各部门成员协同工作，每个部门指定专门的知识管理负责人，开辟出各自部门的专属频道，负责整理收集领域内的知识，推动知识的共享，帮助员工学习、改进。此外，激励体系始终是知识管理持续进行的推动力，激励体系直接与员工或团队的创造、共享、交流知识的情况挂钩。各部门的知识管理频道都要参加评比。每逢月末或者年终，青碑凭借统计出的部门频道的点击率和公开度的高低，进行公开奖励，当然对于那些积分较低的频道，或整改，或关闭，以示惩罚。

"知识管理过程中还会创立互动栏目，比如专业的论坛，让员工畅所欲言，交流经验。包装机论坛就是一个很好的范例。由于一线生产包装机的问题最多，因此这个论坛的人气最旺。"青啤知识管理项目组唐成告诉记者，"如果有解决不了的问题，员工也可以求助专家，专家随时在线答疑。这在轻松的环境中提升了员工的工作效率，简单且高效。"

4. 把供应商与经销商纳入知识管理体系

按照传统的营销方法，企业与客户之间只是单纯的买卖关系，现在要改变这种单一的关系，变客户为合作伙伴，充分挖掘客户的有效资源，在营销过程中促进企业与客户的共同发展。

青啤 KM 系统拟在 2010 年到 2011 年之间完成扩展和延伸。KM 系统由价值链向价值网延伸，将在系统上搭建 5 个关键供货商和 5 个关键经销商的应用门户。供应商、经销商与公司其他成员一样实现资源的共享，从而融入青啤的知识管理体系。这也是为上下游合作商提供的一个交流平台，有利于实现企业与合作商的双向共赢。另外，KM 系统还将持续推进"金点子"以及技术创新等具有青岛啤酒特色的 KM 实践活动。

5. 采用集中控制、分级管理的模式进行管理

金字塔式的管理使得系统运转顺畅，知识的长传和审批在规范中有序进行，青啤的 3 万员工都实现了资源管理和共享，不但节省了人力物力财力，公司的治理结构也发生了很大的变革，并朝着健康、有序的方向发展。

经过 3 年多的努力，渐趋完整知识管理体系的建立，为青啤的知识管理带来了阶段性的成果。最重要的是，这种尝试普遍得到员工的认可，尤其对生产体系产生了很大影响，从根本上打破了原先各体系部门之间难以逾越的"墙"。而现在一切都已改变，通过知识管理平台，可以自由便捷地共享信息，企业的效率得到了有效提升。

践行出新知——对知识管理的再思考

青啤所倡导的知识管理并不是简单知识的叠加，也不是纯粹技术的累积，它是一个以人为中心、渐进的综合管理过程，是动态且富有创造力的。正如青啤定义的那样，知识管理就是运用管理和技术手段将人与知识充分结合，创造知识共享的行为模式和文化，通过知识应用及创新，提升组织核心能力，为企业创造价值的过程。

知识管理给企业和个人都带来了影响，企业应如何解决持续发展的问题？企业决策层如何提高执行力？员工的能力提升和工作效率的改变都与知识管理联系密切，而企业该如何正确实施知识管理，让知识管理平台发挥正面的效用呢？青啤公司在近些年的摸索中总结出了一些经验。

青啤对人的管理是人性化的，并且重视培养员工对企业文化的认同。因为人是知识管理自始至终的实施者、推动者和评价者，是管理中的根本要素，知识管理的实施始终都要抓住人这一核心要素。在管理中，青啤特别重视人的主观能动性，让人、知识、技术三个元素相互支撑，相互促进。综合运用组织、文化、战略、流程、技术等手段，通过建立基于组织业务内容与职能的知识挖掘和知识共享体系，充分尊重知识及拥有知识的人，最大化企业知

识的价值，从而提高组织的应变和创新能力，保持并提高组织的核心竞争力。

领导的重视是实施知识管理获得成功的前提，如果领导不重视，知识管理就无法启动，更别说经费、人力支持。青啤的知识管理之所以能得到很好的贯彻执行，跟青啤领导人的重视和支持是分不开的。

另外，有些新信息技术解决方案并未成熟或并不符合企业本身的目标，如果企业一味地采用，那么知识管理的命运注定是失败的。再者，知识管理目标不明确，盲目实施，都会导致整个知识管理项目的失败。

初试啼声赢喝彩，知识管理助力青啤赢未来

据调查显示，全球财富 500 强公司中有 55% 已经处在建设其企业知识门户阶段，并且超过 80% 的公司认为其公司内部已经开展了知识管理实践活动。虽然如此，全球财富 500 强公司也有 72% 的 CEO 认为其知识并没有在全公司范围内得到普遍、充分的重复利用。由此而带来的损失，达到 180 亿美元。

可以看出，很多企业的知识管理水平参差不齐，谁能利用好知识管理这一平台，谁就有可能提高企业效益、降低成本，从而获得巨大的利润空间。因此，每一个有条件的企业都应该把握好机会，在知识管理的竞争中抢得先机。

从提出知识经营的口号至今，青啤 KM 知识管理体系已经得到逐步的完善、推广，不仅为青啤员工搭建了一个有效的学习、共享、实践的平台，更将对青啤国际化战略产生深远的影响。这种将标准化的工作方法通过知识沉淀、分享的形式在统一的平台进行推广，既是对企业积累的核心资源的传播与共享，又是提高企业工作效率、降低成本、培养全方位技术人才的重要渠道。

青啤公司 KM 发展规划里提到，KM 旨在聚焦业务和职能，以 E 化为主线，打造集团一体化运营平台。这种通过自身的力量形成的技术、技能、经验等资源的良性循环和分享机制，无疑也为其他企业提供了一种全新的管

◘ **你的企业可以与众不同**

理借鉴模式。随着近年来知识管理市场的逐步扩大和企业对知识管理重视程度的不断提高,知识管理正在成为企业信息化的热点。青啤在一大批具有远见卓识人才的引领下,经过没有硝烟的奥运营销和持续的体育营销战役,取得了行业内令人瞩目的成绩。青啤的国际知名度和市场占有率陡增,品牌也被赋予了"年轻化"的时代烙印。光环的背后,知识管理是幕后英雄。有了知识管理平台的开发和应用,青啤未来的路将走得更加稳健!

《卓越管理》2009 年 5 月

7年从负债7000万到产值7亿元巨变的背后

——访山东临沂兴元投资发展集团董事长李树斗

山东临沂兴元投资发展集团的前身是临沂兴元煤业有限责任公司，2002年1月改制重组后，经过7年的发展，一举实现扭亏为盈，从负债7000余万元到2008年企业完成产值7亿元，实现利税1.2亿元。短短7年，实现了一个华美的转身。

巨变的背后发生了哪些故事？带着这个大大的问号，我们采访了董事长李树斗先生。

◇记　者：兴元煤业的前身是临沂矿务局塘崖煤矿，据我们了解，你于2001年1月被任命为该企业矿长兼党委书记时，面临的是一个资源接近枯竭、企业濒临倒闭的危局，可以说是受命于危难之时，可否向我们描述一下企业当时的真实情况？

◆李树斗：塘崖煤矿于1987年10月正式投产，投产时完成总投资3199.94万元。矿井年设计生产能力为20万吨，但由于受地质构造复杂、火成岩侵入严重、煤层赋存极不稳定等条件影响，投产后一直未能达到设计生产能力。更由于受煤炭资源几近枯竭、煤炭销售市场极度疲软、多种经营缺乏竞争力等诸多因素的影响，到2001年6月，实际负债总额达7423.39万元，负债率达126.33%。特别是企业员工士气低落，对未来没有信心，企业举步维艰。

◇记　者：知难而进，是不是当时你唯一的选择？

◆**李树斗**：的确如此。既然这副担子落在了我的肩上，我就要想尽一切办法，把员工的心凝聚起来，带领企业走出低谷。这对我无疑是一个巨大的挑战，但更是一份沉甸甸的责任。

改革是唯一的出路。企业沉疴已久，原有的机制很难使企业摆脱当时的困境。通过我们深入细致的调查研究和广泛的宣传发动，上上下下达成共识，决心改变企业机制，让企业获得重生的机会。根据国家关于加快国有企业改革发展的相关政策，我们于2001年4月8日向山东省煤炭工业局提出组建有限责任公司的申请并很快得到批准，之后顺利改制成为国有法人参股，企业工会社团法人控股的股份制企业。改制后，兴元煤业对煤矿资产实行租赁经营。2002年，塘崖煤矿被列入国家煤矿关闭破产"16.60"计划项目，至2004年破产终结，兴元煤业购置了塘崖煤矿的有效资产，接收安置了498名破产企业员工。自此企业轻装上阵，逐渐获得了新生。

◇**记　者**：改制的确会给企业带来生机，但发展的关键还是要为企业确立一个真正科学合理的商业模式，唯有此，企业才能逐渐培养起自己独特的核心竞争能力，才能在市场竞争中凸显自己的优势。

◆**李树斗**：是的。通过体制改革，各项资源得以有效重组，我们加快了产业结构调整的步伐，优化了产业结构。我们一开始就确立了走"煤、焦、电"一体化循环经济的产业发展格局。我们在煤矿原有主业的基础上，延长产业链，组建了临沂金兴焦电有限责任公司和控股了临沂腾源热电有限责任公司，使我们的产业格局形成了一个合理的内循环。

◇**记　者**：也就是说，从煤出发，进行同心圆扩张，是你们为自己量身定制的企业发展模式。"煤、焦、电"这三块在你们的整体格局中分别占有什么样的地位？

◆**李树斗**：煤虽是我们的基础，但由于储量有限，仅依托现有的资源状况未来再拓展的空间不大；焦炭和热电项目是我们目前成长最快，前景也最看好的，我们已经完成焦炭两期工程的建设，年生产能力为100万吨，其一级铸造焦的质量居全省榜首，产品供不应求；配套的12 000 kW发电工程已经并网发电，电厂的发电动力来源于焦厂炼焦产生的余热，系无污染建设项目，在取得良好经济效益的同时也获得了很好的社会效益。未来我们还将优先把这两块做大做强，为公司的持续发展注入持续的动力。

◇记　者：率先垂范，以身作则是你们创业时的一条铁律，与7年前相比，企业的境况已经大为好转，现在你们还能不折不扣地做到这一点吗？

◆李树斗：我们对工作的热情和投入一直一以贯之，丝毫未减。为了加强煤矿安全生产，我们在国家尚未出台矿领导跟班制度的规定之前，就要求所有矿领导排班下井，坚持一班一领导，进行8小时现场巡查。只有领导干部深入第一线才能调度有方，同时也能鼓舞一线职工的士气。在我们公司还有一个不成文的规定：从我做起，所有公司领导不休节假日，即便离家只有几公里之遥，每月回家的次数也屈指可数。我们没有坚实的家底，所有美好的未来都需要我们一点点地去营造，如果不凭着这份干事业的奉献精神，企业就不可能在我们的手中发展壮大，那样我们会对不起更多的人。

◇记　者：知道来时的路的崎岖，才能更珍惜现在和未来。这种内驱力于企业而言是弥足珍贵的财富，也是造就企业凝聚力最直接的动力之源。

◆李树斗：我们的确背负了更多的责任和期待，这7年来企业逐渐凝聚起了越来越多的共识，形成了我们独特的企业文化和价值观，那就是上下同心，比奉献、比贡献。7年来，中层以上的领导干部保持了一个超稳定结构，企业员工对企业的认同感也与日俱增。

◇记　者：开源节流，对应经营管理，其实就是企业兴旺的不二法门。通过一体化循环经济的布局，应该说你们很好地解决了开源的问题。对于管理，你们又有什么独到之处？

◆李树斗：我们的管理主要是靠制度，我们集团的每一个成员单位，都要求做到精细化管理，不管你用什么，干什么活，都需要精确地量化。比方说，公司哪怕价格再低的材料费都是按规定考核的，具体都有细则，甚至包括员工的洗澡用水量问题，经过测算我们都制定出了科学的标准，超出公司规定的合理标准就要你自己掏钱。没有实施这个制度之前，公司一天需要烧四个

■ 你的企业可以与众不同

锅炉的热水,而现在则减少了一半,节省下来的煤炭折算下来一年就很可观。同时我们还制定了严格的组织控制机制,公开地接受群众监督。另外,我们还取消了这个行业原有的工资二次分配做法,上级要直接对下属的工资负责,增加了分配的透明度,从而激发了职工的主人翁意识,客观上也让我们的各项管理制度得到全体员工很好的支持和维护。

◇记　者：如果说还有短板的话,你认为你们企业的短板在哪里？

◆李树斗：企业规模偏小,还没有形成强势的支柱产业,经营人才短缺,今后我们的工作重点是要把这些短板补上。

◇记　者：除此以外,对于未来,你还有什么样的期待？

◆李树斗：应该说,通过我们全体员工7年以来坚持不懈的努力,企业浴火重生,理清了发展思路,调准了产业布局,清楚了努力方向,夯实了发展基础,但我们依然保持着强烈的危机感和风险意识,因为这一阶段性的成果得之不易。做大做强是每一个企业人的梦想,但梦想的实现一定需要一支有共同价值观且又有能力的高素质人才团队。接下来我们更会加大力度注重内部员工的培训,给每一个可塑之才提供一个供他们历练和发挥聪明才智的平台,让他们尽快成长起来并承担更多责任,以适应我们企业更好、更快发展的需求。

《卓越管理》2009年6月

> 合并重组是企业做大、做强、做优的战略选择。从表面上看,企业重组是资本、技术、管理的融合,而从内涵上讲,则是彼此文化的融合与吸收。
>
> 企业在通过合并重组扩大规模的同时,文化之间的差异和矛盾会在相当大的程度上成为企业可持续发展的障碍。

相融相生,走出企业发展新天

——访红塔辽宁烟草有限公司总经理李德贤

2003年12月22日,由红塔集团与辽宁省烟草公司共同出资重组而成的红塔辽宁烟草有限责任公司(以下简称"红辽公司")正式成立。这次重组可以说完成了企业发展史上的一次重要革命,让有着百年历史的原沈阳卷烟厂和营口卷烟厂焕发了青春的生机与活力。与2005年比,2008年红辽公司已实现税利25.1亿元,三年增长64%。在全球金融危机的大背景下,2009年共生产销售名优品牌46.6万箱(其中红塔山15.52万箱,红梅系列30.3万箱),生产销售人民大会堂5.4万箱,取得了销售收入同比增长13%,税利同比增长12%的新高。历数重组以来五个多年头的风雨与收获,总经理李德贤将其归结为融合构建新企业文化、积极推进整合、不断优化资源配置的结果。而他一再提及的"融入红塔,做大做强;依托红塔,做精做优"的发展思路,

◨ 你的企业可以与众不同

也不禁让我们联想起老子那句名言:"有无相生,难易相成,长短相形,高下相倾,音声相和,前后相随。"企业重组不正是持续走向"你中有我,我中有你"的过程吗?

◇**记　者**:随着国有经济布局的战略性结构调整,以市场为导向,以扩大企业规模和实现一体化经营为特征的企业重组、并购成为国企改革的重要一环。红辽公司的前身为沈阳卷烟厂和营口卷烟厂,都是有着百年历史的老厂,当时是在怎样的背景下选择了重组?

◆**李德贤**:一百年前,英美烟草公司在沈阳和营口相继建厂,可以说辽宁的烟草工业就从那时起步。新中国成立后,两厂是社会主义建设的先锋,为建设国家、强国富民做出了重要贡献。特别是改革开放以后,两厂几任班子解放思想、努力适应行业发展的要求,保持了辽宁烟草工业的持续发展。

但是,到了20世纪80年代末和90年代,受大环境和内部管理体制的双重影响,两厂进入了持续十几年的低迷时期:产品产不出、卖不动、库存积压、货款回笼困难。尽管两厂各有十几个牌号共二三十个规格的产品,但由于产品结构差、牌子杂,连续十几年完不成43.8万箱的生产计划。在这种背景下,重组取得了当时全体员工的一致共识,今天的事实也证明选择与红塔集团重组是辽宁烟草工业的正确选择。

◇**记　者**:成功重组的企业能够产生1+1>2的效应,促进资源向优势企业集中,在壮大公司实力的同时,成为企业扩大规模、提高效率、实现双赢的重要手段。但麦肯锡咨询针对公司重组做过的一次大规模调查显示,重组10年后只有近1/4的公司获得成功。红辽公司以百年老厂的身份接受重组,遇到了哪些困难?

◆**李德贤**:红辽公司下辖的沈阳卷烟厂和营口卷烟厂均有近百年的历史,百年企业如同百岁老人,饱览沧桑,阅尽人世,有着丰厚的文化积淀,也不乏鲜明的企业特性。与红塔集团重组之初,其所受到的冲击和震撼是前所未有的,首要的是在企业理念、企业精神、管理理念等人文层次上的巨大差异,加之人员素质、技术水平以及地域、市场等其他差别,使得三方的资源整合和文化融合盘根错节，困难重重。

当时从领导到行业内外的朋友，最关心的就是红辽公司能否实现平稳过渡，能否保持协调健康发展。五年中，广大员工的情感、心理、思绪确实承受着巨大压力，寻找新归宿的失落、彷徨时刻萦绕心头。

由此我们看到，企业重组从形式上看是资产的重组，根本上则是人的重组、文化的重组和观念的重组。重组后的各方能否实现深层次的融合，取决于组成新企业的人能否形成共同的价值观。

◇**记　者**：的确，某种程度上文化融合是企业重组成功的内在条件，文化冲突则是导致重组失败的重要因素。重组后的文化整合方式多种多样，关键是核心理念、企业精神、价值观的整合。在这方面具体做了哪些努力？

◆**李德贤**：首先是动员全体员工，让他们认识到企业间的资源整合和文化融合不可能一蹴而就，磨合过程是必然的，为此要有明晰的思路和足够的耐心。是行业改革让我们走到了一起，因此自重组之日起，就要同甘共苦、同舟共济。

五年来，我们不断发掘百年文化中的优秀成分，坚持以文化创新促进融合，提出了"尊重过去，求同存异，放眼长远，互谅互信，携手同心，共同发展"的指导原则，以重组后的三年作为磨合期，要求大家以平常心看待磨合过程中出现的矛盾和冲突。在企业文化理念的贯彻方面，我们着力做到"内化于心、外化于行"。一方面，加强宣讲和文化内训，使员工对企业文化核心理念有正确理解和高度认同。红辽公司是全体员工共同的家，不论是在岗的、内退的、离退休的，还是多元化企业的员工，都是这个家的成员。这个大家庭有自己的历史文化，有优点也有不足。作为家的一员，要爱心不改，建家不怠。由此，我们进一步以建设"家园文化"为目标，提炼出"诚信、创造、健康"的企业价值理念，以"内和外顺、日新行远"为企业精神，以"长青基业、和乐家园"为企业愿景，以"国家之利、社会之义、员工之福"为企业使命，以"共建共享、共同成长"为发展理念，以"有序、有为、有情"为管理理念，初步形成了有红辽公司特色的企业文化理念体系。

◘ 你的企业可以与众不同

另一方面，多年来我们努力创造条件让更多的员工走出沈阳、营口，走进红塔集团，广泛交流，增加理解。2008年，围绕创业百年和组建五周年，我们开展了厂史、厂情教育，组织历史图片巡回展、员工诗歌散文朗诵会和《红塔辽宁烟草志》（沈阳卷）的发行仪式等一系列活动。通过这些活动，引导员工回顾企业百年发展历程，体会重组五年的发展成果，使广大员工回顾过去，展望未来，增强归属感、责任感和使命感，对企业发展充满信心。

此外，我们着力加大了在公益、慈善事业上的投入，从2003年12月22日红辽公司正式挂牌成立开始，先后开展了"人民大会堂诚信助学活动""纪念抗战胜利60周年公益广场电影晚会""送温暖、献爱心社会捐助活动""援建希望小学暨价值观教育实践基地"等社会公益事业。就在前不久的12月2日，由我们捐赠的1065吨冬煤和200个书包、近万册书被送到了沈阳的康法、铁岭，还有省内的营口、锦州、葫芦岛、阜新、朝阳等11个城市贫困地区的38所希望小学。这些投入在回报社会的同时，也大大提高了企业文化的凝聚力和向心力。

◇记　者：一般来讲，履行社会责任是提升企业公信度和品牌知名度的方式之一，其效果主要体现在企业外部，即能够为企业树立良好形象，积累公众的好感与信任。如何将其作用于企业内部的文化建设？

◆李德贤：有些企业将社会责任看作付出与施舍，从而以各种理由选择逃避。但我认为，给予是一种幸福，社会责任不仅是每个公民应尽的义务，在尽义务的同时企业更享受到了来自社会的正向回馈与回报。我们通过一次次的送温暖、献爱心行动，让员工亲身体验依靠企业的跨越式发展回报家乡、回报公众的快乐，这对他们的内心更是一种净化和升华。

因此，我们更多的是将履行企业社会责任看作教育员工的方式之一。很多员工通过参与社会责任的履行，对自己身为一名"红辽人"而感到骄傲与自豪，增强了集体凝聚力；通过与扶贫对象的书信往来和深入接触，感受到自己现有生活与工作的来之不易，从而以一颗感恩的心去踏踏实实做事，勤勤恳恳做人。

◇记　者：除了文化整合，品牌整合也是企业发展的关键环节。通过品牌整合推动资源整合，可以促进产销顺畅，实现经济效益的大幅度增长。重组之前的红辽拥有一批历史悠久的自有品牌，但是目前有一些显然已经销声匿迹。这一选择的深层次原因是什么？

◆李德贤：品牌是企业文化的使者，是企业文化的精髓所在。作为百年老厂，红辽之前的很多老品牌，如大生产等均有着50多年的历史，很多员工把它们当成自己的孩子一般，有着深深的品牌情结，感情上难以割舍。但是市场竞争不能感情用事，十几年的时间，蓝翎、古瓷、大生产等产品在市场上总体的形势一直是"农村包围城市"，但就是进不了城市。为此，我们需要在重组的条件下，借助红塔集团的优势做大品牌。

重组以后，我们坚持"做精人民大会堂，做大红塔山，做稳红梅"的品牌发展思路，以培育骨干品牌为重点优化产品结构。2008年，公司进一步加大了"红塔山"品牌的培育力度，积极发挥名优品牌和辽宁市场两个优势，提高协同营销水平，实现了"红塔山"品牌在辽宁市场的快速增长。随着国家烟草专卖局"20+10"品牌策略的出台，卷烟牌号逐步减少，品牌集中度逐步提高，品牌竞争日趋激烈。为此我们加强了对星级客户的维护，加大了品牌培育和宣传推广力度，不仅使"红塔山"迅速成长，也令"人民大会堂"稳中有升。"红塔山"品牌的快速增长和"人民大会堂"品牌的持续成长，拉动了产品结构提升。目前，红辽的产品已经逐步占领了城市市场，公司的效益和市场占有情况日益好转。

同时，红塔集团向红辽公司输出的几个品牌，也在工艺标准、生产管理、细节管理等方面给红辽员工带来了全新的变化。红塔集团的企业精神、企业理念和规章制度等企业文化要素迅速为红辽公司员工所熟知和接受，并日渐改变着他们的思维观念和行为方式。品牌整合促进了文化整合，因此品牌的整合也可以看作文化整合的一部分。

◇记　者：看来经过这几年的融合，红辽公司已经得到了稳步的壮大与发展。在这种情况下，未来怎样看待与红塔集团之间的关系？

◨ 你的企业可以与众不同

◆李德贤：早些时候我曾说过，红辽公司与红塔集团不是朋友和伙伴的关系，也不是简单的企业和股东的关系，而是局部与整体的关系，是血肉交融的一体。红辽公司是红塔集团的组成部分，是红塔集团的省外成员，这已经成为我们的共识，也成为红塔集团的共识，并为社会普遍认可。

五年前我们顺势而为实现了重组，以做大做强红塔品牌为己任，为红塔集团的改革发展和红塔品牌的成长做出了重要贡献。同时，我们借助红塔的品牌、技术、原料、资金等优势实现了持续协调发展，也品尝了做大与做强的甜头。这几年红辽公司能够始终保持平稳发展，承受着比高速增长的小企业更小的保增长的压力，正是由于深刻理解了"依托红塔做精做优"的内涵，正确把握了行业发展趋势的结果。

在当前形势下，借力而行、顺势而为具有更突出的现实意义。2009年伊始，金融危机、经济衰退对卷烟消费的影响已经有所表现，相对来说，"红塔山""红梅"和"人民大会堂"比其他高端和高档卷烟受到影响要小一些。下一步，我们要进一步秉持"做精做优"的理念，着力确保"红塔山"的品质，不断提升"红塔山"的市场竞争力。同时在管理上向红塔看齐，特别是在生产、设备、工艺管理上与红塔实现全面对接。

未来的红辽公司不追求规模有多大，而追求高效率高质量的运行；不追求过快的发展速度，而追求管理精细化；不追求荣誉的光环，而追求全体员工的共同福祉。大与小是一种辩证的存在，只有虚心地"融小入大，以小见大"，才能实现双方的和谐发展。

《卓越管理》2009年12月

> 2010年1月,史诗电影《孔子》登上银幕。"天不生仲尼,万古如长夜",孔子思想带给国人的影响不言而喻,而同时让人眼前一亮的,还有此次电影的独家拍摄赞助商——雷士照明。这次斥资过千万的赞助,让雷士照明借助《孔子》的全球号召力和影响力,加快了进军世界品牌的步伐。孟子曰:"观水有术,必观其澜。日月有明,容光必照焉。"在发布会后与吴长江总裁的一番面谈,让我们进一步理解了这个企业保持十年高速成长的深层次原因,对《孔子》的赞助恰恰反映了他们的价值取向——形成思想之光与科技之光的完美结合。

追随孔子 照亮世界
——访雷士照明总裁吴长江

风动草偃,上行下效

◇记　者:雷士照明斥资千万成为史诗电影《孔子》的独家拍摄赞助商,这一举动是否与你个人对儒家思想的偏爱有关?

◆吴长江:这部电影不是普通的娱乐性电影,我认为它的目的在于传播

◘ 你的企业可以与众不同

中国思想文化的精髓。2008年以来，中国凭借在金融危机中的突出表现赢得了国际政治和经济地位的提升，但我们还要看到，我们这个有五千多年悠久历史的古老国度在文化输出上还做得远远不够。好在逐渐有越来越多的人开始关注这个问题，比如孔子学院已经在全球开到了500多家。所以我认为这部电影在这个时候推出正是恰逢其时，而我们的赞助也并非单纯为了宣传自己，作为一个普通的中国人，一个本土企业，我们有这种感情，也有这个责任。

◇记　者：儒家思想是中国传统社会关于国家治理等一系列理念的发端源头。企业管理与国家治理具有一定的相通之处，在全球化的时代背景下，儒家思想对于企业家有哪些影响？对于企业管理又有哪些启发和教益？

◆吴长江：孔子思想之所以能够影响几千年的中国历史，在于它包含了许多经世致用的道理。对于企业家个人来讲，成功一定是先做人，"修身齐家治国平天下"，只有先把自身修炼好了，才能做好企业。在日常管理中，企业家传达的个性与企业在社会的评价是正相关的。对于员工、客户和上下游合作者，首先应强调彼此信任，在信任的基础上相互认同才能引发共鸣。

在企业管理层面，儒家思想主要影响企业文化的建设。中国企业和西方企业的管理理念不同，很大程度上与文化相关。西方推崇刚性管理，一切从制度出发。而雷士更多的是以人为本，强调柔性管理。我们注重企业文化的渗透效应，就像儒家思想一样，它经过两千多年的传承，早已融入了中国人的血液之中，正所谓"百姓日用而不知"。同样，在雷士内部的管理体系中，我们没有刻意地凸显制度的约束，而是强调企业不仅要在技术、产品、市场、资本等方面不断完善，更要形成有竞争力的人文优势，通过吸收与融合，使组织进行系统的提升和修正，以适应更加复杂多变的竞争环境，获得持续的发展空间。所以雷士倡导具有包容性和开放性的企业文化，强调团队协作，激励创新。

◇记　者：文化是一种软实力，好的企业文化能够最大限度地激发团队的凝聚力和创造力。以人为本是儒家思想首要提倡的理念之一，在雷士的内部管理中，具体哪些地方体现了这一原则？举例来说，包容性和开放性又体现在哪些方面？

◆**吴长江**：比如，在雷士，我连签字都可以授权。副总可以决定上千万的项目，这在其他企业非常少见。我本身是做技术的，但是现在我很少涉足研发。现在对于公司，我主要做四件事情：

一是规划。雷士明年要做哪些事情，朝什么方向发展，我今年都会事先打算，而不是等到年底才做考虑。二是资源整合。包括整合外部社会资源、政府资源，承担企业公民社会责任等等。我愿意通过参加论坛等活动广交朋友，通过交流传播雷士的理念，让人家认可我、接受我，更接受这个企业。三是大客户维护，走访经销商。这个过程更多的是情感维系而不是交易。四是高层的管理。我只管理企业的高层，每次回公司都给他们开会，与他们聊聊企业近况。

这四项工作基本上都是与人打交道。对于高管的选拔，我坚持人品第一，能力其次的原则。能力可以通过学习等机会提高，人品的好坏才是对企业发展至关重要的因素。再有就是对文化的认同，"道不同不相与谋"，每个人到雷士都不是过客，要认同并帮助宣传我们的理念，这样才能一起走得长远。事实上我们的中高层队伍也非常稳定，在这个行业里跳槽率是最低的。

智及仁守，和而不同

◇**记　者**：从1998年创业至今，雷士照明已走过了十多年的历程。现在回想起来，创业与守业最大的区别在哪里？有人说，从雷士照明这个企业，能够找到很多和儒家思想内涵一致的地方。能够取得今天的成就，你认为最主要的原因是什么？

◆**吴长江**：简单来说，创业是一种智慧，而守业是仁的体现。今天我们提倡建设和谐社会，和的思想就源自儒家。以雷士来说，我们在常规产品上的确有优势，但是在高新技术方面与某些国外的老牌企业仍存在一些差距，它们每年的研发投入很大，品牌也有上百年历史。怎么办？还是靠中国文化的维系。有些老外也来问我，雷士为什么成立时间这么短，却发展这么快，我想，做企业也是做人缘，人通路通。这跟西方不同，西方讲"生意就是生意"，但我们和合作伙伴之间不只是买卖关系。以经销商为例，从前经销商强调自身的物质利益，现在更重视开拓视野、提升自己、打造事业平台。基于这点，我们主动用文化的力量去影响他们、维系他们。

在这一点上也可以看出儒家文化与西方文化的作用不同，儒家的底蕴很深，更关注人安身立命的实际问题。在雷士，我们传播一种家庭文化，全国乃至全球的经销商都是朋友关系，有着家人一样的感情，大家在一起互相学习、互相交流，彼此关系都非常融洽。这一点在其他企业中也很少见，很多企业的经销商大会都是互相扯皮、画地为牢，甚至互相嫉妒、恶性竞争。而我们在全国各地开会，每个地方都有上百家供销商参加，彼此见面真的像亲人一样，没有妒忌和猜疑，有什么困难一起解决。所以我们对和的思想不是简单停留在纸面上，而是做到了活学活用。

言忠信，行笃敬

◇记　者：雷士在行业内率先导入品牌专卖模式和运营中心模式，这种创新模式在领导中国照明行业的品牌革命和渠道革命的同时，也获得了专家和业内人士的一致肯定。2006年以来，你们又先后引进软银、高盛等国际知名机构的投资，引发照明行业的资本革命。总体来说，雷士是一个给人感觉有人缘的企业，你认为它们主要看重了雷士哪些优势？雷士又是出于什么原因而采取了与它们的合作？

◆吴长江：我认为，要打造一个让人尊重的品牌，关键是让竞争对手接受并尊重你。在竞争中，有些企业跟不上形势掉队是自然的事，但不要去踩人家。

举个例子来说，一次我们在海外参加投标，同时竞争的还有一家国内的公司，我们因为规模更大、服务体系更加完善占了优势，但是价格也相对更高。而那个国家比较贫穷，需要首先考虑价格，所以当时我们有位区域经理就采取了一些我认为不够正当的手段，比如跟当地政府写信说对方的不好。我听说以后非常生气，我们的企业文化不允许这样，你可以说自己好，甚至告诉客户什么是好，但绝不能诋毁对手。于是我主动在第一时间向对方的老板道歉，说这个事情是我们的错，自己也狠狠地批评了手下。在这个问题上，我们宁愿项目不做，也得让社会接受，让竞争对手接受。

除此之外，企业成功最终要依靠提供优质的产品和服务。工业产品质量不过关，遑论品牌和客户忠诚度是没有意义的。雷士传递的虽然是终端产品，但质量管理始终是不可分离的链条。包括研发、加工、流程、质量控制等都是我们提供优质产品和服务的核心基础。

推己及人，矢志追求

◇记　者：利与义的统一是千百年来儒商所奉行的准则。雷士照明自创立以来，一直积极回报社会，包括启动"光明行公益工程"、持续推行"节能光芒行动"等。这让我们看到一种"达则兼济天下"的大爱和"以天下为己任"的情怀。积极践行企业公民的社会责任又给企业带来了哪些助益？

◆吴长江：雷士不会专门去对公益这块做大手笔的自我宣传，我们做事就是实实在在地做。这就好像你的钱包掉了，我替你捡起来是很正常的事情，再让你去宣传我或者回报我，是很让人反感的事情。

两年前，我随央视去宁夏考察，看了当地的一些小学，学生的学习环境还很恶劣。这让我想起自己小时候，班级里也是点着煤油灯，每天早上八点上课，阴天的时候坐在后排就看不到黑板。当时我很感慨，改革开放30年了，居然还有这么简陋的教室，我们做企业的应该怎么办？我们能为社会贡献什么？作为生产照明产品的企业，我首先应该为这些孩子贡献一些光明。于是我们规划每年无偿为老少边穷地区改善照明设备，包括前期安装和后期维护，到现在已经覆盖贵州、四川、宁夏、广东等地区。公益性事业只有发自内心，才能持之以恒。

还有汶川地震的时候,我们第二天就带车队从贵州星夜兼程地赶到灾区。结果关于捐款的数量,后来有朋友对我说:"你怎么那么实在,捐多少就说多少,有些企业就是搞虚假捐赠,捐一百万说成是一千万,根本不到位,也没人追究。"我说:"捐款需要这样吗?你的出发点是什么?何必要夸大作秀。"这是雷士的文化,我们做事就是为了让人相信你、尊重你、钦佩你。基于这个前提才能合作,才能投资一起做一些事情。

◇记　者:从创立之初,雷士就给自己定下"创世界品牌,争行业第一"的远大目标,当时这一度被人认为是不可能的事情。关于企业战略的制定,你最看重的是什么?当初力排众议,你的出发点和立足点又在哪里?

◆吴长江:雷士成立于1998年,正是外资企业大举进军中国市场的时候。很多本土企业被外企消灭于无形之中,或者只以很少的利润占据中低端市场。最重要的原因就是当时行业内,我们没有自己的品牌,所以现在雷士能够在国内的照明行业占据一定的主导地位,而且不是用低价垄断,关键原因在于我们对品牌的一贯重视。

创业初期,我之所以定下"创世界品牌,争行业第一"的目标,而不是成为"世界五百强",就是为了把雷士打造成让世界人民尊重的品牌企业。现在我们用了十年时间成为中国第一,下一个目标就是创世界品牌。让人尊重和做世界五百强不同,有些企业的产业规模可以超过LG、三星,但不会成为大企业,不会成为百年老店,这就是区别所在。

其实品牌的成长和人一样,一个人做人做事不是靠包装和宣传,而是一个过程,需要内力的支撑。做品牌同样至少经过三年之痛、八年之痒,要善于"熬",才能把有些行为准则形成好的习惯,持之以恒。像可口可乐、丰田这些企业,之所以让人尊重就在于它们敢于对消费者负责,出现问题不逃避,而是勇敢地站出来解决。从另一个角度来看这正是对品牌的坚持与捍卫。此外还要能够抵挡诱惑。有些企业看到短期内什么挣钱,就把核心丢掉去赚快钱,这对企业长远不利。我们从一开始就选择了这个给人带来光明的产业,今后也会按照最初的理想和追求去不断扩大发展空间。总之，做好自己才是最重要的。

◇记　者：优秀是通往卓越的大门。2010年是新世纪第二个十年的开端，相信坚持这种原则的雷士，能在新的纪元中将市场占有率和社会影响率升到一个新的高度，从优秀向卓越不断迈进。对未来的前瞻性思考，体现了一个企业家的战略眼光，能否谈谈雷士在新的一年和未来的打算？

◆吴长江：雷士预计会在2010年上市。成为国际化公司的最主要特点就是更加透明，届时我们会进一步完善国际化的平台，让人们能随时找到我们、了解我们。同时还要吸引国际化的人才，开拓海外市场。但原则还是要持之以恒，不能急功近利，在平缓中保持发展的张力。

《卓越管理》2010年2月

（本文与刘明明合作）

■ 你的企业可以与众不同

> 在当今重工业领域几乎完全是男性统治的世界里，女性企业家屈指可数，而刘明明却是欧洲最大的百年家族企业之一——福伊特集团全球高管中唯一一位中国女性。
>
> 作为这家总部设在德国、拥有近150年历史，同时在世界范围内为造纸技术、能源技术、驱动技术和工业服务确立标准的工业企业的亚洲管理团队中的一员，刘明明以女性特有的创造活力、创业激情和创新能力，使福伊特造纸成为对当今中国造纸业发展影响最深远的企业之一，她在一次次重大决策关头展现的审慎与魄力，不仅让自己赢得了行业内外的认可与关注，也谱写着女性企业家成长、成熟、成功的不平凡历程。

超越　分享　担当

——访福伊特造纸亚洲区总裁刘明明女士

不断超越，锻造卓越人生

谈到自己的成长经历，刘明明戏称经历了"土插队—洋插队—土插队"的曲折过程。20世纪六七十年代，一场突如其来的运动使她从高干子女一夜之间变成了"狗崽子",离开父母,到遥远的内蒙古自治区下乡插队,当时她年仅16岁。对于这种落差,许多与她有着相同经历的人都曾报以怨言和哭泣。但乐观的刘明明却从一开始就认为,这对自己绝对是另一种机会。父母的经历让她受到了不小的触动,使她学会思考并变得成熟:面对变故,需要从积极的角度去寻找出路,甚至可以利用磨难。而自己能够在最适合接受新事物、最能适应恶劣环境的年轻时代遇到这场变故,又何尝不是一种幸运?

刘明明说,自己在那段时间里见到了许多城市中不可能见到的东西,也学会做很多原本不可能接触的事情,比如原来在家里从不干重活的她,在插队的时候居然学会了种地、赶马车和自己做衣服。而且由于积极进步,刚满18岁就加入了中国共产党,先后担任妇女队队长、公社的妇联副主任、工作队队长等职务,学会了承担责任,也知道了珍惜生活。多年以后回忆往事,刘明明说,也许没有这段经历,自己的生命反而是一种缺失。

回城最初,刘明明被分配到机关工作。20世纪80年代初的中国,改革开放的春风才刚刚拂面,但刘明明觉得,这个国家、这个社会一定会迎来新的变化,自己必须做点事情才对得起这个时代。当时在机关做文秘工作的她,工作勤奋敬业,而且总有自己的想法,她喜欢穿牛仔裤、超短裙,爱赶时髦的背后透出一种个性和追求。慢慢的,她愈发感觉机关工作对自己天性的束缚,于是有了辞职的念头。

但是,当30多岁的刘明明第一次来到四通集团面试的时候,却发现身边多是20多岁的年轻女孩。招聘主管问她想做什么,她说愿意做销售。面对年龄的质疑,她说:"销售面向的客户来自不同人群,我下过乡、插过队、在机关工作过,因此我比她们更懂得不同人的心理和需求。"这一番直率而清楚的阐述和"大嗓门"给人事主管留下了深刻印象,而后来的事实也证明他没有看错人。

善于沟通、做事认真、讲求效率的刘明明在公司进步很快,不久就坐上了销售总监的位置。在员工工资还以百为单位计算的年代,刘明明的工资已经过万。她总结自己的成功,认为只要认真做事,就一定会很快被人发现。

■ 你的企业可以与众不同

当然，刘明明的梦想并没有在这里止步，随着改革开放程度的加深，她萌生了到国外走走看看的念头。于是，39岁的她以陪读的身份随先生去德国读书。当时很多留学国外的中国夫妇，都是丈夫拿奖学金，妻子在家料理家务。刘明明却以半工半读的方式学习德语，目的是想尽快地融入当地社会。做事有些粗线条的她，一开始在餐厅做工总是打碎盘子，但她勤快、随叫随到，并且开朗、活泼的性格也为工作环境增添了快乐的气氛，很受同事的喜欢。不久，她的德语水平已经可以应付顾客点菜，后来她又想出用问路、购物的方法上街与人交流，最后成了班上年龄最大、进步最快的学生。她说这是自己的个性使然，不害羞、爱讲话，敢于接触不同的人。

学业有成之后，不安分的刘明明又产生了回国的念头。用她的话说，当时出去的目的是增长见识，但自己终究要回到这方土地施展才华。她利用自己在中国成长和德国学习的背景，将目标锁定了德国企业在中国投资的公司。经过几番写信联系和面试洽谈，刘明明婉拒了一些服装、汽车行业企业的聘请，最终选择了德国与云南红塔集团的某合资卷烟纸厂。理由很简单，这里最需要她，她会给这里带来最大的收益，也会从这里获得最大的成长。然而事实上，这一次的"土插队"还是让她身边的很多人无法理解：从公司发展来讲，这是一家因经营不善，刚被外资收购的合资企业；从工作环境来看，这里位于云南偏远山区，交通不便且异常贫困；从工作性质上，她本身毫无造纸行业的专业背景，公司一开始并未对她委以重任。但是刘明明却觉得，这就是自己将要大显身手的地方，越是基础差，越容易出成绩；越是被人怀疑，越是要用行动证明自己。为此，她开始不厌其烦地在昆明和玉溪间调查、走访，第二年就使这家卷烟纸企业扭亏为盈，此后盈利水平逐年翻番，在云南省十佳企业中位列第三。

从被安排命运到自己主动改变命运，刘明明的三次"插队"体现了一种倔强的"不甘心"和对人生的直觉把握。在外人看来，她似乎总是在做得最好的时刻离开，但实际上，那是一种不断超越自我、渴求向上的勇气与执着使然。

乐于分享，与合作者共同成长

在云南做了五年，刘明明又一次选择离开。这次离开恰恰是在中外合资双方对企业发展现状非常满意的时候，刘明明却开始寻找下一个机会。

曾是卷烟纸设备供应商的德国企业福伊特引起了她的兴趣。与其他企业相比，当时福伊特在中国的名气并不大，但一次到福伊特德国总部的考察，却让刘明明再次产生了一个想法——"这家公司需要我"。的确，当时的福伊特急需以最快的方式打开中国市场，然而由于没有一个熟悉中国市场的负责人，沟通成本高且一再错过许多良机。刘明明看到，办事处的最初工作主要是政府公关和打开市场，这正是她所熟悉的领域。

1998年底，她正式加入了福伊特，成为其在中国市场的首席代表。

刘明明说，她那一代人，受毛泽东思想的影响很深，对人生、对社会都有一种强烈的信念和使命感，总觉得要为社会做点事情。

在福伊特工作的十一年，让她明白成功的前提是要选择好的平台。在一个产品可靠、企业文化优秀、市场前景光明的企业，只要规规矩矩做事就能获得成功。反过来，任何人离开了环境都还是普通人，如果没有这个平台提供的资源和市场，你又凭什么获得优厚的回报？

在福伊特最初做了四年的首席代表，让刘明明深刻感受到跨国公司与之前她所在的云南企业的不同。可以说1998年以前，她的成功还是靠自我奋斗，主动驾驭。但是在跨国企业中生存，却要学会与别人分享，学会从别人那里吸收。企业发展到一定规模之后，能够逐渐组建一个强大的领导团队，让更多的人承担重任，给他们以上升及发展的空间。

她向我们说起在云南企业的管理方法，非常简单，只要发号施令手下人就非常顺从。而在福伊特的中国代表处，刚开始只有7个人，无论技术背景还是英语水平都比当时的她要好，简单的发号施令无法令人信服。于是，刘明明一面脚踏实地地做市场，**整整一年没有让自己放假休息**；一面抓紧时间学习英语，补充造纸、机械方面的专业知识。同时对部下以商量的口吻做出决策，听取别人的不同意见，再不是依靠"拍桌子"来解决问题了。

◼ 你的企业可以与众不同

企业之所以优秀，是因为拥有优秀的团队。从 1998 年到 2002 年，刘明明带领团队成功开拓了福伊特的中国市场，其中包括：2001 年获得华泰集团 10 号纸机订单——这也是亚洲第一台"同一平台"概念纸机，以及获得博汇纸业 1 号板纸机订单；2002 年获得理文纸业 4 号板纸机订单；等等。她在审慎分析的基础上，以女性独有的敏锐与直觉和近乎男人的胆量与气魄，牢牢把握了每一个转瞬即逝的宝贵商机。市场打开之后，中国办事处的销售办公室、项目发展部、工厂都要进一步扩展，同时后期服务、生产、设计等需要的人手也越来越多。

2007 年，福伊特纸城在江苏昆山建立，这个占地 7 万多平方米，包括纸机系统部、织物和辊子系统部、浆料制备和环保解决方案及自动化部的综合制造中心，进一步稳固了福伊特作为造纸工艺全流程解决方案和服务供应商的领先地位，是刘明明与她的团队多年心血的结晶与见证。

2008 年开始的全球金融危机，让很多企业感受到来自市场的阵阵寒意，刘明明却说，金融危机令她热血沸腾，最明显的直觉就是机会来了。而在危机面前，谁能够保持冷静、借机调整，谁就能够抢占先机、率先胜出。

危机往往可以给企业一个很好的修正自己的机会。创立于 1867 年的福伊特公司，早在危机发生前就计划进行组织结构优化调整，但是一直苦于没有一个合适的时机。2008 年的经济危机正好提供了这样一个难得的机会。福伊特造纸出于在全球范围内更好地服务客户、降低客户的投资成本的意愿，经历了一系列的调整，例如将现有的 7 个部门合并成 4 个，同时将 15 个地域进行有效整合，合理规划资源，以便经济形势好转的时候快速起飞。而对于亚洲区，调整就是要兼顾不同地区的文化特色和经济发展水平，采取市场细分的策略和进行产品结构调整，有效地利用亚洲区的资源，适当增加中端产品的销售，以满足不同客户的需求。未来，福伊特必须在保障质量和技术标准的基础上兼顾不同市场的特点，进一步引导客户长远思考、合理投资。

为了让整个亚洲事务更加紧密，2009 年 1 月，位于江苏省昆山市的福伊特纸城成为了福伊特造纸亚洲区的总部，全新的管理委员会开始执掌福伊特造纸亚洲区。这对升任亚洲区总裁的刘明明来说是一个考验,也是一个机遇。福伊特造纸选择刘明明是因为:首先,高层的稳定对于整个团队的稳定异常重要,这个职位需要的是一个能够长期在这里做事的人;其次,这个人必须能够高度适应本土文化,熟悉中国乃至整个亚洲区的发展现状和未来趋势;最后,这个人要有很强的号召力和良好的沟通能力,能够容纳不同的文化,可以团结不同的人,让大家往一个方向走。

新的职位对刘明明也是一个很大的挑战。崇尚学无止境的刘明明发现,自己永远有需要学习的东西。两年前,她就开始攻读 EMBA 课程,经常和她的管理团队分享自己的经验,女性包容的特点让她站在一个高度,跳出原来的圈子,从整个亚洲乃至世界的视野来观看事态的发展,以便取得更大范围内的成功。

刘明明说:"成功有部分原因在于我更懂中国,同时也要感谢自己不服输的性格。危机需要你去主动直面它,而且越快越好。"在这个过程中,刘明明大胆放权、分享经验,利用团队智慧提高企业的应变和创新能力。有人说,这样把自己的理念和知识与团队分享,再放权给下属,容易把自己架空。但刘明明认为,从某种意义上说,给公司创造一个平台,也是给自己创造一个平台。她与她的管理团队团结一心,共同为公司的明天努力。这也让她有了更多的时间着眼宏观,为公司寻找新的增长点,通过慷慨的分享,实现了自身、公司和客户的共同成长。

引领未来,主动承担行业领袖责任

造纸是一门与国民经济具有较强正相关性的行业。受国际金融危机影响,中国造纸行业自 2008 年年底到 2009 年年初经历了产品库存积压严重、生产负增长、利润大幅下降等多重严峻考验。

2009 年 2 月起,中国政府刺激经济增长的一系列措施使中国造纸业经历了一段曲折上升的时期。

◘ **你的企业可以与众不同**

  2009 年，中国造纸产量达到 8500 万吨，同比增长了 10%，在经过年初几个月的负增长和个位数增长之后，至 8 月份，中国造纸产量同比增长率首次超过两位数，达到 18.82%。以此为标志，中国纸业已度过最困难时期，进入一个战略制胜的新时代。在此时期，原料成本与产品价格的博弈、先进装备与性能价格的博弈成为行业发展的关键所在。

  谈到福伊特给中国造纸业带来的变化，刘明明认为更多是行业责任的提倡和管理经验的分享。其中，她与客户谈论最多的就是中国造纸行业的环保问题，而环保不单是中国造纸业的问题，也是全球性的话题。

  2007 年 6 月，国务院发布的《节能减排综合性工作方案》中明确规定，"十一五"期间淘汰落后造纸产能 650 万吨。主要淘汰年产 3.4 万吨以下草浆生产装置、年产 1.7 万吨以下化学制浆生产线、不达标的年产 1 万吨以下以废纸为原料的纸厂。随着这一政策的实施，大批低产能、高污染的中小型造纸企业因无力承担达标排放增加废水回收装置和废弃物处理装置的支出而被迫退出市场或被强制关停。同年 10 月，发改委颁布的《造纸产业发展政策》对新建、扩建制浆造纸项目单条生产线的起始规模作了明确规定，再次提高环保标准。而 2008 年 8 月 1 日正式执行的新《制浆造纸工业水污染物排放标准》，则使得一批中小纸厂由于普遍缺乏符合新标准的处理能力，为求生存而不得不追加环保投资，最终推高行业平均成本和纸价的上涨，大型纸厂则从中获取更多利润。

  从这一连串的政策制定中，可以想见设备升级对于中国造纸行业企业发展的重要作用。而目前中国造纸企业主要采用的设备中，高端设备主要来自德国、芬兰和奥地利；中档设备则以日本和我国台湾省生产的为主。以福伊特为例，由于其特点是主打高端，高昂的价格难免令一些中小企业望而却步。

  为此，刘明明提出在不降低技术标准的前提下，通过降低内部管理成本来降低客户的投资成本，帮助行业内的一些中小企业淘汰落后设备。在采访中，她一再强调："我们的价格就是客户的成本，福伊特的目标——'德国标准，中国制造'追求的是'卖一点，精一点'，通过价格的合理化保障客户的收益最大化。"

事实上，对设备的投入显示了企业对未来的着眼点。购买便宜的设备未必经济，企业多花一些钱购买设备不会垮掉，但今天少花了这笔钱，未来就有可能被迫停产乃至死掉。曾经，中国一批中小纸厂只顾眼前利益，忽视水处理设备的购置，现在这样的企业越来越少了。而福伊特始终重视环保技术的发展，从环保角度帮助客户尽可能多地节省原材料、降低能耗的做法，也使其得到了越来越多企业的认可。

在关注中小企业的同时，刘明明也致力于通过福伊特纸机的推广，引领一些大企业更加关注市场趋势，理性投资，注重管理框架、员工培训的提升。某些企业虽然购置了先进的造纸设备，但并没有很好利用，进口设备与人员素质差还是比较普遍的矛盾。

刘明明建议总部将"同一平台"这一在欧洲最为成功的生产线模式在中国地区推广，提高了中国市场在福伊特全球战略中的地位。事实证明她的判断是正确的，目前已有超过18条的"同一平台概念"生产线在中国运营。同时，福伊特进一步又推出了"整厂总包方案"，针对影响造纸流程的设计、采购和安装提供指导服务，帮助客户提高效率、降低风险，提高成本效益优势。

不仅如此，作为一家拥有上百年历史的家族企业，福伊特在企业文化、企业管理层面有很多自己独特的一面，这也是刘明明乐于与国内企业分享的话题之一。

中国的民营企业中，家族企业占据着较大的比例，是中国经济和社会发展不可或缺的一员。如何帮助中国的家族企业健康成长、基业长青，她提出需要做到长远地考虑问题，其中履行专业化管理是不可跳过的一环。而在福伊特的亚洲区客户中，玖龙纸业、金光集团等也都有着家族企业的背景，只要有机会，刘明明就会把福伊特的经验与之分享。用她的话说，大家之间的关系已经不仅仅是设备而已，还包括管理经验的分享与交流。

◘ 你的企业可以与众不同

在本次采访的最后，刘明明说，自己之所以能够在福伊特工作十几年，是因为已经被这个企业的文化深深打动。进一步地，她将自己所面对的主要对象描述成一个"生态圈"，其中包括德国总部、目标市场客户、现有竞争对手以及潜在竞争对手，而她在其中有维护并主动引导这个"生态圈"健康成长的责任和义务，要依靠大智慧、大胸襟去系统思考、长远布局。显然，这些都考验着一个领导者的直觉和包容能力。不可否认，从超越自我到主动分享，刘明明在自己的职业生涯中实现了个人管理风格的转型，在跨国企业中塑造了独具中国女性特色的管理魅力；而积极承担和履行企业公民责任，致力于带动行业共同成长，则体现了福伊特在步入辉煌的时刻，能根据角色需求即时转换的行业领导者风范。

《卓越管理》2010 年 3 月

（本文与刘涵予合作）

志做中国啤酒市场的年轻王者
——专访金星啤酒集团有限公司董事长张铁山

作为中国啤酒行业快速前进的参与者同时也是见证者,张铁山已经投身啤酒行业整整25年。凭着对啤酒行业的专注和默默耕耘,他所领导下的河南金星啤酒集团有限公司目前已经成长为中西部啤酒行业第一品牌,在10个省份拥有18家分公司,年销量为200万吨,产销量位居全国四大啤酒生产商之列。

近日,张铁山在接受本刊记者专访时表示,金星啤酒现正面临着严峻的市场考验,强敌环伺,但金星不会被动防御,主动进攻会成为金星未来一个重要的战略举措。在已经立足中部、谋局西南、放眼东盟市场的基础上,未来的金星啤酒会着重打造一个全国性品牌,实现品牌由区域到全国的蜕变,志在成为中国啤酒市场的年轻王者。

张铁山还透露,金星啤酒计划在年底之前完成对企业的改制工作,进而为公司上市打好基础。"我们未来一定是要上市的,因为上市可以让一个企业变得更加规范。而上主板市场是我们首要的选择。"张铁山说。

平民英雄,引领中西部啤酒市场

◇记　者:经过25年的持续发展,金星取得的成绩有目共睹,但与业内强势品牌相比,金星在国内消费者的心目中离一个全国品牌还相距甚远,对

◘ 你的企业可以与众不同

此问题，你怎么看？

◆张铁山：是的。今天的金星虽已经发展到18个分公司，布局了河南、山西、陕西、甘肃、云南、贵州等生产基地，构筑了完善的全国营销网络，年产销啤酒达到200万吨，成为华润、青岛、燕京之后的中国啤酒四强，但客观地说，金星仍然属于国内啤酒行业第二梯队的领军者，与第一集团中的知名啤酒品牌尚有不小的差距，这也正是我们今后努力做好工作的动力所在。

◇记　者：据我们所知，金星啤酒诞生于中原腹地河南，即便是在成长为河南省第一品牌之前，也曾经历过艰苦卓绝的市场洗礼。

◆张铁山：可以说，金星的每一点进步都浸泡着我们所有金星人的努力。1986年，金星走出濒临倒闭的阴影准备大踏步前进的时候遭遇了本土的另一支啤酒新锐——奥克啤酒。在那个年代，竞争手段单一，大都以价格战为主，在郑州市场经过一番激烈的"巷战"之后，我们决定实施迂回战略，让金星啤酒下乡，开拓更广阔的生存空间，通过"农村包围城市"，再图大业。因为啤酒下乡，在当时不仅利润要高于郑州市场，更重要的是我们获得了更大范围的消费者认同。在此后的几年里，金星啤酒销量大增，竞争对手被我们一点点甩在了身后，由此我们开始逐步称雄河南市场。之后开始大胆布局全国，完成全国市场布局。我们在2006年又推出进军中高端市场的"新一代"系列产品，开始从上打压竞争对手利润最为丰厚的中高端产品。到现在金星不但巩固了河南第一品牌的地位，并且河南市场也成为金星啤酒全国的样板市场。

◇记　者：在河南市场，金星啤酒1998年的市场占有率已达到40%，而当时另外几大啤酒巨头还没有大举进入中原市场，作为区域市场王者，为什么没有继续扩大市场占有率，而是选择走出去？

◆张铁山：1998年，金星集团实施"走出去"战略，开始对外扩张，其原因有两个：第一，金星啤酒当时在河南市场占有率达到40%以上，郑州市场更是达到70%以上，对于一个区域性品牌，单一布局成为限制金星继续向上发展的瓶颈，金星亟须开拓出新的市场；第二，河南地区啤酒品牌的盈利能力本来就偏低，金星啤酒一直走的是平民化路线，扮演着平民英雄的角色，而随着竞争的加剧，市场被日益分割，金星有必要走出去寻求另一片蓝海。

◇**记　　者**：走出去是一个很有战略眼光的选择，但向哪里去是不是变得很关键？

◆**张铁山**：的确如此。我们走出去的战略定位是"避强就弱"，也就是说选择几大啤酒巨头没有布局的市场，在那些近乎空白或者说竞争不是很激烈的市场上立足才是保障我们这一战略成功的关键所在。所以我们一开始选择了贵州安顺市。但当时在我宣布的时候，其实有很多人都在质疑，甚至不乏反对者。他们觉得，安顺地区啤酒消费水平极低，人均消费量不及全国平均水平的十分之一，在这样一个几乎被中国啤酒遗忘的地方设厂风险很大。而我觉得这恰恰是一个机遇。

事实也证明进军贵州市场是明智之举。投资安顺，仅仅在一年时间里，金星就成为贵州省第一啤酒品牌，这给我们带来了可观的利润回报。此后，以安顺模式的成功为模板，复制出山西、陕西、云南、河南等多个分公司，我们围绕着"建设一个、准备一个、考察一个"的原则不断壮大自己的版图。从1998年到现在，金星已经由一个不太知名的地方啤酒企业跻身为中国啤酒行业四强。正是这步棋，让金星在"列强"盘踞的东部和西部由北向南撕开了一个缺口，成为国内啤酒业三足鼎立之外的另一极，也为金星在中西部树立霸主地位开了个好头。

◇**记　　者**：宏观布局让金星找到了正确的前进方向，但在微观操作层面，作为一个外来品牌，金星啤酒又是如何击退本地品牌的挤压和排斥的？

◆**张铁山**：20年前我就说过，做啤酒最先要解决的是质量问题，如果质量不过关，企业只有死路一条。金星之所以能取得这样的成绩，这都与我们对质量的一贯坚持密不可分。作为中国大众啤酒市场的主导者，金星一直都在强调本身产品的质量。在我们眼里，好啤酒的标准只有一个，那就是让消费者满意，让消费者放心。为了达到这个标准，我们的团队从来没有停止过在工艺上寻求突破和创新，至臻至纯的新鲜口感得到广大消费者好评，从而让金星的产品更具有竞争力，不惧怕任何一家竞争对手的挑战。此外，得当的营销策略、稳定的经销商队伍以及不断创新的营销模式都是金星在各地市场胜出当地原有品牌的有力武器。

品牌提升，让金星闪耀中国

◇记　者：品牌营销大行其道的今天，打造强势品牌成为每个企业的终极愿景。金星啤酒在品牌塑造上有怎样的思路？

◆张铁山：金星从建厂一直到今天，我们已经在全国建立了18家啤酒分公司，产能也达到200万吨，这个数字看起来似乎不错，但仍与国际乃至国内几家啤酒巨头差距很大。原因何在？我们的落后不仅表现在产能上，关键是品牌的差距。以前我经常说，金星的目标是造一条大船，越大越好，但现在我觉得，"量"并不是竞争取胜的最佳法宝。所以，金星在2006年以后开始调整思路，逐步停下"跑马圈地"的做法，进而把重点转向内部，在企业品牌塑造、品牌营销以及内部管理上多下工夫，在一个时期内，金星的品牌形象和知名度都有了很大提升。

◇记　者：金星过去在品牌形象塑造上，也选择了寻找品牌形象代言人的方式，但我们发现，一是产品与代言人的契合度不是很强，二是形象代言人频繁更换使得消费者跟不上或者无法参透企业的真实诉求。这中间你们是不是有值得总结的地方？

◆张铁山：金星一直在尝试塑造适合产品自身的品牌形象，品牌战略也随着不同的品牌诉求发生相应的改变。最初我们的代言人是腾格尔，因为当时我们要做陕西市场、内蒙古市场，便顺理成章选择了被誉为"西部歌王"的腾格尔；而在第二个阶段我们选择胡兵做形象代言人，是为金星的城市化战略服务的，他的加盟给金星增添了时尚元素，更彰显了金星啤酒的活力；后来我们又选择了黄健翔，因为他是娱乐和体育界的宠儿，时尚和激情的特质正是金星啤酒所需要的品牌内涵，这个决定也继承了金星的平民化路线。在2008年的时候，我们开始推出"新一代"产品系列，目的就是让我们的产品诉求更加聚焦。总的来说，金星在品牌塑造上虽然有些失误，但走得还算得上稳健扎实。

当然，金星的品牌营销不会划上休止符，下一步还需加大力度，我们毕竟都还在路上。

◇记　者：你刚才谈到金星"新一代"，如何诠释"新一代"？

◆张铁山：金星"新一代"是个双重意义的定位，其一，金星"新一代"是相对老产品而言的，代表着产品的升级，品质的提升；其二，"新一代"是对消费者而言的，我们要让新一代逐步成长起来的更年轻的消费者成为我们产品的忠实拥趸，我们要让他们知道，金星就是为你而来，为激情和欢乐而来，正如我们2010年的广告语所说的那样："金星新一代，有你更精彩。"我们其实就想传达这样一个信息：我们越来越重视与消费者的互动和交流，作为中国啤酒的新生力量，与消费者的心灵沟通和共鸣始终是我们矢志不移的追求。25岁的金星虽不算老，但它已经准备好以更年轻的心态去迎接挑战，去实现成为一个全国乃至国际性知名品牌的梦想。

◇记　者：要去缔造一个强势品牌，没有强大的资本支持是不可想象的，你们在资本市场上有什么样的考虑？

◆张铁山：金星的发展是一步步走过来的，基本没有借助过其他外力，主要靠滚动式自我积累实现成长。这就意味着我们的扩张不能像青岛一样用品牌力量去整合异地资源，也不可能像华润一般凭借资本手段攻城略地、开拓市场。金星在坚守自己独特扩张之路的同时，肯定要去尝试获得成长的新的方式和手段，就像你说的资本。我们啤酒行业有着自身的特殊性，也就决定了啤酒业竞争的核心要素是"品牌＋资本"，而且在企业发生大规模并购的时候，资本就成为推动并购顺利进行的最根本力量。资本的力量不言而喻，而我们也在不断尝试、寻找与资本对接的机会。早在1994年，我们就开始与美国蓝马合资，不过这种合资并不是将金星完全交出去，只是拿出一个分厂，实验性地走出去的一个做法。此外，金星还与国际啤酒巨头美国百威、AB公司等大公司保持着联系，与外部合作的大门始终敞开着。

不过资本是把双刃剑，如何利用要因时因地好好研究。以前我也说过，做企业既要靠勇气，也要靠理性，一个企业在重大投资决策上可以错一次，但不能错第二次。要让金星闪耀全国，那就必须时刻保持清醒的头脑。

◇记　者：金星的发展目前已经部分遇到了资本的桎梏，在与资本对接的过程中是不是已经做好了准备？

◆张铁山：随着华润雪花、青啤两家啤酒巨头近期强势进入河南啤酒市场，不但撕开了豫啤企业构筑的防线，也可能使河南啤酒市场迎来新一轮的整合浪潮。当下，引入战略合作者进行融资成为我们的当务之急，这是目前环境下竞争的需要。

但现在我们还不能进行有效融资，因为企业股改解决不了，融资就无从谈起。下一步我们计划着手企业的改制工作，争取到2010年底前完成吧，只有完成体制改革，融资才有可能取得突破，或许那时也是金星真正实现与外部资本对接的开始。

坚守务实，做中国最好的啤酒

◇记　者：25年的发展史，金星啤酒沉淀了哪些独特的文化基因？

◆张铁山：金星被称为啤酒行业的草根英雄，在25年里主要靠滚动式自我积累实现自我超越和成长，坚韧、务实、追求卓越始终是金星企业文化的核心价值标准。不管是在金星事业的初创期，还是在蓬勃发展的现在，这些信念已经根植于金星员工心底。也正是这种坚韧务实、追求卓越的文化理念的指引，使得不同阅历、不同区域的人齐聚在金星旗下，和谐融为一体迸发出智慧的火花，酿造出充满激情富有个性的啤酒，帮助金星实现了快速发展的奇迹。路无止境，金星永远在挑战下一个事业的波峰。

◇记　者：经销商的忠诚度与一个企业的兴衰进退至关重要，金星在自己的发展进程中是如何处理好与经销商的关系的？

◆张铁山：金星的大部分经销商都是随着金星一起成长起来的，具有很高的忠诚度。在金星的眼里，他们已经成为企业的一部分，是忠诚于金星的子弟兵。不管在任何时期，金星都没有主动放弃过一个经销商，在经销商遇到困难的时候，金星也会通过政策和营销活动给予扶助，帮助其渡过难关。由于金星的产品品质值得信赖，受欢迎程度高，他们始终与我们不离不弃。我们的经销商队伍也一直能做到完美执行我们的各项政策，厂商这种相互理解、合作共赢的关系在业内广为流传，吸引了越来越多的商家与我们合作，金星的经销商队伍由此不断地壮大起来。

◇记　　者：很多企业在做大后就按捺不住寂寞，都跃跃欲试想在其他行业寻求新的利润增长点，金星有没有试水别的行业？

◆张铁山：25年了，金星一直把啤酒作为主业，从未进入其他行业搞多元化经营。对于投资来说，做房地产、投资金融业是来钱最快的，但我只想专心做好一件事情，那就是啤酒，金星的目标就是做中国最好的啤酒。

◇记　　者：随着中国啤酒市场的发展，啤酒行业竞争由无序进入有序阶段，区域保护壁垒逐渐消失，中国啤酒市场将会逐步走上更高层次的竞争，这种竞争包括产品升级和营销的创新。在新的挑战面前，金星是否已经做好了准备？

◆张铁山：的确是这样，缺乏创新基因的企业迟早会被淘汰。金星深知消费者对新产品的不断渴求，从来没有放松对自己的要求。尤其在产品的研发升级上更是不惜精力和代价，每年公司都会召开新品发布会，届时千名经销商会齐聚一堂等待新品问世。仅在2009年12月新品发布会上，继金星啤酒"激情新一代"产品后，金星啤酒又推出"金星无醇""金星冰点纯生""金星果园"等众多新产品。在这些产品中，"金星无醇"是河南省内率先研发推出的无醇啤酒，展示出金星强大的研发和创新能力。

雄关漫道，志在问鼎中国啤酒年轻王者

◇记　　者：目前，金星啤酒已是西南三省的一个强势品牌，尤其在云南

省更是深耕了12年之久，拥有牢固的市场根基。但自2009年开始，啤酒巨头，包括华润、青啤、燕京等，都开始试探并进军这片市场，你如何看待？

◆**张铁山**：金星与三巨头相比，在资金上，不及"携资本以令诸侯"的华润；在品牌影响力上，不如具有卓越品牌影响力的青啤和燕京。这块蛋糕它们迟早会分而食之的，只是个时间问题。金星虽然没有资本和品牌优势，但金星有强大、畅通、忠诚的经销商网络，有着健全的营销模式作支撑，有"零缺陷"管理保证下的高品质产品做后盾，有着优良的消费者口碑，所以我们在大西南市场不逊于任何一个竞争对手。在真正短兵相接的时候，我们更要拿出金星人的魄力，主动出击去赢得先机，赢得竞争主动权。

◇**记　者**：我们预判，2010年将是国内啤酒业又一度市场白热化争夺战的开始，金星有无比较好的对应之策？

◆**张铁山**：2010年，必将是不平凡的一年，金星继续捍卫自己的优势市场不被竞争对手吞噬，坚持公司的发展战略和规划，理清金星实现效益增长的思路，从营销模式、营销策略、产品质量管理、品牌宣传等方面做出针对性的改进和提高，加深对自身优劣势的认识，争取做到在竞争中稳固自己传统的优势市场地位并获得一定的发展。

◇**记　者**：据我们了解，河南和云南市场是目前金星利润的主要来源，除了这两个根据地市场外，金星有没有可能在近期复制第三个新兴的区域利润市场？

◆**张铁山**：2009年12月，我们投资2.45亿元的西双版纳生产基地建成投产，规划占地110亩，首期产能10万吨，年设计生产总产能20万吨。同时，在2009年年底，集团投资2亿元，初步设计成产能20万吨的金星啤酒红河州蒙自生产基地也已经开始动工筹建。这是金星集团在2004年投建昆明金星公司后的第二次扩张，进一步夯实了西南市场布局。新基地加固了西南防线，更好地连接起云南昆明、四川成都、贵州安顺基地，形成西南地区点线成面的战略布局，在不断提升金星的整体攻守能力的同时，更有力遏制了竞争对手。而且金星集团可以利用云南这块跳板，顺利挺近东南亚市场。

东南亚市场本土品牌弱且不多,市场竞争力不强,特别是关税壁垒的化解,给我们提供了一个大展宏图的最大机遇,所以东南亚市场最有可能成为金星下一个新的利润增长点。

◇记　　者:金星已经成长为啤酒行业中西部王者,而对于一个区域品牌想要蜕变成全国知名品牌也绝非易事,如何才能走好这一步,去真正实现自己的品牌梦想?

◆张铁山:国内啤酒市场又一轮风起云涌,剑拔弩张的竞争态势已经日趋明显,而金星的对手都很强,每一场碰撞都会是硬仗。即便如此,金星也不会退缩。随着金星全国市场布局的完成,金星有底气去直面竞争。在大本营河南市场,金星是实至名归的第一品牌;当年精心培育的贵州市场,牢牢占据了贵州省啤酒第一品牌的位置;在云南,金星啤酒市场销量连续五年保持第一,是市场遥遥领先品牌;在成都,金星啤酒在城市市场中高端产品销量稳步上升,是消费者最信赖的品牌之一;在甘肃,金星啤酒也已稳坐第一的宝座。

除了市场布局的优势之外,金星的优势还有不少。负债率低是公司良性发展的表现,现金流相对比较充裕,专一做啤酒的坚守保证了金星的专业化;金星啤酒深耕西南市场十余年,伴随西双版纳生产基地建成和蒙自基地的投建,云南市场的跳板会让金星率先进入东南亚市场,与所有对手抗衡我们都不会输在起跑线上。特别是金星总结出的"独自建厂、自我复制、小步快跑"的扩张模式也将会在未来的竞争中展现出其强大的生命力。再者,如果金星能在年底完成改制,进而成功引进战略投资者,那么,金星的未来将会值得期待。

25年的金星发展历程,与百年啤酒品牌相比,只能算作一个年轻人,但金星与同期发展起来的兄弟啤酒品牌相比,我们有着不可多得的竞争优势和发展后劲,所以志在成为中国啤酒年轻王者的目标,我们成竹在胸,一定可以实现!

《卓越管理》2010年6月

■ 你的企业可以与众不同

有志须向极高处　风流尽数中海人
——访中海集装箱运输大连有限公司总经理隋军

危机不足惧，关键是它教会了我们什么

◇记　者：2008年年底美国金融海啸引发的全球经济危机给世界航运业带来的冲击可以说是空前的。2010年全球经济逐渐回暖，对航运业而言，你认为危机真正过去了吗？

◆隋　军：2010年全球贸易增量是15.9%，是自1950年以来增量最大的年份，说明全球贸易正在急速恢复。但是反映到我们航运上，不能太乐观预见2011年有多么好，主要有这么几个因素：一是从目前来看，整个欧美还是在衰退，美国的失业率还是两位数以上，消费能力大不如从前，所以全球这些主要经济体完全恢复元气还需要一段时间，这对我们航运业造成的影响是不言而喻的。二是中国以前作为全球最大的贸易出口加工基地，带领中国变成了航运大国、强国，但现在情况也发生了一定程度的变化，从一些现象可以看出一些端倪，比如广东、东北的大宗出口的半成品、成品数量明显比以前要少。首先是国家要求资源性出口要减少，其次是生产成本在不断增加，例如员工的薪酬在逐年上涨等。三是国内运力急速扩张，2010年和2011年交船下水的订单各城市都是历史最高水平，僧多粥少，航运业的竞争在加剧也是不争的事实。综合以上因素，所以对我们而言，不能过度乐观。

◇记　者：对中海大连公司而言，2010年的各项经营数据都是非常亮丽的，这意味着你们已经从危机中真正走了出来。现在回头再看，你觉得危

机给你和你所带领的团队留下的遗产是什么？或者说你们从中学到了什么？

◆**隋　军**：的确如你所言，刚刚过去的2010年我们向集团交出了一份满意的答卷，但对刚经历过巨风大浪考验的人而言，只是庆幸终于又迎来了风平浪静的发展机遇。对于危机，我既有当时身在其中的切肤之痛，也有之后深深的感谢甚至感激之意。我想，危机给我和我的团队至少在思想层面留下了以下几笔宝贵的精神遗产：一是把"过紧日子"作为一种意识，视为一种态度，要做好精细化管理与成本控制，并要严肃考核，特别是领导干部要率先垂范、以身作则、廉洁自律；二是要时刻不忘提高风险意识与忧患意识，建立风险预控机制，尤其要建立市场风险预警系统和风险防范体系，居安思危；三是把提高团队执行力当作日常工作中最重要的事情来抓，企业的发展不缺思路和办法，关键在于执行落实、苦干实干，各项工作要议而有决、决而有办、办而有责、责而有究。

◇**记　者**：看来你们从危机中的确获得了不少额外的财富。请再回溯一下，当危机呼啸而来、业务量如过山车般直线下滑的当时，你们是什么反应？紧接着又做了怎样的应对？我想这会给那些没经历过深刻危机打击的企业带来一些启发。

◆**隋　军**：在危机四伏的环境里，没有谁能独善其身。当危机扑面而来的时候，我们并没有过度恐慌，而是遵行了"慎思、明辨、笃行"的六字方针，去直面现实、积极应对。首先我们当时通过分析认为中国经济基本面仍会向好，特别是我们所处的东北地区，经济结构对外贸依存度相对较低，影响程度会较小，尤其东北是粮食主产区，给我们做内贸物流留有空间；其次我们有在东北多年经营积淀下来的网络、物流、市场、品牌和人才基础，在仅有资源的开拓上依然有很强的竞争优势；三是我们明确了"抓住重点、突破难点、做出亮点"的行动纲领，用比平时更强的执行力去渡过难关。事实证明，危机并没有让我们伤筋动骨，反而从中学到了很多。

■ 你的企业可以与众不同

不谋全局者不足以谋一域

◇记　者：能够笑傲危机，完全倚仗企业的底气。据我了解，中海大连公司一直是中海集团下属的十几家全资子公司中综合表现最为卓越的企业之一，你从2003年担任总经理已经八年，这期间你最大的感受是什么？

◆隋　军：看着企业由小变大、由弱到强，作为这个团队的负责人，我首先是欣慰，其次是感觉没有辜负集团领导对我和整个班子的培养与信任。

◇记　者：中海大连公司已从当年的区区数十人、偏于一城一地、名不见经传的小公司，发展到目前在东北全境下设18个分公司或办事处、麾下数千人、占据东北内贸集装箱市场70%市场份额，稳居东北地区集装箱货物出运"老大"的地位，你觉得是什么成就了你们？

◆隋　军：当然首先是中国经济快速发展的现实成就了中国航运业，我们赶上了一个最好的时代；再者是中海决策层的高瞻远瞩和战略布局使得我们有了得以施展的舞台，布子大连，胸怀东北；作为践行者，我们能够脚踏实地、兢兢业业地去开疆拓土，才使得我们在今天整个东北市场上具备了明显的竞争优势。

◇记　者：作为拓荒者，到底你们祭出了哪些利器？

◆隋　军：不谋全局者不足以谋一域。大连是整个东北地区最佳的出海口，占有无与伦比的地缘优势，但仅靠这一点是不够的。从我上任的第一天起，我就把深挖整个东北腹地市场作为我们工作的重中之重。第一是明确发展方向，围绕中海的核心竞争力，创造性地制定出了以航运物流为核心的发展方向。同时结合东北老工业基地振兴和大连东北亚国际航运中心建设的社会实际，确立了要在石化物流、钢铁物流、粮食物流、汽车物流、深加工产品物流等各个领域有所突破、有所建树。第二是找准实现路径，通过构建最优化的网络和陆海联运体系来实现运转效能的最大化。比如我们最先开展东北内陆点集装箱中转站建设，将口岸服务前移到内陆网点；创新仓储配送方式，延伸航运物流的陆上服务，建立了东北区域梯级配送体系；同时坚持把海铁联运作为物流陆上延伸服务的主动脉，把内陆网点作为物流发展强大的后方资源，不断加快内陆网点发展和建设的力度等。第三是做好保障支持体系建设，以搭建一流的信息平台来强化竞争力。

◇记　者：多管齐下开新局。以上举措的实施无疑为中海大连在东北大展宏图夯实了基础，但仅有硬件完备精良这一个条件是不能保证打胜仗的，企业在软实力建设上是不是也有独到之处？

◆隋　军：的确。目标明确了，条件具备了，关键是靠人去执行。拥有一支什么样的人才队伍，是否有足够优秀的企业文化作支撑才是无往而不胜的关键所在。所以我们一直很重视培养一流的人才队伍。一是把持续学习作为企业的立足之本，每年培训多达近百次。同时还选送优秀业务骨干到各大院校和机构去深造，从而保证我们的队伍肌体能源源不断地从外部获得养分，在促进员工成长的同时，也带动了企业的成长。二是把创建一流的企业文化作为企业矢志不移的追求。通过开展"树新风、创一流"等一系列活动，使干部和员工对人生价值观、对工作的主动性有了新的认识，企业的凝聚力、向心力、战斗力变得越来越强。

客户的需求是我们前行的不竭动力之源

◇记　者：据我了解，大客户营销战略的强力推进和实施是中海大连公司能在同业内长久称雄东北市场的关键。请问，你们是怎么做到的？

◆隋　军：客户是箱量的生命之源，没有一批稳定的、有实力的大客户作保障，我们在市场上的任何雄心和企图都是不可能实现的。首先基于对中海品牌和实力的充分自信，即我们有能力完成好客户交办给我们的一切业务；其次我们针对我们所处的整个东北市场做足了功课，通过缜密的市场调查分析，找到了可以供我们腾挪的市场缝隙；第三是通过科学的管理手段和强有力的软硬件配套系统，能为客户提供出性价比最好的最优物流解决方案；再加之我们行之有效的人性化的周密细致服务，最终走出了一条赢得更多客户，特别是区内大客户青睐的道路。

■ 你的企业可以与众不同

◇记　者：在哪些行业和领域你们斩获最丰？可否举例说明？

◆隋　军：客观地讲，我们在东北市场所有领域应该都表现不俗。如钢铁物流：与鞍钢的合作不断向纵深发展且潜力巨大，特别是在其进口设备、沿海钢材"散改集"、物流园区合作方面收获颇丰，与本钢在进口矿砂及国内运输方面的合作也颇有建树；粮食物流：抓住东北是粮食盛产地的有利条件，成功运作了中储粮调拨、轮换、贸易合作以及中粮集团粮食深加工产品等项目的合作；汽车物流：在运作沈阳金杯、丹东黄海后，又成功合作了中国一汽进口CKD件和整车出运以及哈飞的整车出运等物流项目；石化物流：代表大客户为中石油、大庆石化、大连石化、吉化等，特别是与中石油的合作，改变了其以往的散货、铁路运输模式，节省了成本，提高了效率，深得客户的赞许。

◇记　者：用星光熠熠来形容你们的大客户群体，应该说是恰如其分。但真正赢得这些大客户的青睐，对你们而言是不是也付出了很多？

◆隋　军：大客户营销应该说是我们中海大连最可以与外人道的一个亮点，目前我们已经形成了一个比较成熟的系统，前期我们也经过了很多的努力与探索，但主要是源于我们持之以恒的努力。对此，我有这样一个体会：能够在复杂的局面下，找到一个把事情做简单化的方法，然后把这个变得简单的事情坚持不懈地做下去，我想离成功也就不远了。

◇记　者：我是不是可以这样理解，你们是站在客户的立场上，去真正了解他们的需求，然后提出最优化的物流解决方案，通过为客户创造价值最终赢得了客户的心？

◆隋　军：对。满足客户的需求是我们矢志追求的目标。打铁还得自身硬，这就要求我们首先在整体筹划、具体操作、全程服务等各方面要优于竞争对手；其次还要善于整合中海内外部一切可以借助的资源去强化我们的综合服务能力；第三我们还要针对客户需求的实际去创新我们的工艺水平和服务手段，以求真正让客户感觉到与我们合作放心、称心、舒心。

◇记　者：与这些品牌大客户的合作，客观上应该也起到了提升中海在整个东北地区品牌知名度和美誉度的作用。

◆隋　军：中海与这些大客户的合作，可以说是相得益彰。对中海大连来讲，只有不断地"找高手下棋"，我们自身的技艺和素质才能持续提高。同时，我们也不断地鞭策自己，因为客户在进步，需求也在变化。客户这种不断变化的需求是真正推动我们前进的不竭动力之源。大客户营销作为我们的一项战略举措，我们会一以贯之地推行下去，在与他们越来越深入、越来越紧密的合作中，一同进步！

《卓越管理》2011 年 1 月

■ 你的企业可以与众不同

共创幸福的消费世界
——访富基融通科技有限公司总裁杨德宏

过去的一年,是疾走在创新和变革路上的 eFuture(富基融通科技有限公司)的重塑之年。执着于"共创幸福的消费世界"的崭新企业愿景,从坚守大客户模式的"一条大道",逐步走出了通向二、三级市场和联手淘宝、京东拓宽互联网络信息化的两条新路。eFuture 的递进创新之路越走越宽。

"我们希望能通过 eFuture 的技术应用,通过更优化的 IT 方式,给消费者进行诸如商品展现、商品选择、商品购买等丰富有趣的购物体验,让人们在购物过程中,有种类似参加展览会的感觉,真切地让人们感觉消费是一种幸福的体验,是一个幸福的过程。"

——eFuture 总裁杨德宏

大客户与我们同行

◇记　者:eFuture 在自己所处的零售软件服务商领域内目前处于一个什么样的地位?

◆杨德宏:我们在国内同行中可以说是领军企业,在亚洲同领域内也算得上是最大的企业之一,因为很少有把零售软件做这么大规模的公司。eFuture 不仅专注于供应链前端解决方案和电子服务,而且也在不断完善核心软件业务和相关增值服务。这些年来,eFuture 已经成功帮助多家全球和本地区领袖客户在中国市场取得了极大的成功。

客观来讲，在流通行业eFuture具有很高的知名度与影响力。但是要按照软件公司这个衡量标准来讲，我们与SAP、用友这些公司相比，在品牌提升方面还有一定差距。

◇记　　者：在国内的市场份额上，eFuture能占到多少？

◆杨德宏：我们要看客户，因为中国的市场太大。如果算总的市场，我们任何一家企业都没占多少，可能10%的份额都不到。但是要按照服务的大客户计算，eFuture的占比可以达到50%～60%的样子，因为我们的大部分客户都属于国内500强企业，都享受我们提供的IT服务。

◇记　　者：据说，像苏宁这样的大型连锁销售企业也是你们的忠实客户？

◆杨德宏：是的。除了苏宁，王府井、燕莎、京客隆、天客隆这些大型连锁超市，基本都与我们建立了很好的合作关系。还有山东的银座、家家悦，广州的华润等，都与我们签约并成为我们产品和服务的忠实用户。目前，eFuture品牌产品已经涉及百货、购物中心、物流、超市、专营专卖、快消品分销、电子商城等七大细分领域，为客户提供IT信息化咨询、解决方案落地实施和后续升级、服务等。截至目前，我们在全国已拥有客户445家，其中，中国百强零售企业客户33家，中国超市行业百强客户23家，中国百货和购物中心80强标杆客户28家，世界级消费和零售客户20家左右。

◇记　　者：eFuture 2010年的销售额大概是多少？呈现出怎样的增长性？

◆杨德宏：我们2010年的销售额现在还不能对外公布，必须等审计报告出来之后才算数，但业绩增长性是很好的。和2009年对比，2010年合同额增长约为60%以上，收款额的涨幅在40%以上。其实从增长性来讲，我们并不太担心。因为现在我们不缺合同和单子，我们欠缺的是怎么把自己的实施能力提升起来，提高实施质量。现在中国市场非常大，新生公司在与日俱增，竞争在逐日加剧，尤其是二、三级市场对我们的实施成本造成很大压力，而未来二、三级市场将是我们的一个战略主攻点。

◇记　　者：据我了解，eFuture跟淘宝网也有大动作，这应该算是

eFuture拓展互联网零售商客户领域的新收获吗？您怎么看待这次合作？

◆杨德宏：2010年我们在不断地做新项目，其中就有与淘宝网、京东商城的合作。其实，与传统零售商相比，与互联网公司合作的风险相对较大，但我们最终还是决定跟淘宝建立合作，主要因为我们有自己的长远打算。第一，淘宝是个全新的零售业态，属于一种新的客户形态，符合未来的发展趋势。通过这次合作，我希望我们的员工能去学习、去接触、去体验，以便将来能更好服务于我们新增的新型业态客户。第二，我也很在意合作客户的品牌，eFuture跟淘宝网合作，对提升eFuture在整个新型的零售业态市场的品牌影响力是非常重要的。

探路二、三级市场

◇记　者：的确，大客户对于企业来说可能是最好的选择，但潜在的长尾市场更不能被忽视。下一步eFuture在二、三级市场有什么样的崭新布局和策略？

◆杨德宏：为了降低二、三级市场对我们实施成本造成的压力，eFuture已于2011年开始在全国范围内计划新增10个办事处、20个服务站，增加对二、三级市场服务的渗透和下沉能力。每个办事处大概有20～30人的团队配置。目前为止，我们已经在全国的核心城市成功建立20余家了。

◇记　者：布局二、三级市场，eFuture团队的服务实施效果如何？

◆杨德宏：截至2011年，我们签下最大的项目是海尔集团，是2010年二三月份签署合同开始合作的。eFuture主要为海尔提供全国5000多家门店的管理软件服务。在国内要走向二、三级市场的话，尤其要利用好家电下乡这个政策机缘，这是eFuture进军二、三级市场的一个主要切入点。今后，在我们成功完成海尔项目的基础上——基本来讲，这个项目我可以说80%是成功了——未来eFuture开拓二、三级市场的战略就可以基本定型，也就是说我们将成功找到一种适合国内二、三级市场的有效推广模式。

◇记　　者：在市场开拓过程中，任何形式的推广都会险阻重重，eFuture 也一定遇到过很多困难。

◆杨德宏：非常难。就拿海尔来说，在我们上线的 5000 家门店里面，很多都是县级的，甚至深入到乡级门店的都有不少，怎么去为它们提供服务？完全靠我们自己的网络，根本没办法做。于是我们就跟中国电信达成合作，因为现在电信系统最发达，网络覆盖面最宽。通过中国电信，我们把 eFuture 的品牌和服务传播送达到县里、乡里、村里，并使之变为可能。下一步，我们还计划与一些合作伙伴共同进行基于网络覆盖的建设，以求建立起更宽广的服务联盟，因为光靠 eFuture 单一构建辐射全国的服务网络是一件几乎不可能完成的任务。在有了这些有益的探索之后，沿着这个模式去扩展，最终，我们实现二、三级市场未来的战略将变得容易且清晰起来。

◇记　　者：服务在 eFuture 整个经营范畴中的地位似乎越加重要起来，您能就此谈谈吗？

◆杨德宏：现在我们的业务基本形态是服务和软件销售各占一半。但是，我们更希望服务的种类不断加大、不断完善，因为软件在中国不值钱，软件商主要是靠服务来实现自身的增值。这些年，eFuture 也在逐步健全和完善原有的服务体系，现在显得更加迫切。我们面临的更多挑战是来自二、三级市场的服务。二、三级市场中小客户增多之后，他们需要更多元、更发散的服务。所以从战略上讲，要占领二、三级市场，在实施过程中，eFuture 就亟须花大力来健全自身的服务体系。

重塑 eFuture 文化基因

◇记　　者：在中国这个激烈的市场竞争环境中，企业挖人的现象很普遍，而这也是个固性的难题。eFuture 是否也存在人才流失的问题？

◆杨德宏：当然有的。有些企业会用两倍、三倍工资来挖人，甚至是整体撬走，让你一点招都没有。北京的人才看上去是多，但是你真正培养好了，被挖的可能性更多。如果做企业，人才问题总是要面临的。如何保障？每个企业得有自己一套方法。老板们应从企业文化建设入手，不能光从一个坐标来考虑留住员工。就是说，企业对员工一定要有多方位的吸引力才对。

◇记　者：企业文化的构建需要纵轴，也还得有横轴，您认为eFuture典型的企业文化特质是什么？

◆杨德宏：讲到企业文化，eFuture原先有个3F：First、Focus、Fast。3F分别寓意着首先要永远追求第一，保持领先；其次是专注、执着，要在1米宽的土地里挖到1万米的深度；第三还要快速应变，持续创新。

3F在某种意义上是我们的标杆和座右铭，而eFuture这些年也是秉承3F标杆来做事的。创业期的我们做得挺好，但公司一做大，有些人就可能躺在功劳簿上，创业的精神和劲头在各方面都有所懈怠，内部效率各方面开始下降。鉴于此，从2010年开始我们专门邀请了香港的顾问公司，帮我们重新梳理和塑造eFuture的企业文化。从副总裁级别以上先渗透，力图重新刷新我们对企业文化的理解。

◇记　者：eFuture 2011年的崭新愿景是"共创幸福的消费世界"，这听上去有些宏观，应作何理解？

◆杨德宏：我们处在一个消费无处不在的时代，无论你去商场购物，还是在网上购物，消费者的体验越来越重要。我们应力求让消费者感觉到消费的过程是幸福的。从我们的软件技术提供到后期的服务支持，我们必须要力求做到最好。比如在网上购物，我们能让消费者很快地找到商品并实现最终购买。相对来讲，这比到超市买东西更容易。但这还不够，我们希望通过eFuture的技术应用，通过更优化的IT方式，给消费者进行诸如商品展现、商品选择、商品购买等丰富有趣的购物体验，让人们在购物过程中，有种类似参加展览会的感觉，真切地让人们感觉消费是一种幸福的体验，是一个幸福的过程。当然，这是一个比较庞大的计划，现在有些细节部分还不便透露。

◇记　者：企业文化有主旨，更需要一些细部的规范，在这个意义上，eFuture又做了哪些改变？

◆**杨德宏**：是的，这就要求把公司文化具体化。比如说 eFuture 应该持有什么样的态度？我们叫 ABC：A 就是 Attitude，这代表一种态度；B 就是行为，即 Behavior；C 是综合能力，我们应该达到一个什么样的能力，英文表达为 Capability。以前大家讲企业文化都较空，现在我们就把它具体化，让制度和规则变得容易操作。还比如说我们的行为，公司历来坚持以诚信为本，那我们就要弘扬这方面的东西。再者，比较有新意的是我们倡导公司内部同事之间要彼此尊重。倡导尊重会增加员工对组织的情感认可，增强归属感。

◇**记　者**：您刚提到的"C"即综合能力，员工综合能力的提高绝非一朝一夕可以完成，通过哪些路径来提升"C"呢？

◆**杨德宏**：我们倡导员工要不断地学习，通过学习来完善提升自己的知识架构，以自身能力的提升来适应公司的不断发展。同时公司也会为员工创造学习的条件。企业文化的关键是要弘扬什么，方向选对了，有了要求，我们就会不断搭建实现的路径。公司确立要为顾客共创幸福的消费世界的愿景，那么作为 eFuture 的每一个成员，都应该为实现这一目标而不懈地去努力！

《卓越管理》2011 年 3 月

（本文与王建国合作）

■ 你的企业可以与众不同

从爱出发　康泽万家
——访北京爱康医疗投资控股集团董事长王东

随着我国医疗机构改革的不断深入，医疗机构产权多元化结构正在形成，公立医院一统天下的局面将逐渐成为历史。未来，公立医院、民营医院、中外合资医院"三分天下"的局面将呼之欲出。这对患者来说，多了一份选择，无疑是一个福音；对民营资本来说，更是一个机会。入行八年的北京爱康医疗投资集团不仅是国内民营资本投入医院的先行者，更是其中的佼佼者。

追索爱康成功的轨迹，探寻它的心灵成长史，不仅仅是要复原一个企业成功的个案，更重要的是它的成功，对后来者、对可以预见的民营资本进入医疗领域投资的热潮有着深刻的启迪作用。因由这个出发点，我们专访了北京爱康医疗投资控股集团董事长王东先生。

爱，是我们出发的原点

◇记　者："用我们的爱创造一个生命平等的医疗环境"是爱康的使命，请你诠释一下这句话的含义。

◆王　东：爱就是如其所是，是要按照他本身的样子去爱他，而不是把他变成你所想要的样子，说得简单一点，爱就是奉献，不是索取。你如果用爱心去对待患者，用患者的需求来满足患者，患者至上，这就叫爱。

每一个个体的生命都是平等的，在生命面前，没有高低贵贱之分。我们告诫并倡导所有的医护人员视所有的患者为至亲、为好友,推己及人,将心比心,把患者的生命视同自己的生命一样珍惜,这就叫生命平等。这看似一个非常高的追求,但我们一直在矢志追求。

我们的使命里还有几个字,叫"医疗环境"。我要把我们的使命扩散到全社会,用我们的行动去影响其他的医疗机构。我们与其他医疗机构要互相帮助,互相合作,用我们的行动去感染他们,带动他们和我们一起去用"我们的爱去创造一个生命平等的医疗环境"。爱自己,爱我们的医院,都是小爱,真正的大爱,是要让这个社会充满爱。用爱心去对待每一位患者是爱康最本真的理念。从爱出发,从内心最朴素的情感出发,这种本源的、纯粹的感情不是我们额外赋予的,而是人们原本就有的。点燃每个人心中的爱,把这种爱呼唤回来,凝聚成一股爱的洪流,是我作为这个团队领军人的职责和使命。

◇记　者:在你们黄石爱康医院的门口镌刻着一个大大的"爱"字,由此也可以看出这是你所领导的医院之魂,为什么你会强调爱?它对医院经营而言是不是有着非同寻常的意义?

◆王　东:的确如此。因为医院提供的是一对一的个性化的服务,而且在医患关系中患者明显处于弱势的一方。如果单从经营层面去管理而忽视精神层次的追求,那这样的管理肯定是要出问题的。拿回扣、收红包、过度检查等在很多医院几乎成了一种普遍现象,从而导致了整体行业道德感的缺失。甚至还有人说过这样的话:要想对得起良心就别学医。按照他的逻辑你要学医,你就难免沾染上这些不良习气,随大流了你又无法面对自己的良心。可见,医疗领域已经遍是沉疴积弊。所以,我们要想走出一条新路,就必须从每一个医护工作者的心灵深处解决问题,启发出他们心中最本初的爱,让他们用爱来真心对待患者,让爱康医院从一开始就走向一条正确的道路。这对于我们今后的事业发展至关重要。

◇记　者:你的出发点无疑是好的,但正所谓积弊难改,在爱康践行企业使命的过程中,是否也有过不和谐的事件发生?

◆王　东:我们黄石爱康医院的重点专科是眼科,前任主任是一位省知名专家，2011年年底因为收红包被开除了。水平再高，能力再强，违反了我们的原则，就坚决不能留，尽管他走后我们眼科的营业收入下降了60%，但是没关系，我不允许违反公司原则的人留在我们的团队里。但对那些真正执行我们公司原则的同事则尽可能地去保护他们，让他们放手去工作，消除他们的一切顾虑。在医疗过程中，有些方面是无法监督和量化的，但只要是我们的员工带着爱心去工作，真正践行我们的企业使命，即便是有所差池也由医院负责。这也可以说是爱康医院的初始心。这个起点决定着爱康未来能走多远。

成为一家受人尊敬的企业是我们努力的方向

◇记　　者：你在投资做医院之前是一个实业家，并且成绩斐然，是什么原因促使你做出这个选择？

◆王　　东：可以说是偶然中的必然。我夫人是学医的，机缘巧合，我在2004年参与了湖北大冶职工医院（黄石爱康医院的前身）的投资招标，结果在四家竞标机构中脱颖而出，从而开始与医院结缘。在这之前我从事房地产开发，从1997年到2002年先后在北京开发了三个楼盘，应该说是小有成就，之前创业时那种朴素的改变命运、过好日子的愿望在彼时已经基本实现。原来以为有钱就幸福了，最早我这么想，是因为没钱。后来有钱了，问题越来越多，困难越来越多，每天焦头烂额的事儿处理不完，困扰不断，活得并不快乐，也不幸福。我在想，做一件有价值又让自己快乐的事情应该是我下一步的目标。因缘际会，我投资做了医院，发现做医疗这个事儿，实际上是在帮助人、救死扶伤。在帮助别人的同时，我也获得了从未有过的幸福感和满足感，日子过得既充实又快乐。

◇记　　者：虽然同是经营，但医疗行业毕竟是一个特殊的行业，你认为与你之前做实业相比，最大的不同是什么？

◆王　　东：首先，目标不同。追求利润最大化是一般做企业的唯一追求，做医院就不能把这一条作为唯一的目标,甚至不能当成主要的目标,而应该把帮助患者解除病痛作为根本的追求。其次,社会对你的认可度不同了。做企业虽然很挣钱,可社会对你的认可度未必就高。做医院可能不挣钱,但是人们对你的认可度是很高的!比如说我去医院调研,到医院病房跟患者聊天,得到的全是真诚的感激和感谢。在做患者回访调查时,患者对我们医院的满意度达到了98%,这对我是一个极大的欣慰,让人觉得特别满足。回想起之前做房地产,很少有开发商是住在自己开发的楼盘里的,即便你房子建得再好,你要是跟业主聊聊,得到的基本上全是意见。做企业和做医院的不同,在于你生命的丰沛程度是不一样的,这不是你挣多少钱可以得到的。一个人的成功不在于拥有多少权力、财富、名望,而在于自己感知到的生命的丰沛程度。我从事医疗事业后发现自己的生命日渐丰盈,也顿悟了成功和幸福的真谛。

◇记　者:其实你感知到的幸福还来自于患者对你们工作的认可和尊重。

◆王　东:是的,这几年我从投资经营医院这个角色中感知到了自己的社会责任。履行好一个企业公民的社会责任是我们的首要之选。我始终觉得做一个让人尊敬的企业家,才是做企业的最高境界。我们尽可能地去帮助弱者,让每一个人在爱康都获得生命的尊严。我们仅2011年就减免了5000多人次贫困患者上百万的医疗费用,这个数字在财务都是有据可查的。

2008年,爱康医院全体医疗人员还捐款100万元成立了"爱心基金"。为了保证基金的公平、透明,我们把它交给当地民政局,由第三方来监管资金的管理和使用。近几年来,"爱心基金"用在各种特殊患者的医疗上,如见义勇为的民警、无钱医治的糖尿病患者等。还是那句话,经营医院就要将爱心化为使命,这样才能得到社会的认可和尊重,才会感到欣慰,觉得没有走错路。

路虽远,力行必至

◇记　者:一个目标的实现,一定是全体团队成员戮力同心、众志成城的结果,爱康从小到大、从弱到强的发展历程中,凝聚起员工向心力的关键点是什么？

◆王　东："信任、简单、透明。"这六个字是我们爱康人的行为规范，也是我们团队凝聚力持续向好的源泉。信任：人与人之间的交流、相处，如果你选择了信任，那你得到的可能是信任，也可能是不信任，但如果你选择了不信任，那你得到的一定是不信任。我们这里所提到的信任是不计任何前提的信任，你选择相信别人，内心就会轻松，你得到的可能是最好的结果。这种信任是对同事、患者的信任，从长远看在内部会减少内耗，包括精神乃至物质方面都会得到比较好的结果。简单：说白了就是我们提倡直截了当的沟通，不拘泥于烦琐的过程，减少沟通的成本，以及不必要的猜忌。透明：理解起来就更容易了，就是公司内部的问题，从不遮遮掩掩。确保制度透明、信息及时披露，用最简单的方法去化解日常管理中可能出现的问题和矛盾。坚持做好这三条，我相信没有企业是管理不好的。

◇记　者：爱康这八年的快速发展至少可以佐证你们的管理是卓有成效的。

◆王　东：爱康的点滴成功，应该感谢社会各界的关爱支持和全体员工的无私奉献。回想一下我们八年来走过的路，我内心深处也确实充满着深深的自豪感。从2004年我们接手时的300多员工、2000万元的营业额，到现在的900多名员工、近2亿元的营业额，爱康黄石医院不仅给我们画出了一条优美的数字上升线，还给我们带来了很多荣誉。比如2009年我们获得了"医疗质量万里行病历评比"二等奖，在全国民营医院中绝无仅有。湖北省卫生厅多次组织其他兄弟医疗机构来我们这观摩学习，这对我们都是一份极大的信任和认可，也更坚定了我们继续前行的信心。2011年我们又与湖南岳阳职工学校附属医院开始合作，使我们的事业又向前推进了一步。

◇记　者：作为一个行业的先行者，在未来你有什么话要对有志于进入这个领域的投资人说？

◆王　东：医疗事业是一个神圣的事业，一定要有信仰的人才可以在这个行业里做好。比如你不能把赚钱作为你的唯一追求目标，就像我们选择合作方，不是简单地算投入产出比，而是看哪里更需要我们去投资。这是一个大有可为的事业，既然下决心选择了，就要义无反顾地做下去。我们也希望在未来前进的路上，能有更多志同道合者，为祖国的医疗事业改革、为更多百姓的福祉贡献自己的一份爱和心力。

《卓越管理》2012 年 8 月

鹰击九天　牧海万里

——访中国卫浴行业领军者九牧厨卫董事长林孝发

远见·直觉·行动力

◇记　者：2012年九牧响亮地提出了"百亿九牧　百年九牧"的战略口号。在许多企业经营者深感严峻的时刻，九牧能做到逆势成长已经实属难得。据悉前三个季度你们比2011年同期销售增长30%以上。不仅如此，你在这时把目光放在了更远处，计划到2016年实现销售过百亿的目标，请问你的底气和勇气分别来自哪里？

◆林孝发：虽然目前整个经济形势看似不容乐观，但就中国的卫浴行业而言我认为依然是春天，特别是对九牧而言，经过22年的励精图治、默默进取和不断蓄势，我们已然踏上了一条发展的快车道。所以当下我们提出了"百亿九牧　百年九牧"的战略目标：到2016年的第一个五年内力争实现销售额百亿元的目标，成长为亚洲知名品牌；再用一个五年到2021年成长为世界知名品牌；利用三代九牧人的努力，将九牧打造成为"百年九牧"，为中国品牌跃入世界知名品牌之林做出我们的贡献。"千里之行，始于足下。"我们的梦想绝非空中楼阁，也更不是逞一时之勇，信心和力量来自于22年来我们九牧人永不懈怠的努力和坚持。

◇记　者：作为中国卫浴行业的领军品牌，九牧近几年的快速成长有目共睹，在国内同类品牌中几成一骑绝尘之势。但英雄也要问一下出处，请勾勒一下九牧22年发展历程中的几个重要节点，帮我们廓清一下一个民族品牌是如何一步步成长起来的。

◆林孝发："选择往往比努力更重要。"我到现在还庆幸，我们选对了行业并义无反顾地坚持了下来。1990年，是九牧创业元年。我们一开始做矿山用采煤机除尘喷雾系统起家，在当时这对民企而言是一个技术门槛挺高的领域，我们敢于挑战，尝试了也成功了。同时我们由此受到启发，如果将喷雾系统用于民用卫浴领域，市场将会更大，但当时国内卫浴都是用水龙头喷淋，既浪费水也不方便。决定转型之后，我们立马付诸了行动，九牧率先研制开发出了国内第一个快开式水龙头，一投放市场，便大受欢迎。这时候一个契机来了，1995年，我去欧洲考察市场，看到欧洲家用卫浴喷淋装置的绝大多数都是"莲蓬头"一样的东西，用水龙头的屈指可数，我就去市场买了3个样品背了回来。经过我们技术人员的研究和改造，中国市场上诞生了第一个不一样的家用喷淋装置。由于其外形酷像花朵，我们给它起了一个好听的名字——花洒。

◇记　者：如果说起步时的选择是创业者选择市场缝隙、捕捉机会赚取利润的本能，那么你们从工业品转向民用品，这一步其实跨度很大，当时你是怎样考虑的？

◆林孝发：直觉。我想可能没有其他字眼比这两个字更合适了。虽然当时卫浴的市场不大，但直觉告诉我随着中国经济的迅猛发展，老百姓的日子会越来越好，那么对生活品质的要求会逐步提高，卫浴市场的需求自然也会水涨船高。况且我们企业所在的泉州属珠三角领域，向来领中国改革风气之先。从接触的一些华人华侨那里我们也了解到，国外的这一块市场需求是刚性的，因此我们肯定这一定也是中国未来老百姓的必需品，所以我们更坚定了转向的信心。

◇记　者：事实证明，你当时的决策的确是正确的，也让九牧从此找到了明确的发展方向。但接下来你们又做了什么，一举奠定了行业领军者的地位？

◆林孝发：经过五年左右的发展，到1999年，九牧快开式水龙头和九牧花洒已经稳居国内市场产销量第一名，这时候我们意识到要想奠定国内同行业领军者的地位，必须让产品升级，走在整个行业的前面。接下来我们做了两件事：一是将更节水的感应水龙头投放市场；二是开始着手做整体卫浴。其实在我们做整体卫浴之前，湖南的远大公司也做过，但他们做的是完全一体化，太超前，市场反应一般。我们经过充分的市场调查，根据国人的习惯，将淋浴间、洗手盆和坐便器分开来做，让消费者自由去选择和组合。2000年投放市场后，得到了消费者的热烈响应。从1990年到2000年，九牧经过十年的探索，完成了我们的创业阶段。自2000年以后，九牧进入了发展期，这期间我们先后推出了适合全家人用的组合花洒、虹吸式坐便器、智能马桶等新产品。到2010年，我们一举奠定了在国内同行业中领跑的位置。

创新·服务·变革力

◇记　者：九牧产品能在市场上笑傲同侪、独领风骚，依我的观察，关键是你们一直走在了市场的前面，从快开式水龙头、花洒、智能马桶到整体卫浴，无一不在验证这一点。这就始终绕不开两个字：创新。

◆林孝发："不创新毋宁死。"现在的市场瞬息万变，科技的发展一日千里，消费者的需求无时无刻地都在变化。作为提供产品的企业尤其是要立志成为行业中的领导者的我们而言，留在我们前面的路只有一条：那就是用持续的创新、不断的变革甚至否定自己，使自己的产品和品牌永葆年轻、拥有无可辩驳的竞争力，这样才能为消费者所喜爱，在市场中拥有话语权。

◇记　者：创新是一种姿态，更是一种能力，但更需要制度保证，否则就非常容易流于形式，就像许多企业挂在墙上的标语一样，仅仅是一种口号式的存在。据我了解，九牧是国内第一家将创新"立法"的企业。推出《九牧创新基本法》，作为企业掌舵者，你是怎么考虑的？

◆林孝发：九牧的创立得益于创新，九牧的发展得益于创新，我们从创新中尝到了甜头，也更能感受创新对一家企业生死攸关的意义之所在。九牧要想成为一家百年老店，九牧的未来一定也得依靠创新。那么，要实现这一点，我们就必须把它制度化、法制化，使之成为我们公司的基本行为准则，不光对我们这一代九牧人有制约力，对下一代九牧人同样有制约力。具体来说，《九牧创新基本法》共39条，从研发、制造、营销、管理、资本等各个层面对公司创新的理念、目标、原则、规范、行为准则等各方面进行了阐述界定，成为九牧人创新的基本行动纲领。不仅如此，我们在其中规定了一些具体的、可操作的方式和方法，如每年要定期举办"创新发展大会"、开展"创新十大事件评选"、对高管和员工分别实施相应的创新激励办法等。最重要的是，作为一项制度规定，公司自2012年起，每年必须拿出不低于销售额3%的资金来作为投入新产品研发的资金。

◇记　　者：把创新置于如此的高度，在国内企业中委实不多见。

◆林孝发：我们的确是下了很大的决心做这件事，让创新成为九牧最鲜明的一个符号也是我任内最想做好的一件事。其实在几年前我去三星电子参观，发现他们研发人员数以万计，每年投入巨额的资金去做新产品研发，当时就给我很大的触动。现在九牧条件具备了，我们拥有超过150人的研发团队，在企业内部还设有国家级的检测中心，我们累计获得专利超过900余项。要想保持住企业发展的后劲，一定要花大代价把创新这件事做好，并且要高调去做，大张旗鼓地去做！

◇记　　者：企业的竞争是多元的，尤其是对像九牧这样生产消费类产品的企业而言，服务是不是也很重要？

◆林孝发："长在消费者心目中的牌子才叫品牌。"九牧深谙这一道理，除了通过创新，严把质量关，让消费者接受并喜欢购买我们的产品之外，我们还必须把服务做好，让消费者用得放心，并通过消费者一传十、十传百，在消费者群体中形成九牧良好的口碑效应。目前九牧的服务主要体现在两个层面：首先是服务好我们的经销商，再通过经销商传导，服务好终端消费者。经销商队伍是九牧能在市场上开疆拓土的一支重要力量，也是企业最宝贵的财富。所以我们首先要做的就是时刻倾听一线经销商的需求和心声，第一时间为他们排忧解困，让他们全无后顾之忧，特别是在新产品上市前的培训、营销中需要注意的具体事项以及应对竞品的策略、对消费者的规范化服务标准等方面，逐一向他们提供帮助。服务好自家人，是我们能把优质服务辐射出去的保障。其次从公司层面，面对终端消费者，我们也不断推出了新的服务举措，如公布全国统一的"400"服务电话、购置高标准的整体卫浴体验车在全国巡回路演等。接下来我们还准备在经销商的基础上，构建全国的服务商体系，目的只有一个，让消费者时刻都能感受到九牧服务的存在，一旦消费者有需要，我们九牧的服务会在第一时间出现在他们面前。2012年6月30日，我们召开了以"服务赢天下"为主题的全球经销商年中大会，是首家将"服务"提高到战略高度的卫浴企业。未来九牧在全球消费者心目中的服务品质提升值得期待。

成大事者必先聚才

◇记　者：《基业长青》一书的作者吉姆·柯林斯曾说过这样一句话："重要的是，在将汽车开向何处之前，你首先必须确定有合适的人在车上。"九牧无疑是一个志存高远、理想远大的公司，在向既定的宏伟目标迈进之时，请问你如何理解吉姆·柯林斯的这句话？

◆林孝发：首先，我非常认同他的这句话。我记得他还说过这样一段话："那些成功实现从优秀到卓越转变的公司的人士心里十分清楚，任何卓越公司的最终飞跃，靠的不是市场，不是技术，不是竞争，也不是产品，有一件事比其他任何事都举足轻重，那就是招聘并留住好的员工。"作为九牧这条大船的船长，我深知九牧能有多快的航速，未来能征服多少海洋，关键是看我们这条船各个岗位上拥有多少卓越的人才。如果我们不求进步，偏安一隅过自己舒坦的小日子，九牧在很多年前就轻松实现了。但我们一直选择敞开大门办企业，给更多有才能、有激情、有理想的人士提供一个施展更大才华的大舞台，是九牧决策者一直坚守的一个信条，也正因为这一点，才成就了今天的九牧。

◇记　者：据我了解，九牧目前六个高管团队成员中，除两位老臣之外，其他四位都是你千方百计从其他行业和领域中挖过来的。这些人才为什么愿意加盟九牧？他们的到来又给九牧带来了哪些改变？

◆林孝发：事业引人，事业留人。因为我们在从事着一项带领行业脱胎换骨、让中国卫浴品牌跻身世界知名品牌的伟大创举，这对那些有志于实现自己理想和抱负的人才而言无疑具有很大的吸引力。人才加盟九牧后，我们会给他们一个相匹配的舞台，可以让他们大施拳脚。就像你刚才提到的那样，我们六位高管团队成员中，有四位都是近三年以内新加盟九牧的，比如我们的研发总裁林山、营销总裁张彬、行政总裁刘艳、财务总裁李强等。他们具有卫浴、家电IT、汽车以及服装等行业国际品牌十多年的丰富实战经验，履历可以说都是光鲜亮丽，能给市场成长相对滞后的卫浴行业带来很多变革借鉴。我和他们有过几次长谈，在听了我对中国卫浴行业的现状和未来以及我的世界品牌理想的阐述之后，他们被我打动，深受感染。这也给他们自己的职业生涯添上了浓墨重彩的一笔。他们加盟后，确实也发挥了很大的价值和作用。今天的九牧人强马壮，可以说是业内最好、最强的。九牧从战略布局到实施，思路非常清晰，战术更加落地。各级代理商、经销商表现出巨大的信心和热情，这些团队与人才的力量才是企业最珍贵的资产和核心竞争力。

◇记　者：其实真正的企业家永远求贤若渴，始终觉得人才不够用，把人才留住才见企业家的真功夫。

◆林孝发：我们企业内部有一套完善的选人用人机制，不仅会从社会上招募精英人才加盟，我们在企业内部也尤其注重对人才的培养和选用。2012年年底以前，我们内部的九牧大学就要正式成立，未来对内部员工的培训将更加规范化和科学化。使所有员工在九牧通过系统学习获得公平晋升的机会是我们的目标。不仅如此，我们的代理商、经销商队伍也是藏龙卧虎，像南京的陈瑞军、北京的陈增强、安徽的黄世芳等，都是与九牧一起合作了十年以上的功臣。他们也是中国卫浴行业中响当当的人才，他们与九牧一起成长。如今公司和他们又以资本关系紧密地捆绑在一起，他们已经从法律层面是九牧的一员。只有这样，未来我们才真正具备了再攀高峰、实现更高目标的人才基础。

◇记　者：从采访中我还发现一个细节，你从创业至今，你们一家一直住在员工宿舍区，现在房子的面积也就120平方米，车子甚至不如员工的好，你这样做是刻意为之与员工打成一片，还是你对自己的生活真的没有太多要求？

◆林孝发：首先，与员工工作生活在一起确实是我自创业以来一直坚持的一个选择。我这样做并非刻意为之，而是成了我的一个习惯。一个最主要的想法就是，能始终倾听到他们真实的想法，像兄弟姊妹那样相处，真正地融合成一家人。其次，我始终认为九牧一直处在事业的打拼期，与我们几兄弟20年前创业时并没有什么本质的改变，不能等日子好过点以后就忘记了我们是怎么走过来的，克勤克俭的作风始终不能丢。虽然我们近些年企业有了长足的发展，各方面条件都有了很多改善，但我首先想到的是改善员工的生活条件，如企业提供无息贷款鼓励他们买房置产。而我自己对物质并没有太多的要求，我觉得一个人笃定一个目标，然后去尽力实现它，就是最幸福的，其他的都不重要。

问行业谁主沉浮？

◇记　者：从报道中得知，九牧对当前的中国卫浴行业有这样一个判断：国内的卫浴行业现在正处于春秋战国时期，一方面是鱼龙混杂竞争无序，一方面又是群雄并起硝烟弥漫，一场行业的大洗牌在所难免。或许真正的强者即将从蛰伏中崛起，那么九牧要在这其中扮演何种角色？

◆林孝发：这么说可能更直观，中国的卫浴行业至少比中国的家电行业落后了10年，家电行业的几大品牌一般老百姓大概都耳熟能详，但要让他们说出几大卫浴品牌来可能就会成问题，这个行业内品牌的辨识度在消费者心目中还没有真正形成。粗略估计国内卫浴厂家至少有数万家，像九牧这样的行业领军品牌，一年销售35亿元，所占的市场份额也仅有3%左右。所以说卫浴行业处在一个春秋战国时期是恰如其分的一个判断。如此多的厂家都还能在市场上生存，一方面说明中国的市场足够大，另一方面也表明这个行业初始的进入门槛并不是很高，所以才形成了这种市场生态。但随着消费者越来越中意品牌，越来越关注产品的科技含量，很多家庭作坊式小厂生产的卫浴产品就会逐渐被消费者放弃，行业的大洗牌在所难免。据我们判断，2012年应该是卫浴行业从春秋进入战国时代的关键一年，一些行业中的优秀分子势必会脱颖而出。这其中，九牧已经占有了相当的市场优势和地位。在新一轮的博弈中，九牧一定会当仁不让，变得更强大。

◇**记　者**：九牧的确占据了一定的先机。仅就市场占有率而言，你们和国内其他品牌的距离已经在明显拉大，同科勒和TOTO的市场份额却大致相当，也就是说，未来你们竞争的重点并不是国内操戈，而是必须要和在中国取得不俗业绩的这两个国际品牌去针锋相对，展开一场肉搏战。是不是这样？

◆**林孝发**：我们在北京鸟巢附近有一个九牧北京展示中心，与我们毗邻的就是科勒和TOTO两大国际知名品牌，从中也不难看出我们对标的的确是这两大知名品牌。但一开始我们与它们的争锋用"肉搏战"来形容也不尽恰当，因为我们目前的市场竞争层面不尽相同。如果把我们的市场分为三个层面，即大中城市的一般消费者市场、大中城市的工程市场和二三线城市市场，我们在大中城市的一般消费者市场占有率基本上和它们旗鼓相当；在二三线市场我们占有明显优势，和它们基本上没有竞争，因为这两大品牌的销售网点一般覆盖不到那个层面；真正和它们有差距的是一线城市的工程市场，在这个层面这两大品牌比我们有明显的优势，这也正是我们努力赶超的地方。为此，我们正计划收购一家国际知名卫浴高端品牌，争取在这块市场竞争中也能有所建树。

◇**记　者**：既然九牧把科勒和TOTO作为对标品牌，它们有哪些值得学习的地方？同它们相比九牧又具备哪些明显的竞争优势？

◆**林孝发**：科勒和TOTO经过多年在中国市场的精耕细作，已经在中国高端消费者心目中奠定了一个不错的口碑，特别是它们借助在本国积聚起来的技术优势和良好的市场运作经验，一进入中国市场就高举高打，特别是整体卫浴这一块，起点比我们要高。科勒走的是设计路线，主推厨卫经典；

◨ 你的企业可以与众不同

TOTO标榜的是高科技人性化。应该说它们二者各有千秋，特别是在市场策划和推广方面更有许多值得我们学习的地方。九牧主张的是"健康卫浴专家"，从产品的设计理念到产品本身，我们都力求并致力于为消费者提供一个更健康的选择。如果说其他方面的优势，我们认为自己更懂中国市场：我们甚至会因北方水质硬的特点专门设计软化水质的卫浴产品；为解决部分地区水压不够的问题，我们会在卫浴产品中专门开发使用涡轮增压技术等。我们会及时洞悉消费者的不同需求并作出相应的改变。我们另外一个明显的优势就是我们拥有覆盖全国的像毛细血管一样的网络。截至目前，九牧在全国拥有七大运营中心、近三万家销售网点。这是我们在未来能赢得竞争的一个不可多得的优势所在。

◇记　者：假以时日，成为市场的强者应该可以期待，但成为一家受人尊敬的企业却很难。九牧作为一家正处于强势上升期的企业，在履行一个企业公民社会责任方面有哪些作为？

◆林孝发：九牧自创立以来，一直致力于为社会做出力所能及的贡献，如携手中国儿童基金会为西南旱区儿童捐建水窖、与中华社会救助基金会向舟曲地震灾区学生献爱心、与世界自然基金会一道参与"2011地球熄灯1小时"活动等。虽然力量微薄，贡献不多，但我们通过积极参与社会公益活动，教育我们的员工要感恩时代、反哺社会。

◇记　者：面对未来，你对九牧有何种期许？

◆林孝发：向消费者提供健康、环保、节能的卫浴产品，不断改善和提升人类卫浴家居生活品质是我们矢志以求的目标。在此基础上，把九牧带向更广阔的舞台，成长为世界知名卫浴品牌，为"百年九牧"这一更高目标的实现竭尽全力。

《卓越管理》2012年9月

江河文化：雷士照明的文化DNA

——王者归来，再访雷士照明总裁吴长江

2012年10月8日，随着新浪财经频道栏目视频专访的播出，有一个画面让人印象深刻：雷士照明创始人吴长江、赛福赛富投资董事长阎炎、施耐德中国区总裁朱海微笑着把手握在了一起，相逢一笑泯恩仇，加之9月4日吴长江被雷士照明董事会任命为雷士"临时经营管理委员会"负责人，这场自2012年5月25日肇始的"雷士风波"可以说已经真正告一段落。历尽劫波、劫后余生的雷士能否重回王者之巅、续写昨日的辉煌？无疑，这是值得很多人关注和期待的。但从另一个角度来看，一家企业经此磨难而没有变得一蹶不振，其背后的支撑到底又是什么？凭笔者多年对雷士的关注和观察，不妨从雷士企业文化的角度去做一个剖析，以求还原一个真实的雷士，以飨读者。

中华文明是典型的江河文明，千百万年来，中华民族在长江、黄河等大河的滋养哺育下，创造出独具风格、丰富多彩的华夏文化。而江河文化恰恰是雷士文化中一个最显著的特质：江河——源远才可以流长。雷士初创时便立意高远，树立了把自己发展锻造成为世界知名照明品牌的企业愿景，并持久蓄势，卓越的远见注定了其具备勇往直前、摧枯拉朽的不竭动力之源；"江河不择细流，故能成其深"——雷士在发展的过程中从来不是一意孤行、孤军奋战，而是放低身段，选择合作，牺牲短利，谋局长远，把经销商、供应商等合作伙伴以及员工队伍打造成自己铁打的同盟，由此其内力不断深厚，获得了持续向前的可靠保障；"溪涧岂能留得住，终归大海作波涛"——因为

有坚定的理想信念在前，所以就不愿意做池中物，吸纳并蓄一切有利于企业发展的因素和资源为己所用，包容已经融入了雷士人的血液之中，成为中国优秀民族品牌的代表，进入世界竞争的大舞台并占有一席之地是雷士掷地有声的最强音。

发于万仞，荡涤向前

吴长江本身就是一个传奇。吴长江出生于重庆铜梁农家，1985年考入西北工业大学飞机制造专业，他是当地第一个大学生，成为乡里人的骄傲。1989年吴长江毕业分配到陕西汉中航空公司，1992年吴长江辞去被很多人艳羡的公职，南下广东打工，开始了他自己选择的人生。两年后，他拿自己积攒下来的15 000元钱，又找了另外5个股东，成立了惠州明辉电器公司。1998年，吴长江和另外两个高中同学一起凑齐了100万元成立了惠州雷士照明有限公司。从这一刻起，"创世界品牌 争行业第一"这十个字就被树立在了雷士的大门口，更被镌刻在创始人吴长江的心里。

历史闪回到1998年。当时飞利浦、松下等国际照明巨头已经开始布局中国，中国本土的照明企业如雨后春笋般一时间冒出来很多，雷士所在的珠三角地区更是照明企业的密集分布区。大家看好的无非是中国市场庞大的市场容量和不断扩大的市场需求，仅当时的市场容量就高达1000个亿。未来中国照明市场的美好前景在激励和召唤着像吴长江一样怀着激情和梦想的年轻人投身其中。

理想很丰满，现实却很骨感。当时的雷士一无背景，二无资源，缺人才、缺资金、缺订单，有的可能只是吴长江一腔的创业豪情和立意高远的坚定信念。就像一脉大江发于万仞之上，初始只是涓涓清流，但它来源于高山，目及天下，视野辽阔，流向大海是它唯一的志向。正是这份发端时的自信，支撑着吴长江和他的雷士在今后的时日里执着向前。由此联想到企业家必须具备的两个基本素质，即远见和冒险精神。初试啼声的吴长江无疑具备了这两种精神特质，但等待他的却是无尽的考验。

为了让刚出生的雷士获得生存下去的权利，吴长江只能把品牌梦想暂时揣在心里，和其他本土品牌照明生产企业一样做起了贴牌生意。但吴长江将贴牌生产视为企业国际化的起点，巧妙地通过贴牌生产了解了不同国家的法律法规、技术标准、受众偏好甚至人文风俗，积累了企业国际化的宝贵经验。用他的话说，贴牌生产对于从那个年代走过来的大陆企业来说，是实现国际化的必要准备。

在获得贴牌生产带来的第一桶金后，吴长江带领雷士积极推动企业转型和品牌升级。如他所说，中国企业国际化的第一步不是卖产品，而是卖文化。2000年，刚准备在自主品牌上大展拳脚的吴长江就遇到了难题。有客户反映雷士的灯具用不到两个月就坏了，随后公司对问题产品进行检验，发现是灯源供应商提供的产品质量有问题，而质检把关不严直接导致问题产品流向市场。吴长江当即决定将问题产品全部召回。有人建议把雷士商标抹去后再销售，他断然予以否决。当时，"召回"在国人眼中还是一个新鲜词，雷士敢于率先向自己开刀，因此成为照明行业第一个对产品实行召回制的企业。这次召回，雷士损失了200多万元人民币。对于刚起步的雷士而言，这无疑是一笔巨款。

吴长江后来曾在一些论坛上公开表示："当时的销量直线下降，损失很大。但是树立品牌的第一步就是要诚信经营。出现问题的时候，要做负责任的企业。我觉得品牌不是宣传出来的，而是做出来的。允许你犯错误，但是对待错误的态度，要直接体现出'以诚为本'的企业文化。实施召回的做法以后，我们在消费者中的口碑越来越好。"

看似一次简单的召回之举，让雷士无异于成为了行业中的一个另类，即放弃眼前的蝇蝇之利，把维护品牌在消费者心目中的位置放到了至高无上的地位。吴长江的企业家胸怀由此也初现端倪。

正如一条河奔流的过程中，难免泥沙俱下，如果河流放弃向前，只能沦为一处污水潭；而雷士始终铭记自己初创时的梦想，像一条奔腾不息的河流，清者自清，荡涤尽一切杂质，一路向前。

以天下之至柔，驰骋天下之至坚

一条河有了品牌的感召力，便具备了成为一条大江的可能。

吴长江深知光凭雷士的一己之力去实现"创世界品牌 争行业第一"的梦想是那样的遥不可及。借着通过召回事件使雷士获得的跃出同侪的品牌美誉度，雷士开始了自己的渠道拓展整合之路。

吴长江认为，小企业成长最开始是打品牌，其次就要铺渠道。渠道为王，渠道制胜，在照明行业也不例外。他在国内照明业首创了"品牌专营＋大区域营运中心"的营销模式，打出了 NVC 雷士照明品牌。

开品牌专卖店其实也是吴长江当年的不得已之举，初创期的雷士因资金有限，不能像国际大品牌那样去打广告，于是吴长江准备开辟一条新路，开始尝试专卖店模式，并以 3 万元的补贴政策吸引经销商开设专卖店。

针对加盟开专卖店的经销商，雷士照明会根据销量的大小、在当地的影响度等采取事先垫付、共同出资装修及通过货款返还等多种形式补贴装修费，让经销商免费开张。平均每开一家专卖店，雷士照明补贴 3 万元。如此优惠的政策，吸引了大量的经销商加盟，雷士照明很快建立了自己的渠道。2000年 7 月，第一家雷士专卖店在沈阳开张，2003 年专卖店达到 300 多家，2004年达到 600 多家，2005 年超过 1000 家，截至 2008 年 10 月超过 2200 家。

平均 3 万元的补贴一度让处于起步阶段的雷士照明捉襟见肘，但却让其收获了显著的长期利益。吴长江回忆："头三年我们赚的钱全部投入产品研发，建专卖店。2000 年春节，我甚至借了 2 万元过年。2001 年雷士销售收入过亿元时，当年也只赚了 100 多万元。"而 2000 年、2001 年，恰恰是照明业盈利丰厚的两个年份。当渠道布局基本成型后，公司的渠道成本由重变轻，获取了收入增长带来的盈利贡献。吴长江曾向媒体介绍，雷士照明 2006 年账面利润达到 1200 万美元。在发展初期，专卖店形式有助于雷士照明树立品牌形象，使其既避开了和国际大品牌的正面竞争，又和"散、乱、差、弱"的国内品牌划清了界线。

在实施专卖店计划后的四年中，雷士照明的销售收入增长了 10 倍，从

6000万元增长到2004年的6亿元。但专卖店的弊端也开始暴露出来：一方面，专卖店模式的门槛并不高，很容易被模仿，而且经销商的逐利性决定了其忠诚度较低。另一方面，经销商与公司之间并没有股权约束关系，同一区域内的经销商为了增加各自的销量，价格战和窜货等问题也随之而来，从而阻碍渠道的良性发展。

为此，雷士照明再一次进行渠道变革。2005年4月，公司成立了36个运营中心，由各省市较大的经销商担当，除了继续原有的终端销售外，还负责区域内的产品配送、品牌服务、市场秩序维护和销售规划，规模较小的经销商均划归各区域的运营中心直接管理。

成立运营中心的实质是将经销权集中，管理权下放，由以前的小区域独家经销制和专卖店体系向运营中心负责制转化。由于雷士照明与各运营中心之间不存在股权上的关系，市场一度认为此举将削弱雷士对渠道的控制。但事实上，这反而强化了公司对渠道的控制，达到了预期的目标。一方面，运营中心由雷士照明选定授权，并非一成不变，且运营中心的利益与辖区内销售规模息息相关，有效调动了其积极性。另一方面，雷士照明摆脱了直接管理上千家经销商的繁杂事务，可以专注于产品制造、研发和品牌的建设与推广。

在利益和权力的双重刺激下，各运营中心纷纷向三四级市场扩张，加速了雷士照明全国营销网络的建设步伐。在浙江、江苏和山东试点期间，这三个省的有效销售网点在15天之内就新增了100多个。更重要的是，运营中心模式使公司将管理成本在一定程度上释放到渠道运营商身上，使得其与公司利益共享，风险共担。

与此同时，吴长江还在探索中开辟了照明行业的另一条新渠道——隐形渠道，即开拓当地的设计院和装修公司。隐形渠道为雷士在重点工程项目的竞标上赢得了绝对优势。

吴长江对于渠道有自己的理解："渠道即人道，人通路通。人通了，先交朋友再做生意。"吴长江本着这样的理念与经销商合作，经销商对雷士的忠诚度很高，坚持不卖影响雷士的产品。雷士的高速发展也让经销商们赚得盆盈钵满。吴长江说："做雷士的经销商都发达了，身家过亿的大有人在。"

放低身段，与经销商一起成长。共同的价值观像水一样滋润进经销商的心里，同动辄就用重金轰炸市场，让经销商沦为自己附庸的国际大品牌相比，吴长江的做法无疑更有智慧，当然其实施的结果也给经销商带去了可观的收益和巨大的成长。在雷士，经销商和厂家真正如手足，是一荣俱荣、一损俱损的利益共同体。兄弟同心，其利断金。在多次大风大浪面前，经销商始终无理由、无条件地选择坚定地维护雷士照明的利益，推动雷士照明不断前进，站在吴长江这一边，或许就足以说明吴长江当年这一策略的成功。

拥有了欣欣向荣、虎跃龙腾的庞大经销商队伍，雷士这条大河在华夏大地上就似拥有了无数条鲜活的支流，已蔚然成江，从此更可以阔步向前。

大江入海，气象万千

雷士的急速发展壮大无不让业内外侧目，但吴长江始终是清醒的。

就像一条大江奔流入海才是它唯一的归宿一样，雷士的目标显而易见，就是要跻身国际竞争的大舞台，大展拳脚，去践行自己最初的梦想。

2010年5月20日，雷士照明在香港成功上市；同年6月，雷士照明以25.18亿元人民币的品牌价值入围"中国500最具价值品牌"，位列行业第一。这两个标志性的事件，也让雷士更有了"创世界品牌"的底气。

2010这一年在雷士也被定义为国际化元年。

江中可兴风雨，入海未必是蛟龙。如何让雷士的国际化之路不走前人失利的覆辙？吴长江对记者说："文化才是真正走向国际化的通行证。"

根据美国著名企业管理机构科尔尼公司多年的统计数据，只有20%的企业并购在事后被证实是成功的，实现了并购活动的预期目标，而其余80%的并购都以失败告终。深究起来，并购重组后，企业间的文化冲突是失败的首要因素。

国际化收购分两种情况，一种是强势文化对弱势文化的整合；一种是弱势文化对强势文化的整合。前者容易后者难。中国企业对国际企业的收购多属于后者，比如TCL收购汤姆逊彩电业务、联想收购IBM的PC业务、吉利收购沃尔沃。这些"蛇吞象"的计划，执行起来会有很大的困难，文化融合是最大障碍。

为了避免文化的障碍，雷士宁愿选择一些规模不超过自己的中小型企业来进行并购，一来小公司容易认同大公司的领导，二来小公司的文化建设大多没有成型，容易改变。

吴长江感言，在西方，拥有一定规模的企业，文化理念大都根深蒂固，不易撼动，"蛇吞象"需要一个消化过程，在这个整合与动荡的过程中，被并购企业的亏损正常情况下只会增加不会减少。这种情况中国有哪个企业能承受得了？如果你以"蛇吞象"的姿态介入，提出文化融合，对方一下子会难以适应从"主人公"到"打工仔"的文化变迁。这就像"旱鸭子"去救暂时在水中抽筋的游泳冠军，事后他可能会感谢你的慷慨，但未必对你的能力真正认同，更别提甘心情愿地对你俯首称臣。

吴长江回忆金融危机期间雷士收购英国一家照明企业的过程，最初就是看上了他们的团队优势。当时雷士照明是以约10万英镑（当时折合人民币150万元）的价格买下一家已经进入破产清算程序的英国照明企业，成立雷士照明英国分公司（NVC UK）。对于这笔买卖，现任英国雷士照明董事孙亨利认为："非常便宜。"购买英国公司的同时，雷士照明也全盘接手了该公司的人员和客户资源，并在其后一直吸纳英籍雇员，加紧本土化。目前公司有员工80余人，但这其中，仅有一个中国员工。大量聘用英籍员工，"全盘洋化"的路线可谓吴长江的大胆之举。

一开始这个团队的人不愿意做品牌，认为对自主品牌的强调会失去一些原有的代工客户，但吴长江给他们吃了一粒定心丸，公司有这个意愿也有这个实力，会慢慢做大。他的放手与信任换来了对方的诚意和忠诚。现在这个团队的人都以在中国企业工作为荣，也愿意按照雷士的思路和理念做事。

◨ 你的企业可以与众不同

　　据孙亨利介绍，英国雷士照明首先通过 OEM 形式销售，随后逐步转变为批发雷士品牌为主，与当地多家著名电器连锁商合作，如英国最大的电器分销商 Edmonson 及全英国第四大的 Buying Group，使雷士品牌进入主流渠道。

　　曾有媒体报道，雷士照明股东和董事会起初并不同意这笔收购，是吴长江个人自掏腰包去收购，待到该公司盈利后，雷士照明才将这笔收购款支付给吴长江。为此有记者曾向吴长江求证，他如是说："董事会成员因为背景不同，看问题的角度不同，在有些决策方面出现不一致的情况也时常会发生，但我相信，只要是本着有利于公司发展的前提就可以放手去做，大家求同存异就可以了。"

　　大海能成其大，就是因为能汇聚天下无数条大江大河，包容正是雷士照明能走向国际大舞台的一个基本特质。

　　这家以 10 万英镑买下的公司，2011 年的营业额是近 1800 万英镑，相比上一年增长近 70%，而这一数据在 2009 年还仅为 650 万英镑。英国雷士照明目前已跻身英国照明企业前十名，预计 2012 年可以实现 2500 万英镑的销售收入。

　　未来，雷士照明将大力推进 NVC 品牌在英国主流管道的销售，并利用英国的经验，复制或借鉴到北美市场以及其他欧洲发达市场。雷士也将重点开拓印度、巴西、中东和非洲市场等新兴市场。

　　吴长江总结，没有十全十美的企业，海外并购应充分利用被并购方的优势，并购方与被并购方之间应该形成一种互补、双赢的关系，以放低自己、成就他人的理念来合作，才能成功。

　　正如品牌无国界一样，大海也从来都是全人类共有的资源。江河入海，这是最终的使命。汇入大海的雷士必须以国际化的思维和方式去主动地适应这种变化，以博大的心胸和雍容的气度去迎接挑战，拥抱未来，才能成就万千气象，成就世界品牌！

《卓越管理》2012 年 10 月

（本文与陈艺飞合作）

Part 3

与国学大师畅谈，为企业文化寻根

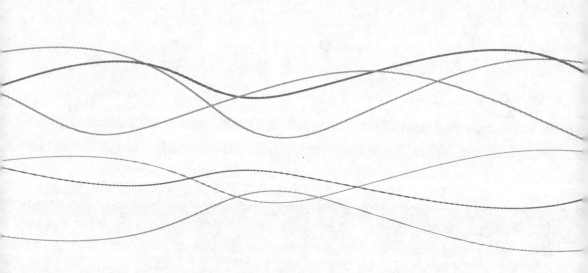

Part 3

今回学べる論点：大阪北文化芸術拠点

儒、道、释构造中国文化的灿烂星空
——对话北京大学哲学系教授楼宇烈

◇记　者：中国文化博大精深，一脉贯今，历经数千年依然生生不息，儒、道、释（即佛家）三种思想在历史的演进中逐渐构成了中国文化的核心，请您简要梳理一下其发展形成的脉络。

◆楼宇烈：中国文化在其长期的历史发展过程中，不仅产生了众多的本土学派，也不断有外来文化的传入。这些不同的学派和文化，在矛盾冲突中相互吸收和融合，其中有的丰富了、发展了、壮大了，有的则被吸收了、改造了、消失了。大约从东晋开始至隋唐时期，中国文化逐渐确立了以儒家为主体，儒、道、释三家既独标旗帜，同时又合力互补以应用于社会的这一基本格局。这一格局一直延续到了19世纪末，乃至20世纪初。所以，可以这样说，中国传统文化是儒、道、释三家鼎足而立、互融互补的文化。

◇记　者：是不是正是因为有了儒、道、释三种思想的互融互补才形成了中国文化的丰富多彩，为其注入了鲜活的生命力？

◆楼宇烈：是的。但是由于儒家思想长期被封建统治者奉为正统这一事实，一部分学者常常只把儒家作为中国文化的代表，而忽视或轻视佛、道二家在中国传统文化中的巨大作用。这种观点其实是过分偏重于中国文化中的政治制度和宗法伦理层面，并把其他层面的文化现象也都纳入到政治和伦理的框架中去考察和理解。这就把丰富多彩、生气勃勃的中国文化描绘成单调枯燥、死气沉沉的模样了。这显然是不够全面的。所以，无论从哪一个角度来考察中国文化，撇开佛、道二家是无法理解中国文化的多彩样式和丰富内容的。也正是因为三种思想的互融互补，才形成了中国传统文化独特的生命力。

◇记　者：儒、道、释三种思想几乎诞生于同一个时代，我们现在所讲的中国传统文化中的儒、道、释在内涵上是不是已经有所不同？

◆楼宇烈：我们所说的儒、道、释，主要不是指原始形态意义上的儒、道、释，而是指随着历史的推进，不断融摄了其他学派思想，并具有鲜明时代特征的发展了的儒、道、释，它们在相互的冲突中又相互吸收和融合，在保持各自的基本立场和特质的同时又"你中有我，我中有你"。这便是儒、道、释中"和"的意蕴。

◇记　者："和"文化是中国传统文化中非常重要的一个组成部分，在儒、道、释三家思想中也分别有精彩论述，是中国传统文化思想中最重要的共性之一，请您帮我们廓清一下儒、道、释三家对"和"的认识。

◆楼宇烈：关于"和"的这个思想理论，它是儒、道、释三家，乃至诸子百家思想理论的一个重要共性之一。当然，各家思想对它的表达方式是不一样的，侧重点也是不一样的。"和"这个概念，含义是非常丰富的。首先它讲的就是适度，恰当，恰到好处。从儒家的角度来讲，"和"是指做什么事情都要恰如其分。最典型的表达如"礼之用，和为贵"。《中庸》里面还有这样一句话："喜怒哀乐之未发，谓之中；发而皆中节，谓之和。"喜怒哀乐发出来时，要中节，要恰如其分，恰在节骨眼儿上，即不过，这样刚刚好。孔子在《论语》里面讲到《诗经》，评价《关雎》时说："乐而不淫，哀而不伤。"人的喜怒哀乐总要表达出来，但乐得不能过分，哀得也不能太过而伤及身体。所以，儒家认为非常理想的状态是"中、正、平、和"，意为追求一个动态中的平衡。

其次，"和"有宽容、包容之意。孔子讲"君子和而不同，小人同而不和"，这里的"和"也成了道德的标准了。君子就是能够包容，能够与别人互相尊重，和平共处；小人不是，如果跟自己的想法一样，能够符合自己的爱好，他就高兴，如果有批评他、指责他的声音，他就不高兴，很难与人相处。正如我们都熟知的，单一的味道不会很有味道，单一的色彩不是色彩，单独的声音不能称之为声，"宫商角徵羽"五个声配合在一起，有快有慢、有高有低，才称之为音，而有了音，才有乐。由此看来，"和"表达了一种多元的并存的意义。单独的东西是不能存在、发展的，不能突破、变化的，只有博采众长、取长补短、相承相继，才是一个"和"的过程。

◇记　者：您所指的是不是"和实生物，同则不继"这样一层意思？

◆楼宇烈：是的，这是"和"的一个延伸意义。事物只能在对立统一中发展，相同的元素组合在一起则不能发展。只有和谐、融合才能产生、发展万物，这也是我们祖先认识关于世界起源的一种最朴素的辩证法观点。

◇记　者：那么"和"还有没有别的意义？

◆楼宇烈：其实，"和"里面还有一个意思，我们过去解释"和"的意思时容易遗忘，那就是唱和、附和之意。如你唱我和、一唱三叹、有唱有和，"和"在这里面便有"响应"的意思。

另外，"和"还有"上下一致"的意思。荀子提出了一个理想的社会，叫"群居和一"。人是有社会性的，动物没有。那人类社会怎样才算理想？那就是"群居和一"，住在一起，大家"和一"。这里也有墨子的"尚同"的思想：响应上面的号召，上下一致。

◇记　者：您刚才讲的是"和"的基本含义，并主要以儒家的思想作为佐证，听起来受益匪浅，那么在佛、道两家眼中的"和"又是如何界定的？

◆楼宇烈：于道家而言，老子讲："道生一，一生二，二生三，三生万物。万物负阴而抱阳，冲气以为和。""冲"是涌动、激荡的意思，可以引申为冲突、对立，"冲气以为和"的意思是矛盾双方相互排斥、相互作用才能使事物达到和谐统一。这里的"和"是指和谐、统一的意思。再如"和其光，同其尘"，道家在这里所说的"和"，阐述的主要是平衡、和谐的意思。而佛教里讲"和"，也有"中"的意思，即不偏不倚，不要偏重于某一边。但佛家最重要的是讲生活中的互相帮助和尊重。比如，佛讲"六和敬"：身和同住，口和无诤，意和同悦，戒和同修，见和同解，利和同均。

◇**记　者**：据我了解，您刚参加完第二届世界佛教论坛，这次佛教论坛的主题是"和谐世界，众缘和合"，您如何理解这一主题对当下世界的意义？

◆**楼宇烈**：我们的世界需要一种"和"的精神与智慧，去化解矛盾、消弭纷争，去营造一个和平、和谐的社会氛围。同时希望大家都来响应，共同构建和谐的世界。

◇**记　者**：经您阐释，才始知"和"的意义内涵丰富、意义深远。中国当下正在致力于构建和谐社会，从中国传统文化中去汲取"和"的营养，当是上下共同努力的方向。但作为个体的人而言，通过怎样的修为才可以达致"和"的境界？

◆**楼宇烈**：我觉得"和"是一种自我修炼的过程。首先要创造一个良好的环境，若没有环境，去自我修养、修身会更艰难；但有了自我修养的要求，却没有环境，也会有不好的影响。这两方面要相互配合。所以，作为公共舆论、媒体，要营造一种和谐的氛围，一种和谐的修身养性的氛围。从佛教的角度讲，痛苦、烦恼等负面情绪都是因为人的"贪、嗔、痴"造成的。我觉得对个人来讲，消除"嗔"最为重要。"嗔"是指怨恨：怨恨别人，嫉妒别人，或看不起别人，或自卑。这都是"嗔"的表现。我觉得造成这种情况最重要的原因是缺乏感恩心。所以，我们倡导用感恩心去化解嗔恨心。若对别人没有一种感恩的心，就是还没有认识到这个社会上，没有一个人是可以孤立地生活的。大家都生活在群体之中，人和人之间都是紧密相连的，没有别人的帮助，就没有你的成功。所以和谐社会应是"人人为我，我为人人"。有了这种感恩的心，才能化解嗔恨、怨怒。没有感恩心，做什么事情都会处于被动状态。不要出现错误后总是怪别人，首先要想到自己的责任。那么，消除了这种嗔恨心之后，人们就会实现佛教所讲的"同体大悲，无缘大慈"。也就是说，跟你"同体"的，要大悲；没有缘分的，也要有大慈心。佛家讲，有情众生跟无情的世间是不可分的，比如有情的众生能离开山、水吗？不能！所以要爱护。理学家张载在《西铭》中提出的"民吾同胞，物吾与也"也是这个意思,我们简称为"民胞,物与"。由此我们推论出:仁民、爱物。不但要仁民,还要爱物。民和物养育了我们,反过来,我们对民和物也要有所爱。

◇记　者:除了感恩心,哪些因素还能有助于我们更好修行?

◆楼宇烈:感恩心很重要,它可以帮助我们化解一切矛盾和烦恼。佛教里面有这样的说法:要感谢伤害你的人,因为他磨炼了你的心智;要感谢欺骗你的人,因为他增进了你的见识;要感谢遗弃你的人,因为他教会了你的自立。除此以外,做人还要有几个基本的准则:一是要有羞耻心。人若没有了羞耻心,他什么都敢做。所以,《论语》中讲:"道之以德,齐之以理,有耻且格。"所以,这个耻是作为人的很重要的尺度。人要知道什么该做,什么不该做,做了错误的事情要有羞耻心,要改过。二是诚信。诚是天地之大道,也是人们交往过程中应遵守的基本准则。诚既是个人做人的重要准则,也是社会、国家的重要的准则。天道是讲诚的。三是做人要有节气。孟子讲的大丈夫的三个基本条件是:"富贵不能淫,贫贱不能移,威武不能屈。"还有一个准则就是宽容。宽容的前提是尊重人。众生平等,才能相互尊重。尊重了别人,你就可以去理解别人。儒家讲"将心比心",相互理解。另外,宽容里还包涵了世界多样性的意思,也可以理解为一切的事物都是相对的,包括真理也是相对的,不是"只有我是正确的"。这样,就会做到互相宽容,互相尊重。

◇记　者:人在处理自身与外界环境的关系上,是应该更主动一点,还是消极地去顺应,并以此达致"和"的境界?

◆楼宇烈:既不能消极,也不能一味按着自己的意思去强做。我们现在常常强调人的能力,觉得人能改变一切。儒家讲:"尽人事以听天命。"所谓天命,是说人生来有些事情是做不成的,也有一些是现在做不到,但条件成熟后可以做到。这是因为因缘还未聚足,所以我们就要等待因缘的聚足,等待条件的成熟。在等待的过程中,并非是消极的,并非只是等待。把当下的一步步路走好,一点点事做好,自己的积累会越来越多,周围人对你的认识也会越来越深刻,这就是在创造条件。但这并不是一蹴而就的,这里也有个方法的问题。比如，想引起别人的注意，若太过刻意，也会引起别人的反感。要老老实实、踏踏实实去做，让人们慢慢地注意到你，操之过急是不行的。每个人都有自己的方法去获得成功。所以，既不能消极地等待，也不能操之过急。另外，现代社会比较缺少的是柔，多的是以刚对刚。其实，柔一点，会把事情做得更好。柔是韧劲，以柔克刚。比如，女性现在刚得过多，柔得不够。所以，要显出女性的柔，才能凸显女性的特质和优势，这就要求找准自己的定位。"和"，即刚柔相济，阴阳相和，"冲气以为和"。

◇记　者：在当下，您觉得人们应怎样把"和"应用到生活的方方面面，消除人们更多的焦虑与不安，来达成内心的一种平和？

◆楼宇烈：现在社会的宣传都是一种声音，一种目标，告诉人们达到一个什么样子才是一种成功的人生、有价值的人生。现代社会把人的贪引了出来，便很难收回去，幸福感也就少了。其实人跟人的差别很大，幸福更是难以用钱来衡量的。理解到这一点，人自然可以变得平和起来。另外，人的修养很重要的一条是"以平和的心态应对变化"：每一个人都要寻找适合自己的那条路，找对了那条路，一定可以发挥自己的才能。我们这个社会对"行行出状元"宣传得太少，应该让人们更多地知道哪个行业都可以做出成就来的。社会的不良导向使得人们的应对能力变得越来越差了。

◇记　者：个体和谐的实现是否可以很好地助益于社会的和谐？

◆楼宇烈：的确如此。只有做到了个人的和谐，家庭的和谐，由此推己及人，才能达到社会的和谐。中国文化向来就是这样发挥作用的：由内向外，逐步推进。

《儒风大家》2009 年 6 月

仁是决定人生有无意义的试金石

——对话台湾大学哲学系教授傅佩荣

仁是孔子一生一以贯之的道

◇记　者：儒学在塑造、构建中华文化心理结构的过程中，起到了无可替代、首屈一指的作用，儒学的精义历经两千多年的传承也早已深深融入了我们社会生活的各个层面。溯本求源，当首推孔子及其《论语》。"仁"是《论语》中出现最多（109处），也最重要的一个字，可见它是孔子甚至是整个儒家思想的核心。

◆傅佩荣：孔子之学的确可以归结于"仁"的理念。孔子一生好学不倦，充满求知热忱，不仅"入大庙，每事问"，而且肯定"三人行，必有我师焉"。他的学不是徒重记诵，而是要身体力行，学而时习，以便举一反三；他的学不是被动接受，而是要配合主体的思，从事创造性的诠释。由于好学深思，他洞见了文化的兴废关键在于顺应人性，而人性的本质即在于仁。"人而不仁"，则礼乐无所施，政教无所措，一切文化都成了空中楼阁。依照我的研究和理解，我认为孔子所推崇的仁至少具备两个特性：第一，仁是人性普遍具有的潜能；第二，人生的意义在于实现仁。

◇记　者："仁者，爱人"是我们最为耳熟能详的一句话，朱熹把仁释为"爱之理，心之德也"。仁的本意应该与爱相关，您认为是这样吗？

◆傅佩荣：仁在《论语》中确有"仁爱""仁德"之意，但"仁"字在《论语》中出现频率之高、意涵之丰富决非只用一种阐释便可涵盖。照我的理解,《论语》中的"仁"字,涉及三个相关的层次:人之性、人之道、人之成。人性倾向于行仁;人生正途不外乎具体实现仁的要求;人生目的则在成就仁义。

◇记　者:孔子曾说"吾道一以贯之",但曾参理解为"夫子之道,忠恕而已矣"。您认为这种理解全面吗?

◆傅佩荣:忠恕是与孔子之道相顺应的,但仍未足以断言那即是孔子之道。《中庸》有云:"忠恕,违道不远。"既然忠恕离道不远,当然不是道的本身了。孔子的一以贯之,是把所有学问都围绕着"人"而加以定位。他的道是指人之道,亦即仁。再者,忠恕是指"尽己"与"推己及人",孔子之道的外延可以包括忠恕,但其内涵则应该是仁。

知行合一是达致仁的根本途径

◇记　者:"苟志于仁矣,无恶也。"只要一心向着仁,就不会有什么过失。这是一种多么理想的人生体验啊,但如何才能达致仁的境界呢?

◆傅佩荣:人类天生的资质并不相同,有的生而知之,有的学而知之,有的困而知之,但是所知的对象是一样的,也就是人性自身的"可完美性"。人皆可以成就完美人格。但每个人的情况不一,达致仁的程度也不尽相同,即便在孔门弟子中也是如此。孔子说:"回也,其心三月不违仁,其余则日月至焉而已矣。"颜渊的心可以长期不离仁,但别的弟子就办不到了。心可以不违仁,也可以违仁。

孔子说:"仁远乎哉?我欲仁,斯仁至矣。"这表示人只要有道德自觉,人心向善,那么为善应该是十分自然的。

◇记　者:但俗话说"知易行难",仅有道德自觉,对普通人而言,要达致仁应该也绝非易事。

◆傅佩荣:是的,光靠知是不够的,还必须配合行。"知行合一"是儒家一向的主张。孔子说:"多闻,择其善者而从之。"因此,"择善固执"就是人类应该遵行的道路。有的人安而行之，有的人利而行之，有的人勉强而行之，但只要持之以恒，那么最后的结果是一样的，都可以成为仁人。

另外，仁是指人的真相，这种真相是动态的、变化的，等待主体去自觉实践。如果主体缺乏自觉与真诚，就无法实现人性的内在要求。自觉即我欲仁，真诚即不虚伪、不掩饰，怀有一颗赤子之心，还要付诸行动。孔子说："有能一日用其力于仁矣乎？我未见力不足者。"如果有人想要努力实现内心对仁的真实情感，由此行善避恶，那么孔子没有见过能力不足的人。问题只在愿不愿意，而不在能不能够。

◇记　　者：除了"择善固执"，还有无别的途径？

◆傅佩荣：孔子说："夫仁者，已欲立而立人，已欲达而达人。能近取譬，可谓仁之方也。"前半句是讲行仁的原则，即人性向善，善是人与人之间适当关系之实现，因此没有人可以离开人际脉络而独自走上"人之道"、达致仁的。后半句是讲行仁的方法，"能近取譬"，不需好高骛远或一步登天，却要就身边的人与事，选择相关的例子，找出行善的途径。如果我们忽略眼前可见的近人，却宣称要博爱世人，又有谁会相信呢？

仁是决定人生有无意义的试金石

◇记　　者：成仁是孔子终身追求的理想人格，也是他一生追求的最高道德境界。孔子要求君子一刻也不能离开仁。有例为证："君子无终食之间违仁，造次（仓促）必于是，颠沛（颠仆困顿）必于是。"孔子所描述的仁人君子形象是不是常人很难以企及？

◆傅佩荣：孔子之教并不仅止于标举理想，同时还塑造了一个人人可以效仿的典型——君子。孔子所指的君子是指代表一切"志于道"的志士与"依于仁"的仁人。换句话说，君子成为道德上的贵族，而不再是血统上或阶级上的贵族。孔子的君子成仁之道用这样一句话来表述："君子求诸己，小人求诸人。"也就是说，他倡导的成仁模式是"为仁由己"（或克己复礼），主要是

■ 你的企业可以与众不同

一种内省式的修养模式。孔子有教无类，因为人人可以做君子。

◇记　者：孔子说："士不可以不弘毅，任重而道远。仁以为己任，不亦重乎？死而后已，不亦远乎？"这里的"仁"字感觉重如泰山，是不是有所特指？

◆傅佩荣：这个"仁"并无具体指涉，而是我们在人生每一阶段、每一步骤所面临的"应该做的事"。这种"应该"是随着一个人的不同角色而有不同要求，譬如对父母须尽孝，对兄弟姐妹须友爱，对国家须尽忠，对朋友则须讲信修睦，工作时须认真负责，平时还须注重社会公益活动等，不一而足。如此看来，仁所包含的责任确实重大，并且几乎不大可能完全予以承担，或充分予以实现。人有可能放弃做人的使命吗？当然不可。因此，这是随着人生旅程而展现的"人之道"，一直到死亡的刹那才能停止。儒家只告诉我们诚心体察生命的要求，在有生之年尽好一个人的本分。

◇记　者："无求生以害仁，有杀身以成仁"这句话鼓舞着一代代志士仁人成为中华民族的脊梁，孔子思想中所蕴涵的崇尚仁道、追求博爱的人道主义思想也成为中华民族精神家园中最为闪亮的部分。仁是不是也可以视为儒家思想的至高追求？

◆傅佩荣：是的。孔子倡导不计任何代价，也要努力行仁。"志士仁人，无求生以害仁，有杀身以成仁。"因为他深刻了解仁是人生应行之道；假使背弃仁道，人而不仁，则一切外在的荣华富贵都将成为丑陋的装饰。这样的人，虽生犹死，枉有人之名。

只要一个人尽其在我，那么命运的穷达顺逆不仅不足以妨碍他成为完人，而且正是激发他的人性潜能之大好机会。孔子认为死亡远不如仁重要，因为人生难免一死，而仁却是决定人生有无意义的试金石。

《儒风大家》2009年9月

仁者襟怀从孝开始

——对话中央民族大学哲学与宗教学院教授赵士林

◇记　者：孔子说"孝悌也者，其为仁之本与"，孟子提出"亲亲，仁也"，又说"仁之实，事亲是也"，表明以仁为核心的儒家思想将孝作为了仁的基础。同一时期道家的代表人物老子则提出"绝仁弃义，民复孝慈"。对孝与仁关系的不同看法，体现了儒家与道家怎样的世界观？

◆赵士林："孝悌也者，其为仁之本与"一句话，就道出了儒家以血缘亲情为基础来建立道德体系的根本诉求。孝是对父母的敬爱之情，悌是对兄长的敬爱之情。孝是血缘亲情纵的要求，悌是血缘亲情横的规范。孝和悌两个出自血缘的自然纽带一纵一横，就为人间的道德秩序确立了经和纬，其中尤以孝为道德的基石。孝本来是对人间最伟大最无私最可靠的一种血亲情感，也就是对父母之爱的回报。儒家把孝确立为道德活动的基石，就为道德活动奠定了一个自然的基础。因为孝这种道德诉求不是来自于外在的、超越的神圣存在（例如基督教的上帝）的召唤命令，而是生发于内在的、自然的、由动物本能升华的血亲之情。

仁是儒学道德体系的核心，但是孔子从来不抽象地讨论仁。在他看来，仁就是一种爱心，爱心首先体现为孝心，也就是对父母的敬爱之情。

孔子判断仁或者不仁的根据全在于是否符合血缘亲情、伦理之爱。不孝敬父母就是不仁，这就把最高的道德伦理准则化成了实实在在的、可触可感的亲情，化成了感恩之情。从感谢父母之恩从而孝敬父母的角度理解仁，仁

◘ 你的企业可以与众不同

就成了既普通又神圣的人类的善根。这种人类的善根获得了普遍的认同。例如，基督教主张人人在上帝面前都是兄弟，每个人都是上帝的孩子，但基督教到了中国来，也明确主张在家里要孝敬父母，要做父母的好孩子。就连主张"四大皆空"的佛家从印度来到中国后，也接受了儒家的孝。例如一个寻找佛的故事说道：有位年轻人离开自己的家到深山里去找佛，找了很久也找不到。一天在路上他碰到一位老和尚，就问老和尚："佛在哪里？"老和尚答道："不要在深山里找佛了，赶快回家去吧！在回家的路上，你会碰到一位披着衣服、趿拉着鞋迎接你的人，那就是佛啊！"年轻人半信半疑地往家赶。一直到家门口了，也没有碰到这样的人。他很懊恼地敲响了家门，这时已经半夜了。睡下的老母听见是儿子回来了，哪里顾得上穿衣穿鞋，手忙脚乱，反披着衣服、趿拉着鞋，踉踉跄跄地连忙去给儿子开门。门开了，儿子看见老母这个样子，恍然大悟，眼泪哗地流了下来。佛在这里，就是伟大无私的母爱。

孟子讲"亲亲，仁也"，是在强调孝这个道德之经和悌这个道德之纬就是仁。谈到"亲亲，仁也"，我想起孟子讲过的另外十个字："亲亲而仁民，仁民而爱物。"这十个字精辟地揭示了仁的内涵。它包含着三层意思：第一，"亲亲"，就是爱亲人；第二，"仁民"，就是爱大众；第三，"爱物"，就是爱天地万物。这三层爱是一步步扩充的关系，由爱亲人到爱大众，由爱大众到爱万物，终于形成儒家爱满天下的仁者襟怀。爱满天下从"亲亲"开始，也就是从孝开始。这就突出地提示了孝这个范畴在儒家道德学说中的首要位置。中国的传统文化在某种意义上可以说是一种孝文化。不仅儒家讲孝，道家也不否认孝。"绝仁弃义，民复孝慈"，显然也是在主张孝，不过是声明儒家谈仁说义那一套非但不能使人孝，反而是孝的障碍。这体现了儒道两家人生观的重大差异。儒家人生观强调尽伦理，道家人生观强调任自然。老子讲"六亲不和有孝慈"也不是否认孝，这句话同样是在抨击儒家的谈仁说义恰好造成虚伪做作，从而破坏自然，导致"六亲不和"，这个时候才感觉到、认识到"孝慈"的可贵。

◇记　者：从儒家与道家对于孝的不同界定来看，孝在儒家看来，更多地带有自然属性还是社会属性？为什么会这样界定？

◆赵士林：作为血缘亲情，人的孝以自然属性为基础，同时又具有社会属性，孝体现为自然属性和社会属性的交融统一。孝首先是一种由血缘关系产生的奉养长辈的自然义务，这就是它的自然属性，即所谓孝养，但是孝又是子女对父母养育之恩的敬重感恩，即所谓孝敬。同时孝还包含着遵循父辈的教导，继承父辈的事业，即所谓孝顺。孝敬和孝顺都已经是人的道德义务，这就是孝的社会属性。在儒家看来，人的孝以社会属性为主导，因为它不是停留于动物式的自然本能义务，它已经升华为一种人类才有的道德文化诉求。

孝作为家庭伦理

◇记　者：孔子说："父在观其志，父没观其行，三年无改于父之道，可谓孝矣。"可见孝不只在敬与养的层面，也包括继承长辈的知识品德并将其发扬光大。三者之间是否呈递进的关系？应当怎样理解儒家对"孝"的内涵的规定？

◆赵士林：这句话强调了孝所包含的子承父业的家族伦理义务，也就是前面说过的孝顺。从孝养到孝敬再到孝顺，三个说法确实体现了孝的三个层面，也可以说三个层面的意义在不断深化，但我更愿意把这三个层面理解为共融的关系。就是说，谈到孝，三者缺一不可。我要强调的是，理解"三年无改于父之道"这句话，不要忘了它的时代背景，那就是古代氏族社会。在那个时代，学习保存延续先辈的知识品德、事业追求、生存经验关乎氏族的生死存亡，因此，"三年无改于父之道"绝不仅仅是对父辈的情感上的顺和安（当然也包含这种道德情感），而更具有严峻的生存意义，更是一种严肃的政治要求。它体现了古代氏族社会伦理和政治的合一，体现了儒家的伦理政治学。"忠臣出于孝子之门"，《孝经》乃至一切宣扬从孝到忠的伦理政治思想，可以说都是滥觞于此。不用说，我们在今天自然不能把这句话看成全部肯定判断，更不能机械地理解和拘守。不能说，一个人的老爸又偷又抢，老妈很不正经，子女还要跟着男盗女娼，"三年无改于父之道"。

◇记　者：孔子说："今之孝者，是谓能养。至于犬马，皆能有养；不敬，何以别乎？"2025 年，我国即将迈入老龄化社会，届时随着社会福利与保障体系的日渐完善，孝中养的成分必将日渐降低，是否要重新界定这一概念？

◆赵士林：一个"敬"字，道出了孝的道德文化属性。较之养，敬确乎更体现了人的"孝"较之动物本能所独具的精神特征。我由此想到民间流传的两句话："百善孝为先，论心不论迹。若在迹上论，贫家无孝子。万恶淫为首，论迹不论心，若在心上论，世上少完人。"

心是内在的情感，迹是外在的行为。如果仅仅把孝理解为从物质上供养父母的行为，那么贫困人家子弟自然无力很好地供养父母。按照这个标准，贫困人家就没有孝子了。如果对某个异性动心就是淫乱，而不管在行为上有没有表现，那么这世上就没有几个人不是淫乱之徒。因为从内在的情感来说，没有几个人见到钟情的异性不动心。因此讲孝，主要的要求还是敬重老人。敬的标准要高于养的标准，此即孝敬较之孝养出现频率更高的深层意味。伴随着经济繁荣，社会福利和保障体系日臻完善，孝养的问题越来越容易解决，而孝敬的问题却仍然突出。进入老龄化社会，孝敬的道德情感理应得到悉心培育。重新界定孝的概念似乎没有必要，但是突出孝的题中应有之意，也就是孔子所说的敬，确乎是现代社会弘扬孝文化应该关注的焦点。

孝与社会伦理

◇记　者：儒家所推崇的孝道，取决于血缘关系的亲疏远近，如丧服制度，以及《孝经》中根据不同人的等级差别规定了行孝的不同内容。孟子讲"老吾老以及人之老，幼吾幼以及人之幼"，也体现出一种由近及远、推己及人的态度。而同一时期的墨家则极力推崇平等基础上的"兼爱"。二者的差别反映了当时怎样的社会背景？

◆**赵士林**：我认为，孝应该是对待父亲、母亲（当然也包括爷爷奶奶等直系血亲长辈）的一种特有的道德感情，不应该将它无限制地泛化。《孝经》尽管名为《孝经》，其实很多章节谈的都是忠的问题，扯不到孝上去。中国古代社会，很多皇帝都高度评价《孝经》，但我对它的评价不高。这本书尽管大谈孝道，但是目的却在于从孝到忠，从对父母的孝到对君王的忠。孝不过是手段，忠才是目的。

孟子讲的"老吾老以及人之老，幼吾幼以及人之幼"，是阐释儒家忠恕之道，也就是推己及人的社会道德命题。准确地说，这个命题讨论的不是孝，而是恕，它体现了前面讲到的仁民，也就是爱大众的仁者襟怀。

墨子是代表下层劳动者诉求的思想家。他憎恶和批判"饥者不得食，寒者不得衣，劳者不得息"的社会，为劳苦大众、弱势阶层伸张生存权，具有今天看来仍十分可贵的平民意识，因此五四时出版的《民报》曾经用墨子像做封面。"兼爱"思想要求一种平等的、无差别的爱，它的突出特点是出自于一种功利考量。

所谓"兼相爱"和"交相利"互为条件，用墨子的说法就是："若我先从事乎爱利人之亲，然后人报我爱利吾亲乎……投我以桃，报之以李，即此言爱人者必见爱也，而恶人者必见恶也。"

这样看来，墨家讲的爱和儒家讲的爱就有两个重大差异。其一，儒家讲"爱有差等"，认为人首先应该是爱自己的亲人，然后才去爱他人，这样才符合人之常情。墨家讲爱无差别，也就是平等地爱包括自己亲人在内的天下人，因此孟子骂墨子"兼爱"是"无父"，是禽兽。其二，儒家讲的爱无条件，是一种超越功利的道德情感。墨家讲的爱则有条件，是一种出于功利的盘算。因此墨家尽管讲平等地爱天下一切人，却没有基督教"博爱"那种崇高的境界。因为基督教的"博爱"固然同样主张无差别地爱天下一切人，但不是出于功利考量，而是出于宗教的博大情怀。

比较一下，至少在中国人看来，儒家讲"爱有差等"最近人情。"爱有差等"好像是主张爱要有亲疏厚薄，但它并不否定普遍的爱，只是讲爱有一个程序，有一个过程。儒家的"爱有差等"通过恕道，也就是推己及人，如孟子所说的"老吾老以及人之老，幼吾幼以及人之幼""亲亲而仁民，仁民而爱物"，仍然可以实现爱满天下的最高境界。相反，如果违背人之常情，一开口就是平等的爱，不说是虚伪，恐怕陈义太高，很难实现。我由此想到美国有位培黎教授谈到"四海之内皆兄弟"时曾说："当你说一般人都是你的兄弟时，你大概不是先把一般人当作亲兄弟看待，而是先把你的亲兄弟当作一般人看待。"

◇**记　者**：在今天的时代背景下，是否墨家对孝的阐释更加符合时代发展的趋势？儒家孝思想的优势又在哪里？

◆**赵士林**：站在今天的高度，纠正专制政治的扭曲，冲破封建礼教的束缚，跨过历史时代的局限，我们不断地重温对亲人的爱，心中涌起对父母的感恩之情，就能理解儒家提倡孝的良苦用心，就能认识孝作为人类的善根具有永恒的、本原的道德意义。我们不能说，孝能解决一切人类问题，但我们可以说，孝是解决一切人类问题的开始；我们不能说，有了孝心，就完成了做人的使命，但我们可以说，没有孝心，就肯定还不具备做人的起码资格。

因此我坚决主张，对于那些在道德上有某种示范要求的职业，特别是拥有国家权力的职业和为人师表的职业，例如教师和公务员等，遴选的必要条件之一，就是必须孝敬父母。在这样一类职业的从业者中如果发现不孝者，就应该立即开除。

◇**记　者**：近代以来，孝的思想随同儒家文化一起，先后接受了基督教、新文化运动、工业社会、信息时代的多重洗礼。其中，新文化运动对传统文化的批判直接指向孝观念中的父权意识，如胡适在白话诗《我的儿子》中说："父母与子女无恩，本不应居功，更不能随意索取。"今天我们应该如何看待这个问题？

◆**赵士林**：传统社会，绝对的孝，特别是孝成为封建礼教，也曾经带来严重的问题。当孝成为对个性的压抑，对个人情感的蹂躏，对个人权利的剥夺时，就往往会酿成可怕的社会悲剧。从《孔雀东南飞》《梁山伯与祝英台》到巴金的《家》、曹禺的《雷雨》，都是对孝成为束缚人的礼教的深刻暴露，都是对礼教扼杀年轻一代幸福追求的强烈控诉。五四时期，还有因"父母之命，媒妁之言"委屈出嫁的女子在花轿里用剪刀自杀的悲剧。因此，作为封建礼教的孝道在新文化运动中遭到清算有其时代的必要性和合理性。"五四"新文化运动中对孝的批判，主要是想解决两个时代课题：其一，冲破家族压迫，实现个性解放；其二，冲破由父权而君权的专制统治，实现政治解放。因此，反传统的志士仁人批判的是作为吃人礼教的孝道，批判的是孝道成为专制统治的工具，批判的是"二十四孝"等宣扬的不近人情的矫揉造作、虚伪迂腐，而不是教唆人们都去打爹骂娘。

◇记　者：东汉时期，佛教初传入我国，在一些层面与儒家的孝思想产生了激烈冲突，比如"身体发肤，受之父母""不孝有三，无后为大"等，以及严格的等级尊卑秩序。在这方面二者是怎样融合的？隋唐以后佛教为什么又被推到如此高的地位？

◆赵士林：佛教到了中国，很快就中国化，其中包括接受了儒家的某些重要的伦理价值观。这一方面是佛教本土化的需要，另一方面体现出儒家巨大的开放性和包容性。因此有《坛经》的"恩则孝养父母"，民谚的"堂上二老便是佛"，《佛说孝子经》则强调"佛以孝为至道之宗""世出世法，皆以孝顺为宗"。台湾有个影响极大的证严法师，居然也主张人死了应该死在家里，也就是死在亲人的怀抱里，而不应死在医院里，因为医生护士对死者来说都是陌生人。这显然是儒家伦理观的体现，和佛家原来主张的"四大皆空""六亲不认"已经相去甚远。

隋唐是中国佛教发展的高峰，中国佛教八大宗派（三论宗、唯识宗、天台宗、华严宗、禅宗、净土宗、律宗、密宗）均形成于唐代。简单地讲，原因恐怕至少有三个：其一，唐代国势空前强盛，充满自信和包容地吸收外来文化，佛家言教受到唐代统治者的普遍欢迎和支持；其二，经过汉末魏晋的积蓄酝酿，中国本土的大德高僧纷纷诞生；其三，儒家理论建设在唐代呈薄弱态势，无法和佛家相抗争。但是说到儒、道、释在唐代的地位，那是道教排第一，儒家排第二，佛教排第三。

孝与政治伦理

◇记　者：《孝经·开宗明义章》云："夫孝，始于事亲，中于事君，终于立身。"指出了孝对于封建统治的重要意义。孝作为一种家庭伦理，被推广至政治伦理的深层原因是什么？

◆赵士林：最晚从汉代开始，统治者纯粹从政治功利出发强调儒家孝的道德要求，他们提倡对父母尽孝的目的完全是为了对皇帝尽忠，所谓"忠臣出于孝子之门"。这个意思早在《吕氏春秋》中就已经明确流露出来，即所谓"人臣孝，则事君忠"。汉代的皇帝号称以孝治国，皇帝的谥号除了汉高祖刘邦外，都冠上一个"孝"字，如汉武帝的谥号是汉孝武皇帝，目的都是在维护皇权统治。

这种思想在孔子那里好像能找到一点根据，那就是孔子说过的："其为人也孝悌，而好犯上者，鲜矣；不好犯上，而好作乱者，未之有也。"

也就是说，孝顺爹娘，敬爱兄长，却喜欢触犯上级的人是很少的；不喜欢触犯上级，却喜欢造反的人从来没有过。

这段话是在肯定孝悌对于维护政治稳定的价值。但孔子并不绝对地理解孝与忠的关系。他在谈到孝和忠的时候是有条件的，那就是"君事臣以礼"，才能"臣事君以忠"。他所讲的"君君臣臣父父子子"，也是互相尽义务的关系，就像董仲舒所解释的那样："父不父则子不子，君不君则臣不臣。"听这口气好像对父和君的要求还更重一些。到了孟子，就坚决反对将孝和忠扯到一起。孟子尽管是孔子的铁杆粉丝，甚至可以说是钢丝，因为他说过"自有生民以来，未有如孔子者也"（有人类以来，就没有像孔子这样伟大的人），但孟子在很多方面，特别是他的政治观点比孔子要激进，要民主。他高度评价舜的孝行，甚至主张为了尽孝可以违反法律。有人问他如果舜的父亲杀了人，舜该怎么办？他说舜一定放弃自己的王位，背着自己的父亲逃到海边去，逃避法律的制裁，隐居下来享受天伦之乐。但对君臣关系，孟子则坚决主张建立一种互相尽义务的关系。君对臣好，臣就对君好；君对臣不好，臣也就可以不买君的账。这就是孟子那段著名的议论："君之视臣如手足，则臣视君如腹心；君之视臣如犬马，则臣视君如国人；君之视臣如土芥，则臣视君如寇仇。"

翻译成今天的话就是：君主把臣下视为自己的手脚，那么臣下就会把君主视为自己的腹心；君主把臣下视为狗马，那么臣下就会把君主视为一般人；君主把臣下视为泥土草芥，那么臣下就会把君主视为仇敌。这段话后来惹得专制帝王朱元璋大发雷霆，要将孟子从孔庙中撤出去，并说谁反对就杀掉谁。但有个叫钱塘的大臣偏偏不怕死，坚决反对朱元璋的决定，并说为孟子死，虽死犹荣。由于大臣冒死反对，朱元璋未能如愿，但他最后还是让大臣重新编了一本《孟子节文》，也就是《孟子》的删节本，把这样的话统统删掉。总之，在中国政治思想史上，孟子第一个从根本上颠覆了帝王专制时代忠君不贰的政治要求。"君要臣死，臣不敢不死""君王圣明，臣罪当诛"的奴才政治逻辑在孟子这里是根本行不通的。

但是整个地看，孝却被有意无意地和忠纠缠在一起。专制时代，统治者通过倡导对父母的孝来保证对帝王的忠，并且进而用对帝王的忠来压倒对父母的孝。对于专制帝王来说，孝不过是手段，忠才是目的。从孝到忠，是专制统治者强调的逻辑。

◇记　者：《孝经·广扬名》说"君子之事亲孝，故忠可移於君"，中国自古有"忠孝不能两全"，孝与忠同为儒家行为准则，怎样看待二者的关系？

◆赵士林：我先来谈一个历史案例。三国时期有位叫邴原的名士勇敢地捍卫孝高于忠的原则，坚决地回应了统治者就孝和忠的关系问题提出的挑战。事情是这样的：曹操的儿子曹丕（魏的第一位皇帝，即魏文帝）向属下提出了一个极端尖锐的问题："君父各有疾，有药一丸，可救一人，当救君耶？父耶？"君王和父亲都生了重病，但只有一丸药，只能救一个人，那么，是救君王呢，还是救父亲？

这个问题问得很巧妙，很刁钻，很老辣，很阴险，很敏感，令宾客们很难回答。这其实就是一个孝的原则与忠的原则哪一个是更高原则的问题，是一个孝的原则与忠的原则相互冲突的问题。从内心自然的真实感情来说，人们肯定更愿意尽孝,更愿意用这丸药救自己的父亲,但是谁也不敢讲真话,因为那样会违背忠的原则,从而得罪君王。曹丕那样提出问题,用意就在检验臣下对君王是否绝对地忠。

这时,只有邴原站了出来,干脆果决、坚定有力地回答:"父也。"当然是救我的父亲!

邴原的回答捍卫了孝的尊严,捍卫了孝对于忠的至上性,颠覆了帝王家的霸道逻辑,粉碎了专制统治者的政治意图。

我们从邴原的回答中能够感受到一种道德的无畏,感受到一种孝的巨大力量,获得一种亲情的最高满足。

当然,孝和忠的关系还有更复杂的层面。实际上,忠的对象不能仅仅是君王,忠还具有更为宽广的含义。如果忠的对象是国家民族时,忠孝不能两全,舍孝而取忠,舍小家而顾大家,就往往具有道德的崇高性与震撼性。岳母刺字、杨家将等故事之所以能够千古流传,就在于这些爱国者能够以忠代孝,甚至毁家纾难,"先天下之忧而忧,后天下之乐而乐",展现了可歌可泣的献身精神。

孝与法律伦理

◇记　者:《论语·子路第十三》中记载:"叶公语孔子曰:'吾党有直躬者,其父攘羊,而子证之。'孔子曰:'吾党之直者异于是,父为子隐,子为父隐,直在其中矣。'"汉朝时期,儒家学说上升为统治思想,汉律也正式确立了"亲亲得相首匿"这一刑法基本原则。孝作为人治与德治的基础,它对封建法律的影响有多少?在今天,儒家的孝思想与法治又该如何平衡?

◆赵士林:"父为子隐,子为父隐",是人情高于法律的典型主张。前面谈到的孟子主张大舜救父的故事也包含着同样的要求。人治高于法治,人情高于法律,是中国传统社会的基本法制模式。就连海瑞这样的大清官,审案子仍然明确地主张,长辈和晚辈来打官司,如果问题搞不清,肯定向着长辈。

这种法制模式当然和现代法治社会建设格格不入，但是在以法治为基础的现代社会，仍然不能忽视以人情来化解人际冲突的重大意义。毋庸置疑，现代文明社会应以法治为基础，这样才能提供起码的公平和正义，但是一切问题都诉诸法律，绝对地主张法律万能，也往往使社会紧张，人际关系冰冷。因此如何在建设现代法治社会的基础上参以人情，就是个十分有意义的时代课题。孝和法治的关系也当作如是观。

◇记　　者：美国文化人类学家玛格丽特·米德曾提出"前喻文化""并喻文化"和"后喻文化"的概念，认为传统农业社会是以"前喻文化"为代表，指人类生存主要靠上一代人的经验，晚辈主要向长辈学习。而在信息化时代，步入"后喻文化"的今天，以权威文化、长者文化为标志的儒家孝文化应该何去何从？

◆赵士林：一般地讲，年轻人较之老年人思想更加解放，感觉更加敏锐，想象力更加丰富，创造力更加活跃，这些素质对于节奏紧张、竞争激烈、瞬息万变的当代社会，当然都更宝贵。传统社会经验更加可贵，当代社会创新不可或缺。特别是我们中国的文化传统像当年严复指出的："中人夸多识而西人重新知。"文化本来就有这个先天不足，因此为了适应当代社会的发展，更应该珍视更多地表现于年轻人身上的创新精神。但是这些都不意味着历史、传统、经验已经毫无意义，更不意味着传统的人文价值已经没有价值。除了情感的寄托、生命的安顿之外，传统的文化包括儒家的孝文化等等在新的时代条件下，应该也能够转化成新的精神资源，为我们开拓现代生活提供精神营养和文化动力。人类文化之河无法割断，所谓"前喻文化""并喻文化""后喻文化"也是一条统一的历史文化之流，你中有我，我中有你。年轻人终将成为长者，长者也都年轻过。仅就道德价值来说，我们应记取的是，任何时代的人都要老，因此任何时代的孝文化就都有意义。

《儒风大家》2010 年 3 月

儒家的真意在哪里？
——对话中国人民大学哲学院教授罗安宪

◇**记　者**：儒家思想是我们中国传统文化思想中最重要的组成部分，也是根植于我们中华民族血液中最核心的文化基因之一。在国学复兴的今天，想和您探讨一下什么是儒。

◆**罗安宪**：首先，我们先从"儒"这个字来说起。根据比较可信的资料，"儒"这一名词的最早记载是《论语·雍也》。孔子告诫他的学生子夏说：要当就当"君子儒"，千万不要当"小人儒"。这里第一次明确提到"儒"这个字。上个世纪30年代的时候，胡适写过一篇大文叫《说儒》，他提出一个观点，儒最早就是给人相礼的。在周代取得天下之后，它把天下分封给各国诸侯。在分封的过程中，商朝的后裔也被封了一个国，就是后来的宋国。在各诸侯国，社会上层行的是周礼，但是普通百姓中行的却是殷礼。也就是说社会下层并没有因为政权更迭而改变礼仪。儒就是专事教导人们怎么行礼的这么一个独特阶层，与今天的司仪有点相像。

那么相礼的这些人后来又怎么变成一个儒者了呢？还有一个重要的人物，就是鲁迅的老师章太炎。他把儒分为三类：达名之儒、私名之儒和类名之儒。达名之儒也就是广义的儒，是指一切术士，实际上也就是一切读书人；私名之儒也就是狭义的儒，指孔子所创立的儒家学派；类名之儒介于达名之儒和私名之儒之间，指从事礼乐教化的人。今天我们说的"儒"字，其本身的演变大致是这样一个过程。

◇记　者：我们知道，仁是儒家思想的根本观点，"义、礼、智、信"都是在仁的基础上衍生出来的，其在整个儒家中是怎样贯穿始终的？除此之外，"仁、义、礼、智、信"的基本精神又该怎样理解？和我们现实生活有怎样的联系？

◆罗安宪：儒家的思想观念叫儒学，它的基本思想可以用四个字来概括，即内圣外王，这是儒家思想的根本。这在四书中的《大学》里有经典表述，就是"格物、致知、诚意、正心、修身、齐家、治国、平天下"。格物、致知、诚意、正心、修身、齐家、治国、平天下，这叫"八条目"。《大学》讲"三纲领""八条目"，"三纲领"是明明德、亲民、止于至善。格物、致知、诚意、正心、修身这前五个是内圣，齐家、治国、平天下这三个是外王。但在儒家思想中，内圣外王是打通的、贯通的。它们的关系是：内圣是根本，外王是衍生。儒家讲的"八条目"，其实一个核心就是修身。那怎么修身？儒家强调"三纲五常"。"五常"就是"仁、义、礼、智、信"。

仁就是处理好个人和他人相互之间的关系。仁的本意是爱护他人，关爱他人。而这种观念在中国人的观念中是根深蒂固的。如果说仁是讲人与我之间的关系的话，那么义更强调的是自己。董仲舒解释孔子的"仁义"有他自己的心得，他说"仁之法，在爱人不在爱我"，这是处理人际关系的原则。"义之法，在正我不在正人"，就是只问我应该怎样，不强调别人怎么样，不管别人怎么样，你自己首先做好就可以了。礼实际上就是一种体系化的、制度化的规范。它有两种表现：一种是成文的规定，比如祭祀等各种规定；还有内心里面的心理尺度，也就是内在规矩。这种内在规矩往往是没有任何原由的，只是告诉自己：我必须这么做。智就是说一个人的是非观念，也就是明辨是非的观念。比如朋友之间，如果他做错了事情，你应当指出来，不因为他是你的朋友你就包庇他，所以孔子讲到"君子和而不同，小人同而不合"。信的本义是按照自己所说的话去做，也就是说到做到。信强调一个人必须履行自己的承诺。

◇记　者：有这样一种说法，说信本来不是"五常"之一，而是衍生来的，是这样的吗？

◆罗安宪：信为什么成为"五常"之一，可能和五行有关系。汉代用五行比附一切，由此也用"仁义礼智信"比附"木火土金水"。

◇记　者：您刚才提到儒家基本思想到现在是没有改变的，那么新儒学新在何处？像很多真正核心的东西已经在中国人的血液中流淌着，这种深入骨髓的精神与外国最大的区别是什么？

◆罗安宪：新儒学新在何处？宋明理学被人称作新儒学，其新在于以理来统摄传统儒学所讲的"三纲五常"，认为"仁义礼智信"五常最终都归于理，都是理的具体表现，用理来概括一切。如果说先秦时代儒家这些思想观念还是一种具体的做人的道理，那么到了宋明理学，它就上升到万事万物的根本。在宋明理学看来，人之所以为人，是因为人有做人的道理；树枝之所以成为一个树枝，因为它有树枝的道理。这一道理，从天到人、到万事万物，是一一贯通的。

那么，现代新儒学又新在何处？实际上这种新，按当时牟宗三的定义就是要"内圣开出新外王"。这个"新外王"所强调的，就是民主与科学。在传统儒家那里，不管是原始儒学，还是宋明时代的新儒学，民主和科学是隐的，不是显的。在20世纪以后，人类强调科学和民主，一切事物都讲究科学和民主，都以这两个尺度作为衡量是非的标准。他们提出，在传统儒家中内圣是固有的，旧外王是"齐家、治国、平天下"，从"内圣中开出新外王"，新外王就是民主和科学。

但是为什么没有开出来呢？民主也好、科学也好，在传统儒家中本来只是隐含的，在传统儒学中找寻民主和科学的萌芽，这种做法原本是牵强的。因为民主作为一种思想或者科学作为一种思想，是全人类的，而不简单的只是西方的一种思想观念。比如，没有一个所谓的中国之科学，也没有一个所谓的美国之科学，科学是全人类所共有的。如果要从古代思想中寻找这种民主和科学的萌芽，恰好暴露出中国文化的短处。因为中国儒学的长处在于处理人与人之间的关系。在中国古代，不存在经济发展的压力，不像现在一样。儒家的社会理想是齐家、治国、平天下，民众安居乐业，这是中国人根深蒂固的思想。所以和西方文化相比，我们的所长是在处理人际关系上，也就是在内圣上，这是我们的所长，不要和别人去比短。到了21世纪，人类越来越关注人的内心、人的精神需求、人与人的关系，这正是儒家思想所擅长的部分。

◇**记　者**：现在很多主流意见都把儒家看成了一种宗教，也有的人觉得这只是一种文化体系。在中国历史上，也有许多人拜祭孔子，并且也有早期文献将儒学称作儒教。儒学和宗教有怎样的联系？

◆**罗安宪**：教之所以为教，有几个标准，宗教一般都有信仰、信徒、组织、教义、场所五个要素。从这个意义上讲，儒家不能算是宗教。但是从另一方面，它有教化的观念和意识，有准宗教的性质。比如在古代它在维护社会的和谐发展方面有积极作用，在感化人心方面也贡献良多。再有，宗教讲神，而儒家没有神的概念，但有圣人的观念。神与人，是完全不同类的，而圣人虽然不是一般的人，而是伟大的人物，但他毕竟又是一个人，不是一个神。孔子是圣人，具有"圣性"，我们应当给他足够的尊敬，但我反对将他神化。

◇**记　者**：五四运动以来，儒家受到很大的批判，现在重提儒学，它能给我们精神上带来什么帮助？或者说我们应该如何更好地继承儒家精华性的价值观？

◆**罗安宪**：核心还是在"五常"，首先自己应当做一个人，真正的人，比如有羞耻之心，有辞让之心，有恻隐之心，等等。还有很多是要反省的，比如"礼"，不能说有人监督你就执行，没人监督你就不执行。同时，也要把别人当成人。比如竞争的含义，在西方竞争的意思是你跑得快，我比你跑得

◘ **你的企业可以与众不同**

更快;而在我们国家,为了竞争,给对手挖坑,设置陷阱,这是一种恶性竞争。因为当你危害他人的时候就没有把别人当成人,你只是把自己当作人,这都与传统的儒家观念大相径庭了。

《儒风大家》2010年10月